www.ingramcontent.com/pod-product-compliance
Lightning Source LLC
Chambersburg PA
CBHW071745150726
47998CB00005B/1809

گل بوٹے سلور سیریز

چچا چھکّن کے کارنامے
تین اناڑی

سیّد امتیاز علی تاجؔ | عصمت چغتائی

ناصر علی شیخ   مرتّبین   خان نوید الحق

محرّک

فاروق سیّد، مدیر گل بوٹے

© جملہ حقوق بحق گل بوٹے پبلی کیشن، ممبئی محفوظ ہیں۔

چچا چھکن کے کارنامے | تین اناڑی

مرتبین : ناصر علی شیخ | خان نویدالحق

محرک : فاروق سیّد

ناشر : گل بوٹے پبلی کیشنز، ممبئی

بسلسلۂ گل بوٹے سلوَر جوبلی جشن – ستمبر 2019ء

کمپوزنگ : یسریٰ گرافکس، پونہ

سرورق : ریحان کوثر، کامٹی

ملنے کے لیے رابطہ : 09867169383 (کوثر احمد)
09892461465 (محمد شریف)

ISBN: 978-81-943074-2-6

Chacha Chhakkan ke Kaarname | Teen Anaari

Compilers: Nasir Ali Shaikh | Khan Navedulhaque

Motivator: Farooque Sayyed

Publisher: Gul Bootey Publications, Mumbai

Commemorating Gul Bootey Silver Jubilee Celebration - Sept. 2019

انتساب

اپنی والدۂ محترمہ

امینہ بی

کے نام

جن کی محنت اور دعاؤں کے طفیل مَیں آج

ترقی کے منازل طے کر رہا ہوں۔

منجانب

ناصر علی شیخ

<h1 style="text-align:center">عرضِ ناشر</h1>

پیارے بچو!

السلام علیکم ورحمۃ اللّٰہ!

آج کا دن اور یہ خوب صورت موقع ہمارے لیے کسی انمول تحفے سے کم نہیں۔ آج ہمارا پسندیدہ رسالہ ماہنامہ 'گل بوٹے' ممبئی اپنی تاسیس کے پچیس سال مکمل کر رہا ہے۔ اس پرمسرّت موقع پر ہم اللّٰہ ربّ العزّت کی بارگاہ میں نذرانۂ تشکر پیش کرتے ہیں جس نے ہمیں یہ مبارک دن دِکھایا۔ 'گل بوٹے' کی اشاعت کے پچیس برس مکمل ہونے پر ہم اپنے ان تمام ننھے ساتھیوں کو دلی مبارک باد پیش کرتے ہیں جو اپنے پسندیدہ رسالے سے ابتدا ہی سے جڑے رہے۔ جنھوں نے گل بوٹے کو اپنا رسالہ سمجھا، اس کا ہر مہینے بڑی شدت سے انتظار کیا، اسے پابندی سے خریدا، اس کے خوب صورت مشمولات کو پسند کیا، اس کی قیمتی باتوں کو ذہن نشین کر کے ان پر عمل کیا۔ ان تمام ساتھیوں کو بھی مبارک باد جو گل بوٹے کی ترویج و ترقی اور اسے گھر گھر پہنچانے میں ہمیشہ کوشاں رہے، اس کی ترتیب و اشاعت میں اپنے قیمتی مشوروں سے نوازا، مشکل ترین حالات میں اپنی توجہ اور تعاون سے گل بوٹے کے کم سواد مدیر کی ڈھارس بندھائی، گل بوٹے ٹیم کی کوششوں کو سراہتے ہوئے ان کی حوصلہ افزائی کی، گل بوٹے کے ساتھ سفر کرتے ہوئے اپنے بچپن کو لڑکپن اور لڑکپن کو نوجوانی میں تبدیل کیا۔ آج کا دن ان تمام ننھے فرشتوں اور نوجوان دوستوں کے لیے نویدِ جاں فزا لے کر آیا ہے اور آج یہی تمام ساتھی مبارک باد کے مستحق ہیں۔ آپ تمام کو کامیابی و کامرانی کے یہ پُرمسرّت لمحات بہت بہت مبارک ہوں!

عزیز ساتھیو! ہمارے ملک میں بچوں کے رسائل کی تاریخ درخشاں رہی ہے۔ ایک

زمانہ تھا جب ملک کے مختلف شہروں سے بڑی تعداد میں بچوں کے رسائل نکلتے تھے۔ آج بھی قدرے کم تعداد میں سہی لیکن بچوں کے رسائل برابر نکل رہے ہیں۔ ممبئی جیسے اُردو آبادی والے بڑے شہر سے ایک عرصے سے بچوں کے ایک معیاری رسالے کی ضرورت محسوس کی جاتی تھی۔ اللہ کا شکر ہے کہ اس نے ہمیں توفیق بخشی اور ہم نے اللہ کا نام لے کر تن تنہا اس راہ پر قدم بڑھایا اور دیکھتے ہی دیکھتے گل بوٹے کے تئیں ہمارے جنون نے پچیس بہاریں مکمل کر لیں۔ اگرچہ زمانے کی نظر میں پچیس برس کوئی بڑی مدت نہیں ہوتی لیکن کسی رسالے کے لیے اور وہ بھی اُردو زبان میں بچوں کے رسالے کے لیے یہ ایک بہت بڑی مدت ہے۔ یہ ایک ایسی مدت ہے جسے کسی جنون یا دیوانگی کے سہارے ہی پورا کیا جا سکتا ہے۔ ان پچیس برسوں میں گل بوٹے نے ترقی کے کئی رنگ دیکھے۔ پہلے پہل اسے سادے کاغذ پر یک رنگی شائع کیا گیا۔ پھر پرنٹ میڈیا میں آئے انقلابات پر لبیک کہتے ہوئے آرٹ پیپر اور مکمل رنگینی کو اپنایا۔ اِس دوران گل بوٹے زمانے کے شانہ بہ شانہ چلتا رہا لیکن اس نے تعلیمی، اخلاقی اور تہذیبی رہنمائی کے اپنے مشن سے صرفِ نظر نہیں کیا بلکہ فکری طور پر پوری قوت سے اپنے مشن پر ہمیشہ گامزن رہا۔

ہمیں اس حقیقت کا اظہار کرتے ہوئے بڑی مسرت ہو رہی ہے کہ جیسے ہی ہم اپنی تاسیس کے پچیسویں سال کی طرف بڑھ رہے تھے، ہم گل بوٹے کی سلور جوبلی کچھ منفرد انداز میں منانے کا سوچ رہے تھے اور جلد ہی ہم نے یہ عزم کیا کہ گل بوٹے کی پچیسویں سالگرہ پر ہم بچوں کے ادب کو نادر موضوعات پر پچیس کتابوں کا تحفہ دیں گے۔ الحمد للہ! ثم الحمد للہ! ہمیں خوشی ہو رہی ہے کہ اللہ تعالیٰ نے ہمارے اِس عزم کی لاج رکھ لی اور ہم آج مختلف موضوعات پر پچیس کتابیں شائع کرنے میں کامیاب ہوئے ہیں۔ بچوں کے ادیبوں کی ڈائریکٹری الگ۔

بچوں کے ادب پر یہ پچیس کتابیں گل بوٹے کے ادارۂ تحریر کے رفقا یعنی 'ٹیم گل بوٹے' کی محنتوں کا ثمرہ ہے۔ ان کتابوں میں ٹیم گل بوٹے نے ان تمام موضوعات کو سمیٹنے کی

کامیاب کوشش کی ہے جو اُردو میں بچوں کے ادب کے زرّیں عہد کے گواہ ہیں۔ یہ وہ موضوعات ہیں جو اَب نایاب نہیں تو کمیاب ضرور ہیں البتہ یہ بھی حقیقت ہے کہ آج کسی ایک جگہ دستیاب نہیں۔ ٹیم گل بوٹے نے موضوعات کے انتخاب سے لے کر کتاب کی ترتیب و تدوین تک جس محنتِ شاقہ کا ثبوت فراہم کیا ہے اس کے لیے میں بحیثیت مدیر اور ناشر تمام مرتبین کا شکر گزار ہوں۔ ناسپاسی ہوگی اگر اس موقع پر اپنے عزیز دوست اور بال بھارتی پونہ کے اُردو افسر خان نوید الحق انعام الحق صاحب کا شکریہ ادا نہ کروں جن کی کرشماتی شخصیت نے کتابوں کی ترتیب سے لے کر سلور جوبلی تقریبات کے انعقاد تک ہر مشکل مرحلے میں میرے کندھے سے کندھا ملا کر کام کیا۔ ہر مرحلے پر ثابت قدمی دِکھاتے ہوئے کام کی پہل کی، اپنے وسیع تجربات کی روشنی میں کٹھن مراحل کو آسان بنا دیا اور اپنے آپ کو دامے درمے سخنے کلی طور پر اس کام کے لیے وقف کر دیا۔ ان احسانات کو صرف محسوس کیا جا سکتا ہے۔

زیرِ مطالعہ کتاب 'چچا چھکن کے کارنامے | تین اناڑی' جناب ناصر علی شیخ اور جناب خان نوید الحق نے مرتب کی ہے۔ مرتبین نے حتی الامکان اسے خوب سے خوب تر بنانے کی کوشش کی ہے اس لیے ادارہ گل بوٹے جناب ناصر علی شیخ اور جناب خان نوید الحق کا دِل کی گہرائیوں سے شکریہ ادا کرتا ہے۔

آپ کے اپنے ماہنامے 'گل بوٹے' کے جشنِ سیمیں کے موقع پر ہم ان تمام قلم کاروں، مراسلہ نگاروں اور قارئین کا شکریہ ادا کرتے ہیں جنھوں نے گزشتہ ربع صدی کے دوران ہر مرحلے پر ہمارا تعاون کر کے حوصلہ بڑھایا ہے۔ ہمیں اُمید ہے کہ بچوں کے ادب پر یہ پچیس کتابیں آج کے حالات میں ادبِ اطفال کی راہ متعین کرنے میں مشعلِ راہ ثابت ہوں گی۔ آپ کی گراں قدر آرا کا ہمیں انتظار رہے گا۔

والسلام
فاروق سیّد

عرضِ مرتّب

پیارے بچّو!

اس کتاب کو مرتب کرنے کا مقصد یا اس کی غرض و غایت یہ ہے کہ ادب کے گراں بہا خزانے سے آپ کے سامنے ایسے نمونے پیش کیے جائیں جن سے آپ میں ادب کے مطالعے کا شوق پیدا ہو اور آپ کے ادبی ذوق کی صحیح نشو و نما ہو سکے۔ آپ میں شرافت، نیکی، جرأت اور وسعتِ نظری کا جوہر پروان چڑھے۔ آپ میں حُبّ الوطنی اور حُبّ انسانی کا جذبہ بیدار ہوتا کہ آپ زندگی کی تگ و دو میں خود کامیاب ہوں اور کامیابی کے ساتھ قوم و ملت کی رہنمائی کر سکیں۔ کتاب مرتب کرتے وقت آپ کی دلچسپی اور آپ کے ادبی معیار کا لحاظ رکھنا بھی اشد ضروری تھا۔ ان تمام خیالات اور پابندیوں کے پیشِ نظر کتاب کا انتخاب مشکل کام تھا کیوں کہ ادب کے ایسے باغ سے جہاں رنگا رنگ کے 'گل بوٹے' وافر تعداد میں ہو، ان ہی میں سے چند پھولوں کو منتخب کرنا جن سے آپ کو نور اور دِل کا سرور حاصل ہو، کسی بھی طرح آسان کام نہیں تھا۔

گزشتہ ڈیڑھ سو برسوں میں جن بزرگوں کی کاوشوں سے اُردو نثر کو ترقی نصیب ہوئی ہے، ان میں سے اکثر کی کتابیں اب نایاب ہو چکی ہیں۔ کافی تلاش کے بعد ہم نے ایسی کتابوں کا انتخاب کیا جس میں اخلاقی، تمدّنی اور تاریخی موضوعات کی عکاسی ہے۔ مزید یہ کہ اس میں آپ کی دلچسپی کا سامان بھی ہے اور اس کے ذریعے آپ میں صحیح ادبی شعور پروان چڑھنے کا امکان بھی روشن ہے۔

چوں کہ اُردو نثر کے مقابلے میں نظم کا سرمایہ بہت زیادہ ہے اس لیے بھی انتخاب دشوار تر تھا لیکن قدیم نثر نگاروں نے انگریزی ادب سے استفادے کے ساتھ تراجم نہ کرتے

ہوئے بھی کچھ اہم کتابیں تخلیق کی ہیں۔ان ہی میں امتیاز علی تاج کی مزاحیہ تخلیق 'چچا چھکّن' کا شمار ہوتا ہے۔اس کتاب میں امتیاز علی تاج نے مختلف مواقع پر چچا چھکّن کے کارنامے بیان کیے ہیں۔جیسا کہ میں نے کہا کہ کتاب کا انتخاب کرتے وقت مَیں نے اخلاقیات کو بھی مدِنظر رکھا ہے تو اس کتاب میں چچا کا تصویر ٹانگنا، تیمارداری کرنا اور دیگر کام کرنا،اپنی بیوی کے کام میں ہاتھ بٹانا اور گھر کی ذمہ داریوں کو نبھانے کا درس دیتا ہے۔مزید یہ کہ نو چندی دیکھنے جانا جیسا مضمون تہذیبی و تمدنی روایات کا عکاس ہے وہیں چچا کا دوستوں کے ساتھ بے تکلف رویہ دوستوں سے دوستی پر اُکساتا ہے۔تاریخی پس منظریوں ہے کہ یہ تحریر ہماری روایات کی پاسدار ہے۔حویلی،نوکر چاکر، دھوبن وغیرہ اب قصۂ پارینہ بن چکے ہیں۔جبکہ چچا کے کارناموں کے ذریعے امتیاز علی تاج آپ کے دلوں میں عزم، جوش، ولولہ، اُمنگ اور گھریلو ذمے داریوں کا شوق پیدا کرنا چاہتے ہیں۔

'چچا چھکّن کے کارنامے اور تین اناڑی' کے انتخاب کا مقصد آپ کو اُردو ادب میں نثر کے مختلف ارتقائی منازل سے روشناس کرانا ہے۔اس کے ذریعے آپ کو اندازہ ہوگا کہ ملک کے بدلتے ہوئے حالات نے ہماری تہذیب، ہمارے تمدن اور ہماری زبان کو کس طرح متاثر کیا ہے۔اس کتاب کا انتخاب کرنے کا ایک مقصد یہ بھی بتانا ہے کہ زبان اور اندازِ بیان میں کس طرح تبدیلیاں واقع ہوتی ہیں۔

اس کتاب کے دوسرے حصے میں ہم نے بیسوی صدی کی مشہور و معروف افسانہ نگار عصمت چغتائی کا بچوں کے لیے لکھا گیا ناول 'تین اناڑی' کو شامل کیا ہے۔ان کی کہانیاں اور ڈرامے آپ درسی کتابوں میں بڑے شوق سے پڑھتے اور لطف اندوز ہوتے رہے ہیں۔عصمت چغتائی نے بچوں کے لیے خاصی تعداد میں کہانیاں لکھی ہیں۔انھوں نے کہانیاں اس انداز میں لکھیں جیسے بچوں سے گھل مل کر باتیں کر رہی ہوں۔انھوں نے بچوں کی دلچسپیوں اور ضروریات کو ہمیشہ مدِنظر رکھا اور بچہ بن کر ان کے لیے دلچسپ کہانیاں لکھیں۔دراصل وہ ممبئی کے اسکول میں معلّمہ تھیں اسی لیے بچوں سے قربت کی وجہ سے انھیں بچوں کی نفسیات کو سمجھنے کا موقع ملا۔اسی لیے ناول 'تین اناڑی' میں بچوں کو اصل کردار

میں اور بچوں کی شرارتوں کو دلچسپ پیرائے میں پیش کیا ہے۔ ۱۹۸۰ء میں تحریر کردہ عصمت چغتائی کا یہ ناول اپنی مثال آپ ہے۔ یہ دلچسپ ناول شرارتی بچوں کی شرارتوں پر مبنی ہے۔ اس ناول میں ایسی دلکشی ہے کہ بچے اسے ختم کیے بغیر نہیں رہ سکتے۔ زبان و بیان کے اعتبار سے بچوں کا یہ ناول ایک کامیاب اور اہم سنگ میل کی حیثیت رکھتا ہے۔

بچو! آپ کی سہولت اور معلومات میں اضافے کے خیال سے کتاب کے اصل مصنّفین کے مختصر حالاتِ زندگی کے ساتھ ان کے اسلوبِ بیان اور طرزِ نگارش پر روشنی ڈالی گئی ہے۔ کتاب کی ابتدا میں نہایت اختصار سے اس کتاب کا خلاصہ بھی درج ہے، جو مصنف نے خود لکھا تھا۔ مصنف کی مختصر سوانح حیات اور ان کی تخلیق کی خصوصیات کتاب میں شامل کرنے کا مقصد یہ ہے کہ آپ میں مصنف کی باکمال شخصیت کے واقعاتِ زندگی سے تحصیلِ علم کا شوق پروان چڑھے اور آپ کا تنقیدی و تحقیقی شعور بیدار ہو سکے۔

مجھے اُمید ہے کہ مصنف اور مرتب کی تصویریں آپ کے لیے دلچسپی کا باعث بنیں گی۔ ان تصویروں کی وجہ سے آپ کے دلوں میں مصنف سے اُنسیت بڑھے گی۔ چناں چہ آپ کے اسی ذوق اور دلچسپی کے لیے اس انتخاب میں مصنف اور مرتب کی تصویریں بھی شامل کردی گئی ہیں۔ غرض اس کتاب کو آپ کے لیے مفید اور کارآمد بنانے کی ہر ممکن کوشش کی گئی ہے۔ مجھے اُمید ہی نہیں بلکہ یہ یقین ہے کہ میرا یہ انتخاب آپ میں صحیح ادبی ذوق کو پروان چڑھانے میں کامیاب ہوگا اور اربابِ علم و ادب بھی اسے بہ نظرِ استحسان دیکھیں گے۔

خان نوید الحق

B-10، تیسرا منزلہ، روہن اینکلیو،
پونے-ممبئی روڈ، داپوڑی، پونے- 411 012
M.: 9970782076
khan18664@gmail.com

چچا چھکّن کے کارنامے

سیّد امتیاز علی تاّج

انتساب

شفاءالملک

حکیم فقیر محمد صاحب چشتی (مرحوم)

کے نام

دیباچہ

انگریز مصنف جیروم کے. جیروم کی ایک کتاب 'تھری مین اِن اے بوٹ' ہے۔اس کتاب میں ایک مقام پر 'انکل پوجز' کے تصویر ٹانگنے کا تذکرہ ظریفانہ انداز میں ہے۔ ۱۹۲۶ءعیسوی میں نیرنگِ خیال نے مجھ سے فرمائش کی کہ مَیں ان کے 'عبدنمبرٔ کے لیے اس مضمون کا ترجمہ اُردو میں کردوں۔ مجھے جیروم کی ظرافت کا لطف ترجے میں برقرار رکھنا ناممکن معلوم ہوا۔ چنانچہ میں نے بجائے ترجمہ کرنے کے انگریزی مضمون سامنے رکھ کر اسے از سرِ نَو اُردو میں لکھ دیا۔ اور 'انکل پوجز' کو اُردو میں 'چچا چھکن' کے نام سے موسوم کیا۔

اُن دنوں اُردو کے مصنف ظریفانہ انداز میں کردار نگاری نہیں کر رہے تھے۔ چنانچہ جو لوگ انگریزی نہیں جانتے انھیں یہ مضمون نیا اور دلچسپ معلوم ہوا اور انھوں نے مجھ سے اسی قسم کے اور مضامین لکھنے کی فرمائش کی۔ مذکورہ بالا کتاب میں ایک دوسرے مضمون کے لیے بہت تھوڑا سا مواد موجود تھا۔ اس میں بیشتر باتیں خود شامل کرکے مَیں نے دوسرا مضمون 'چچا چھکن نو چندی دیکھنے چلے' لکھ دیا۔

یہ مضمون پہلے مضمون سے بھی زیادہ پسند کیا گیا۔ کئی رسالوں کے ایڈیٹروں نے مجھ سے فرمائش کی کہ اُن کے خاص نمبروں کے لیے چچا چھکن کا کوئی اور کارنامہ لکھ دوں۔ بعض رسائل و جرائد نے اس موضوع کو اپنی رونق افروزی کے لیے اس درجہ اہم سمجھا کہ دوسرے لکھنے والوں سے چچا چھکن کے کارنامے لکھوا کر اپنے ہاں شائع کرنے شروع کر دیے۔

مَیں شاید اس موضوع پر زیادہ مضامین نہ لکھتا لیکن میرے بزرگ اور نامور دوست

شفاء الملک حکیم فقیر محمد صاحب چشتی نظامی (مرحوم) کا اصرار اکثر موقعوں پر مجھ سے اسی موضوع پر قلم اُٹھواتا رہا۔ فی الحقیقت ان ہی کی حوصلہ افزائی اس امر کی ذمے دار ہے کہ ان مضامین کی ضخامت نے ایک مختصر سی کتاب کا حجم اختیار کر لیا۔

اس کتاب میں صرف چچا چھکن کی اندرونِ خانہ زندگی کے بعض پہلوؤں کا تذکرہ ہے۔ اگر اس موضوع سے مَیں اور زیادہ نہ اُکتا گیا تو شاید کبھی ان کی بیرونِ خانہ سرگرمیوں پر بھی قلم اُٹھاؤں۔

یہ مضامین بے حد ناچیز ہیں۔ صرف اس خیال سے انھیں کتابی صورت میں شائع کر رہا ہوں کہ جو لوگ انھیں پڑھنا چاہتے ہیں انھیں رسائل کے پرانے نمبر دستیاب نہیں ہو سکتے۔ مضامین کے یکجا ہو جانے سے انھیں سہولت ہوگی مگر میری رائے میں ان مضامین کی اشاعت سے اُردو کو اتنا فائدہ ضرور پہنچا کہ انھوں نے مجھ سے بہتر ظرافت نگاروں کو کردار نگاری کی طرف متوجہ کر دیا۔

سیّد امتیاز علی تاج

فہرست

چچا چھکّن کے کارنامے

چچا چھکّن نے تصویر ٹانگی

چچا چھکّن کبھی کبھار کوئی کام اپنے ذمے لے لیتے ہیں تو گھر بھر کو ٹنگنی کا ناچ نچا دیتے ہیں۔ آ بے لونڈے۔ جا بے لونڈے۔ یہ کچو۔ وہ دیکو۔ گھر بازار ایک ہو جاتا ہے۔ دور کیوں جاؤ۔ پرسوں پرلے روز کا ذکر ہے، دکان سے تصویر کا چوکھٹا لگ کر آیا۔ اُس وقت تو دیوان خانے میں رکھ دی گئی۔ کل شام کہیں چچی کی نظر اُس پر پڑی۔ بولیں، "چھٹن کے ابّا، تصویر کب سے رکھی ہوئی ہے۔ خیر سے بچوں کا گھر ٹھہرا۔ کہیں ٹوٹ پھوٹ گئی تو بیٹھے بٹھائے روپے دو روپے کا دھکّا لگ جائے گا۔ کون ٹانگے گا اس کو؟"

"ٹانگتا اور کون! مَیں خود ٹانگوں گا۔ کون سی ایسی جوئے شیر لانی ہے۔ رہنے دو۔ مَیں ابھی سب کچھ خود ہی کیے لیتا ہوں۔"

کہنے کے ساتھ ہی شیروانی اُتار چچا تصویر ٹانگنے کے درپے ہو گئے۔ امامی سے کہا، "بیوی سے دو آنے پیسے لے کر میخیں لے آ۔" اِدھر وہ دروازے سے نکلا۔ اُدھر مودے سے کہا، "مودے مودے! جانا امامی کے پیچھے۔ کہیو تین تین اِنچ کی ہوں میخیں۔ بھاگ کر جا۔ جا لیجو اُسے راستے ہی میں۔" لیجیے تصویر ٹانگنے کی داغ بیل پڑ گئی اور اب آئی گھر کی شامت۔

ننھے کو پکارا، "او ننھے! جانا ذرا، میرا ہتھوڑا لے آنا۔ بنو! جاؤ اپنے بستے میں سے چھٹی نکال لاؤ اور سیڑھی کی ضرورت بھی تو ہوگی ہم کو۔ ارے بھئی للّو! ذرا تم جا کر کسی سے کہہ دیتے سیڑھی یہاں لا کر لگا دے۔ اور ہاں دیکھنا، وہ لکڑی کے تختے والی کرسی بھی لیتے آتے تو خوب ہوتا۔ چھٹن بیٹے! چائے پی لی تم نے؟ ذرا جانا تو اپنے ان ہمسائے میر باقر

علی کے گھر۔ کہیو ابّا نے سلام کہا ہے اور پوچھا ہے۔ آپ کی ٹانگ اب کیسی ہے اور کہیو، وہ جو ہے نا آپ کے پاس۔ کیا نام ہے اُس کا۔ اے لو بھول گیا۔ پلول تھا کہ ٹلول۔ اللہ جانے کیا تھا۔ خیر وہ کچھ ہی تھا۔ تو یوں کہہ دیجو کہ جو آپ کے پاس آلہ ہے نا۔ جس سے سیدھ معلوم ہوتی ہے۔ وہ ذرا دے دیجیے۔ تصویر ٹانگنی ہے۔ جائیو میرے بیٹے، پر دیکھنا سلام ضرور کرنا اور ٹانگ کا پوچھنا نہ بھول جانا۔ اچھا؟ ... یہ تم کہاں چل دیے للّو؟ کہا جو ہے ذرا یہیں ٹھہرے رہو۔ سیڑھی پر روشنی کون دِکھائے گا ہم کو؟ آ گیا امّی؟ لے آیا میخیں؟ مو دامل گیا تھا؟ تین تین اِنچ ہی کی ہیں نا؟ بس بہت ٹھیک ہیں۔ اے لو سِلی منگوانے کا تو خیال ہی نہ رہا۔ اب کیا کروں؟ جانا میرا بھائی جلدی سے۔ ہوا کی طرح جا اور دیکھیو بس سوا گز ہو ستلی۔ نہ بہت موٹی ہو نہ پتلی۔ کہہ دینا تصویر ٹانگنے کو چاہیے ہے۔ لے آیا؟ اور دڈّو! اور دڈّو کہاں گیا؟ دڈّو میاں! اسی وقت سب کو اپنے اپنے کام کی سوجھی ہے۔ یوں نہیں کہ آ کر ذرا ہاتھ بٹائیں۔ یہاں آؤ، تم کرسی پر چڑھ کر مجھے تصویر پکڑانا۔"

لیجیے صاحب خدا کرے کے تصویر اُٹھانے کا وقت آیا مگر ہونی شدنی۔ چچا اسے اُٹھا کر ذرا اوزن کر رہے تھے کہ ہاتھ سے چھوٹ گئی۔ گر کر شیشہ چُور چُور ہو گیا۔ "ہئے ہئے!" کہہ کر سب ایک دوسرے کا منہ تکنے لگے۔ چچا نے کچھ خفیف ہو کر کِرچوں کا معائنہ شروع کر دیا۔ وقت کی بات، اِنگلی میں شیشہ چِبھ گیا۔ خون کی تلّی بندھ گئی۔ تصویر کو بھول اپنا رومال تلاش کرنے لگے۔ رومال کہاں سے ملے؟ رومال تھا شیروانی کی جیب میں۔ شیروانی اُتار کر نہ جانے کہاں رکھی تھی۔ اب جناب گھر بھر نے تصویر ٹانگنے کا سامان تو طاق پر رکھا اور شیروانی کی ڈھنڈیا پڑ گئی۔ چچا میاں کمرے میں ناچتے پھر رہے ہیں۔ کبھی اس سے ٹکر کھاتے ہیں، کبھی اُس سے۔ "سارے گھر میں سے کسی کو اتنی توفیق نہیں کہ میری شیروانی ڈھونڈ نکالے۔ عمر بھر ایسے نکمّوں سے پالا نہ پڑا تھا۔ اور کیا جھوٹ کہتا ہوں؟ کچھ چھے چھے آدمی ہیں اور ایک شیروانی نہیں ڈھونڈ سکتے۔ جو ابھی پانچ منٹ بھی تو نہیں ہوئے میں نے اُتار کر رکھی ہے۔ بھئی بڑے ...۔"

اتنے میں آپ کسی جگہ سے بیٹھے بیٹھے اُٹھتے ہیں اور دیکھتے ہیں کہ شیروانی پر ہی

بیٹھے ہوئے تھے۔ اب پکار پکار کر کہہ رہے ہیں۔ "ارے بھئی رہنے دینا۔ مل گئی شیروانی، ڈھونڈ لی ہم نے۔ تم کو تو آنکھوں کے سامنے بَیل بھی کھڑا ہو تو نظر نہیں آتا۔"

آدھے گھنٹے تک انگلی بندھتی بندھاتی رہی۔ نیا شیشہ منگوا کر چوکھٹے میں جڑا اور تمام قصے طے کرنے پر دو گھنٹے بعد پھر تصویر ٹانگنے کا مرحلہ درپیش ہوا۔ اوزار آئے، سیڑھی آئی، چوکی آئی، شمع لائی گئی، چچا جان سیڑھی پر چڑھ رہے ہیں اور گھر بھر (جس میں ماما اور کہاری بھی شامل ہیں) نیم دائرے کی صورت میں امداد دینے کو کیل کانٹے سے لیس کھڑا ہے۔ دو آدمیوں نے سیڑھی پکڑی تو چچا جان نے اس پر قدم رکھا، اوپر پہنچے، ایک نے کرسی پر چڑھ کر میخیں بڑھائیں، ایک قبول کر لی۔ دوسرے نے ہتھوڑا اوپر پہنچایا، سنبھالا ہی تھا کہ میخ ہاتھ سے چھوٹ کر نیچے گر پڑی۔ کھسیانی آواز میں بولے، "اے لو، اب کم بخت میخ چھوٹ کر گر پڑی! دیکھنا کہاں گئی؟"

اب جناب سب کے سب گھٹنوں کے بل ٹٹول ٹٹول کر میخ تلاش کر رہے ہیں اور چچا میاں سیڑھی پر کھڑے مسلسل بڑبڑا رہے ہیں۔ "ملی؟ ارے کم بختو ڈھونڈی؟ اب تک تو مَیں سو مرتبہ تلاش کر لیتا۔ اب مَیں رات بھر سیڑھی پر کھڑا اسوکھا کروں گا۔ نہیں ملتی تو دوسری ہی دے دو اندھو!"

یہ سن کر سب کی جان میں جان آتی ہے۔ تبھی پہلی میخ بھی مل جاتی ہے۔ اب میخ چچا جان کے ہاتھ میں پہنچاتے ہیں تو معلوم ہوتا ہے اس عرصے میں ہتھوڑا غائب ہو چکا ہے۔

"یہ ہتھوڑا کہاں چلا گیا؟ کہاں رکھا تھا مَیں نے؟ لاحول ولا قوۃ! اُلو کی طرح آنکھیں پھاڑے میرا منہ کیا تک رہے ہو؟ سات آدمی اور کسی کو معلوم نہیں۔ ہتھوڑا مَیں نے کہاں رکھ دیا؟"

بڑی مصیبتوں سے ہتھوڑے کا سراغ نکالا اور میخ گڑنے کی نوبت آئی۔ اب آپ یہ بھول بیٹھے ہیں کہ ناپنے کے بعد میخ گاڑنے کو دیوار پر نشان کس جگہ کیا تھا۔ سب باری باری کرسی پر چڑھ کر کوشش کر رہے ہیں کہ شاید نشان نظر آ جائے۔ ہر ایک کو الگ الگ جگہ نشان دکھائی دیتا ہے۔ چچا سب کو باری باری اُلو گدھا کہہ کہہ کر کُرسی سے اتر جانے کا حکم

دے رہے ہیں۔ آخر پھر چفتی لی اور کونے سے تصویر ٹانگنے کی جگہ کو دوبارہ ناپنا شروع کیا۔ مقابل کی تصویر کونے سے پینتیس اِنچ کے فاصلے پر لگی ہوئی تھی۔ "بارہ اور بارہ اور کے اِنچ اور؟"

بچوں کو زبانی حساب کا سوال ملا۔ بآواز بلند حل کرنا شروع کیا اور جواب نکالا تو کسی کا کچھ تھا اور کسی کا کچھ۔ ایک نے دوسرے کو غلط بتایا۔ اسی تُو تُو مَیں مَیں میں سب بھول بیٹھے کہ اصل سوال کیا تھا۔ نئے سرے سے ناپ لینے کی ضرورت پڑ گئی۔

اب کے چچا چفتی سے نہیں ناپتے۔ ستلی سے ناپنے کا ارادہ رکھتے ہیں۔ سیڑھی پر پینتالیس درجے کا زاویہ بنا کر ستلی کا سرا کونے تک پہنچانے کی کوشش میں ہیں کہ ستلی ہاتھ سے چھوٹ جاتی ہے۔ آپ لپک کر اسے پکڑنا چاہتے ہیں کہ اسی کوشش میں زمین پر آ رہتے ہیں۔ کونے میں ستار رکھا تھا۔ اس کے تمام تار چچا جان کے بوجھ سے یکلخت جھنجھنا کر ٹکڑے ٹکڑے ہو جاتے ہیں۔

اب چچا کی زبان سے جو منجھے ہوئے الفاظ نکلتے ہیں، سننے کے قابل ہوتے ہیں مگر چچی روک دیتی ہیں اور کہتی ہیں، "اپنی عمر کا نہیں تو اِن بچوں ہی کا خیال کرو۔"

بہت دشواری کے بعد چچا جان از سرِ نو میخ گاڑنے کی جگہ معین کرتے ہیں۔ بائیں ہاتھ سے اس جگہ میخ رکھتے ہیں اور دائیں ہاتھ سے ہتھوڑا سنبھالتے ہیں۔ پہلی ہی چوٹ جو پڑتی ہے تو سیدھی ہاتھ کے انگوٹھے پر۔ آپ "سی..." کر کے ہتھوڑا چھوڑ دیتے ہیں۔ وہ نیچے آ کر گرتا ہے کسی کے پاؤں پر۔ ہائے ہائے اور اُف! اور اُفوہ! مار ڈالا شروع ہو جاتی ہے۔

چچی جل بھن کر کہتی ہیں، "یوں میخ گاڑنا ہوا کرے تو مجھے آٹھ روز پہلے خبر دے دیا کیجیے۔ میں بچوں کو لے کر میکے چلی جایا کروں۔ اور نہیں تو"

چچا نادم ہو کر جواب دیتے ہیں، "یہ عورت ذات بھی بات کا بتنگڑ بنا لیتی ہے یعنی ہُوا کیا جس پر یہ طعنے دیے جا رہے ہیں؟ بھلا صاحب کان ہوئے۔ آئندہ ہم کسی کام میں دخل نہ دیا کریں گے۔"

اب نئے سرے سے کوشش شروع ہوئی۔ میخ پر دوسری چوٹ جو پڑی تو اس پر پلستر

نرم تھا۔ پوری کی پوری میخ اور آدھا ہتھوڑا دیوار میں اور چچا اچانک میخ گڑ جانے سے اس زور سے دیوار سے ٹکرائے کہ ناک غیرت والی ہوتی تو پچک کر ہی رہ جاتی۔

اس کے بعد از سرِ نو چھتی اور رسّی تلاش کی گئی اور میخ گاڑنے کی نئی جگہ مقرر ہوئی۔ اور کوئی آدھی رات کا عمل ہوگا کہ خدا خدا کر کے تصویر ٹنگی۔ وہ بھی کیسی؟ ٹیڑھی بینکی اور اتنی جھکی ہوئی کہ جیسے اب سر پر آئی کہ اب سر پر آئی۔ چاروں طرف گز بھر گز بھر دیوار کی یہ حالت گویا چاند ماری ہوتی رہی ہے۔ چچا کے سوا باقی سب تھکن سے چُور نیند میں جھوم رہے ہیں۔ اب آخری سیڑھی پر سے دھم سے جو اُترتے ہیں تو کہاری غریب کے پاؤں پر پاؤں۔ غریب کے ڈیل تھی۔ تڑپ ہی تو اُٹھی۔ چچا اُس کی چیخ سن کر ذرا سراسیمہ تو ہوئے مگر پل بھر میں داڑھی پر ہاتھ پھیر کر بولے "اتنی سی بات تھی، لگ بھی گئی۔ لوگ اس کام کے لیے مستری بلوایا کرتے ہیں۔"

چچا چھکّن نو چندی دیکھنے چلے

خدا نہ کرے جو چچا چھکّن کو کہیں کا سفر درپیش ہو۔ وہ آفت مچاتے اور دُھوم دھیّا کرتے ہیں کہ خدا کی پناہ! بڑے شکر کا مقام تو یہ ہے کہ خود سفر سے کتراتے ہیں۔ چُھنّو آپا کی شادی ہوئَی۔ چچی بے چاری جانا کرتی رہ گئَیں، پر چچا نے لکھ بھیجا، "ننّھی کو گئے دِنوں پسلی ہوگئی تھی، حکیم جی ابھی سفر کی اجازت نہیں دیتے۔" بنّو آپا کے ہاں پہلونٹھی کا لڑکا ہوا۔ چچی غریب نے بچّے کے لیے کچھ نہیں تو درجن بھر جوڑے تیار کیے ہوں گے۔ خود لے کر جانا چاہتی تھیں، پر چچا نے عین وقت پر اِرادہ فسخ کردیا۔ پارسل کے ساتھ خط میں لکھ بھیجا، "چھٹن کی باری ابھی نہیں ٹلی۔ مجبور ہوں کہ نہیں آسکتا۔"

چچی غریب کا کہنا تو بآسانی ٹل جاتا ہے، پر جہاں کہیں یاروں دوستوں نے کسی میلے یا عرس پر جانے کی تیاریاں کِیں، چچا سے ساتھ چلنے پر اصرار کیا، ذرا وہاں کی رونق اور گہما گہمی بیان کردی، ساتھ ہی طعنہ دیا، "اماں جا چکے تم۔ گھر سے اجازت ہی نہیں ملنے کی۔ ڈانٹ دیں گی بیگم صاحبہ۔" بس تڑپ اُٹھے چچا۔ "واہ! وہ نیک بخت تو خود مجھ سے کہتی رہتی ہے کہ کبھی گھر سے نکلا بھی کرو اور اگر نہ بھی کہتی ہو تو مَیں کسی کا بندھا غلام ہوں کہ جی چاہے اور نہ جاؤں۔ بھَئی، تمہیں ہماری ہی قسم جو اب جانے کا اِرادہ ملتوی کرو۔"

یہ صورتِ حال ہو تو اللہ ہی نے کہا ہے کہ اس قسم کے ہر سفر پر چچا اور چچی میں کھٹ پٹ ہو جائَے۔

ابھی پچھلی ہی نو چندی پر مُنّے مرزا اور نوشاہ میاں نے میرٹھ چلنے کی ٹھانی۔ چچا سے ٹھہری ان کی دانت کاٹی روٹی۔ دو چار فقرے جو کسے تو چچا چلنے پر آمادہ ہو گئے۔ شام کو

روانگی کا اِرادہ تھا۔ صبح ناشتے کے وقت باتوں باتوں میں چچی امّاں سے اس کا ذکر کیا۔

"وہ مُنّے اور نوشاہ جا رہے تھے نو چندی میں، کہو تو ہم بھی ہو آئیں؟"

چچی امّاں بھڑک اٹھیں، "اللہ سمجھے اُس مُنّے اور نوشاہ سے، خدائی خوار کہیں کے۔ کبھی کوئی نیک راہ نہ دکھائی۔ مَیں کہتی ہوں، یہ تو تمھاری عمر، بال کھچڑی ہو گئے۔ خیر سے کئی کئی بچوں کے باپ بن چکے۔ ابھی میلے ٹھیلے کا شوق نہیں گیا؟ مجھ سے پوچھتے ہیں کہ ہو تو ہم بھی ہو آئیں۔ جیسے میرے ہی کہے میں تو ہیں۔ کنبے میں شادی غمی کے بیسیوں موقعے گزر گئے۔ کہتی رہ گئی کہ وقت گزر جاتا ہے، بات رہ جاتی ہے۔ بس ایک دو روز کے لیے مجھے لے چلتے۔ ٹلا ٹلا دیا۔ غضب خدا کا! سفید بال ہوتے جھوٹے بہانے لکھ کر بھیج دیے۔ کسی کو منہ دکھانے کے قابل نہ چھوڑا۔ آج نو چندی کے لیے مجھ سے پوچھنے آئے ہیں کہ ہو تو ہم بھی ہو آئیں! شوق سے جاؤ۔ مَیں نے پیروں میں بیڑیاں ڈال رکھی ہیں۔ میرا کیا ہے۔ دنیا کہے گی، بوڑھے منہ مہاسے لوگ دیکھیں تماشے، باسی کڑھی کا اُبال پڑی کہے۔ مجھے تو جب خیال ہوتا، جو میرے کہے میں ہوتے۔"

ایسے موقعوں پر بچے غریب ضرور کوئی خطا کر بیٹھتے ہیں۔ چھٹن دکھیا صحن میں بیٹھا مرغی کے بچوں کو دانہ کھلا رہا تھا۔ چچا کی نظر پڑ گئی۔ "یہ کیا ہو رہا ہے چھٹن؟ بس صبح ہوئی نہیں اور تیرا مرغی کے بچوں کا کھیل شروع ہو گیا۔ تختی لکھ لی؟ آموختہ دہرایا؟ نالائق کہیں کا۔ سال بھر ہو گیا مولوی صاحب سے پڑھتے، ابھی تک لکھنا نہیں سیکھا۔ جب دیکھو مرغی کے بچوں کا کھیل، جب دیکھو مرغی کے بچوں کا کھیل۔ یہ ہوتے ہیں اشرافوں کے بچوں کے لچھن؟ مرغ باز بننا ہے تجھے؟ اُٹھ یہاں سے چل اپنی کتاب پڑھ۔"

اس کے بعد چچا امامی کو حقہ تازہ کرنے کا حکم دے کر دیوان خانے میں چپ چاپ جا بیٹھے۔

گھنٹے بھر کے بعد چچی نے اِدھر سے گزرتے گزرتے دیوان خانے کا کواڑ کھول کر پوچھا، "وہ کیا اسباب جائے گا ساتھ؟ بتا دیتے تو بندھ جاتا۔"

چچا نے بیٹھے بیٹھے کڑک کر جواب دیا۔ "مَیں نہیں جا رہا۔"

چچی اندر چلی گئیں۔ بولیں، "یہ بگڑ کس بات پر بیٹھے؟ اے بس اتنی ہی بات تو میرے منہ سے نکل گئی نا کہ کنبے میں سے بلاوے آئے تو ٹال ٹال گئے اور نوچندی جانے کی جھٹ پٹ تیاری کرلی۔ تمہیں کہو، کچھ جھوٹ کہا تھا میں نے؟"

چچا نے بگڑ کر کہا، "بس...کان نہ کھاؤ میرے۔ کہہ جو دیا، مَیں نہیں جا رہا۔"

چچی کو بھی غصہ آگیا، "نہیں جاتے نہ جاؤ۔ میری بلا سے۔ رانی روٹھیں گی اپنا سہاگ لیں گی...اور نہیں تو"

یہ کہہ چچی زور سے کواڑ بند کرکے اندر چلی آئیں۔

ذرا سی دیر بعد منے اور نوشاہ آ پہنچے۔ دروازے کی چق اٹھا کر باہر ہی کھڑے کھڑے بولے، "بس بس، بیٹھیں گے نہیں اس وقت۔ پوچھنے آئے تھے کہ تیار ہو نہ۔ کہیں عین وقت پر بہانے بنانے بیٹھ جاؤ۔ ساڑھے چار کو چھوٹ جاتی ہے گاڑی۔ ذرا اس کا خیال رہے۔"

دو پہر تک چچا دیوان خانے ہی میں بیٹھے رہے۔ دے حقے پر حقہ اور پان پہ پان۔ دو پہر کا کھانا بھی وہیں منگوایا۔ امامی جھوٹے برتن اٹھا کر چلنے لگا تو اس سے کہا، "دیکھ، بیوی سے جاکر کہہ دے اسباب بندھ جائے گا۔ آپ بس ناشتے کا انتظام کر دیجیے۔"

پیغام بھیج کر چچا کان کواڑ سے لگائے سنتے رہے کہ کیا جواب ملتا ہے۔ چچی سن کر چپ ہو رہیں تو آپ کواڑ کھول اندر آگئے۔ دو ایک مرتبہ زنان خانے سے مردانے میں اور مردانے سے زنان خانے میں آئے گئے۔ کبھی رستے میں تھم گئے، مڑنا چاہا، نہ مڑے، بڑھے چلے آئے، پھر یک لخت مڑ گئے۔ کھڑے ہوکر داڑھی کے بالوں میں سے تھوڑی کھجلائی۔ پھر سیدھا اپنے کمرے کا رستہ لیا۔ ذرا سی دیر کے بعد کرتے کے اندر ہاتھ ڈال کر سینہ کھجلاتے ہوئے باہر نکل آئے۔ کچھ دیر چبوترے پر کھڑے رہے، پھر غراتے سے اندر آواز آئی، "اوامامی! یہاں آئیو!"

گھر بھر کے کان کھڑے ہوئے کہ ہوئیں سفر کی تیاریاں شروع۔

"ذرا جائیو تو بھاگ کر اللّٰہ بخش درزی کے ہاں۔ کہنا، میاں آج نوچندی میں جا

رہے ہیں۔ انگرکھا سِل گیا ہو تو دے دے اور نہ سِلا ہو تو یاد کر کے کہہ دیجیو، میاں کہتے تھے سلائی نہیں ملے گی۔ سمجھ گیا؟"

اُدھر امّی رخصت ہوا، اِدھر مودے کی باری آئی "مودے! ارے او مودے! یہاں آئیو! جانا ذرا ماتا دین کے ہاں۔ پرسوں اس نے وعدہ کیا تھا کہ آج ہمارے کپڑے دھو کر دے دے گا۔ اس سے کہیو، میاں آج نوچندی میں جا رہے ہیں۔ کپڑے دُھل گئے ہوں تو دے دے۔ سمجھ گیا؟ جائیو تو جھپاک سے۔ اور ہاں سننا۔ دو جوڑے ہیں ہمارے۔ ایک میں غرارہ ہے اور ساتھ ایک انگرکھا ہے... ہئی ہے، وہ امّی چلا گیا درزی کے ہاں؟ اب کیا کروں؟ یہ بندو کہاں گیا؟ او بندو! ارے بندو! جانا تو بھاگ کے امّی کے پیچھے اللہ بخش درزی کے ہاں، اور اس سے کہیو کہ ایک انگرکھا جو نمونے کا دے رکھا ہے، وہ بھی دے دے۔ میاں نوچندی میں جا رہے ہیں۔ نیا انگرکھا سِلا ہو یا نہ سِلا ہو، نمونے کا انگرکھا لے لینا۔ سمجھ گیا؟ دوڑ کر جا... ہاں تو کہیو ماتا دین سے کہ میاں نوچندی میں جا رہے ہیں۔ سمجھ گیا؟ دو جوڑے۔ ایک انگرکھا، ایک رومال، ایک بنیان، ایک ازار بند۔ سب چیزیں گِن کر لیجیو۔ اور دیکھنا راستے میں کچھ گِرا نہ دینا۔ دیکھوں تو کتنی جلدی آتا ہے!"

ملازم کام پر روانہ ہو گئے تو اب گھر کے لوگوں کی باری آئی۔ "ارے بھئی کہاں چھپ کر بیٹھ رہے ہو تم سب لوگ؟ کام نظر آیا اور بس ہوئی رُوح فنا۔ یوں نہیں کہ مل کر ختم کر دیں قصہ۔ او بھئی یہاں آؤ۔ تم میرا بستر اُٹھا کر لاؤ للّو۔ بنو بیٹی! جاؤ، تم غسل خانے میں سے ہماری صابن دانی، منجن کی ڈبیا اور تولیا لے آؤ۔ چھٹن! ارے چھٹن! جا اپنی اماں کے کمرے میں۔ وہاں سے ہمارا آئینہ، کنگھا اور تیل کی شیشی اٹھا لا۔ سب چیزیں لا کر یہاں فرش پر رکھ دو اور یہ تم کہاں چلے دیّو؟ ارے بھئی کہا ہے جو کہ ٹھہرے رہو تھوڑی دیر یہیں۔ جانتے ہو شام کی گاڑی سے نوچندی جا رہا ہوں۔ کام کی یہ کثرت ہے اور سرک چلے! جاؤ میرا بکس اُٹھا لاؤ اور پھر اپنی چچی اماں سے جا کر کہنا پچھلی دُھلائی آئی تھی تو ہمارے دو رومال آپ کے کپڑوں میں چلے گئے تھے۔ وہ نکال دیں۔ بنو بیٹی لے آئیں سب چیزیں شاباش شاباش! یہاں رکھ دو۔ پر یہ کیا اٹھا لائیں تم؟ یہ میری منجن دانی ہے؟ سامنے رکھی ہوئی

چیز نہیں دِکھائی دیتی۔ ارے چھٹن! کون سا آئینہ اٹھائے لا رہا ہے۔ بھئی بڑا پریشان کیا ہے ان لوگوں نے۔ ارے احمق ہمارا آئینہ۔ ہمارا آئینہ!"

گھنٹے بھر کی تو تو مَیں کے بعد کہیں سب چیزیں کمرے میں جمع ہوئیں اور چچا نے انھیں بکس میں رکھنا شروع کیا۔ تمام نوکر اور بچے اردل میں موجود۔ چیزیں زیادہ، بکس میں جگہ کم۔ چچا ایڑی چوٹی کا زور لگا کر انھیں ٹھونس رہے ہیں، پر کسی طرح نہیں سماتیں۔ زور لگا لگا کر منہ لال ہو رہا ہے، پیشانی سے پسینے کی بوندیں ٹپک رہی ہیں۔ ایسے موقع پر کسی بچے کو ہنسی آ جانا بڑا خطرناک ہوتا ہے۔ چچا چونک کر مڑتے ہیں، "کون تھا یہ؟ نالائق، بدتمیز کہیں کے۔ ہنسی کی کیا بات تھی؟ کوئی تماشا ہو رہا ہے یہاں؟ ریل کا وقت سر پر آ گیا ہے اور انھیں ہنسی سوجھ رہی ہے۔ نکلو یہاں سے۔ باہر جا کر ہنسو۔"

ادھر کمرے میں سے قافلہ نکلتا ہے، ادھر آواز آتی ہے، "ارے کم بختو۔ کہاں جا کر مر رہے ہو سب کے سب؟ او امامی! ارے او بندو! سانپ سونگھ گیا کیا؟ یہاں آ کر بکس کا ڈھکنا بند کراؤ۔ بیٹھو اس کے اوپر چڑھ کر۔"

بکس بند ہو چکا تو اب بستر کی باری آئی۔ "ابے یوں نہیں ... یوں، اس طرح موڑ۔ ارے! ادھر دیکھ مَیں کیا کر رہا ہوں۔ اب لپیٹ۔ اچھی طرح دبا کر۔ جان بھی ہے ہاتھوں میں؟ کھا کھا کر سانڈ تو بن گیا ہے اور بستر نہیں لپیٹ سکتا۔ ابے اس طرح۔ ابے بس اب بیٹھا رہیو اوپر۔ ہٹیو مت۔ مَیں نکالتا ہوں رسّی نیچے سے! ہا گدھے! ساری کی کرائی پر پانی پھیر دیا۔"

یہاں بستر ہی سے کُشتی ہو رہی تھی۔ اُدھر منے مرزا اور نوشاہ میاں تیار ہو کر آن بھی پہنچے۔ آوازیں آنی شروع ہو گئیں، "اماں چلو۔ اب کیا ہو رہا ہے اندر؟ آدھ گھنٹہ رہ گیا ہے ریل کے چھوٹنے میں۔ ارے بھئی، کون سا مہینوں کا سفر ہے کہ رخصت ہونے میں گھنٹے صرف ہو گئے؟ اب نکل بھی چکو گھر میں سے۔ سامان تو بھجوا دو کہ تانگے میں رکھ دیا جائے۔"

ادھر اندر چچا بستر باندھ رہے ہیں، ہاتھ پاؤں پھولے ہوئے ہیں اور پکار پکار کر

احکام سنا رہے ہیں، ''اماں للّو! دیکھنا وہ ناشتہ بھی بندھ گیا؟ اپنی امّاں سے کہنا ایک لوٹا اور ایلومینیم کا گلاس بھی نکال دیں۔ ارے بھئی دِدّو! کسی سے کہو اسباب باہر پہنچانا شروع کرے۔ ہئے ہئے، وقت تو بہت ہی تھوڑا رہ گیا۔ ارے بھئی، کہہ دو باہر کہ کہہ بس ابھی آیا۔ ذرا میری اچکن اور ٹوپی کھونٹی پر سے اتار دینا اور اپنی چچی سے کہنا کچھ روپے بھی سفر خرچ کے لیے نکال دیں۔ اماں، آ رہا ہوں۔ منے آ رہا ہوں۔ تم تو ہوا کے گھوڑے پر سوار ہو گئے۔ اسباب باندھ رہا تھا۔ بس آیا۔''

اتنے میں چچی کمرے میں آ گئیں۔ بولیں، ''اور یہ نئی وصلی کی جوتی ساتھ نہ لیتے گئے؟''

چچا پاگلوں کی طرح مڑ کر دیکھتے ہیں تو جوتی بندھنے سے رہ گئی ہے۔ ''اب کیا کروں؟ ریل کا تو وقت ہو گیا۔ اماں ٹھونس بھی دو بستر میں کہیں۔ نہ نہ یوں تو گر پڑے گی۔ تم کھول لو بستر۔ ارے بھئی جلدی کرو۔ ریل کا تو وقت ہو گیا۔ اماں آ رہا ہوں نوشے! بیٹے باہر جا کر کہنا اسباب باندھ رہے ہیں۔ ابھی آئے۔ اماں، کھول بھی چکو بستر۔ لاحول ولا... ارے بھئی کاٹ دو رسیوں کو۔ ذرا سا تو وقت رہ گیا ہے۔''

بستر کھلا پڑا تھا کہ چچی پوچھ بیٹھیں، ''کوئی موزوں کی جوڑی بھی رکھ لی صندوق میں؟''

چچا بستر چھوڑ چچی کا منہ تکنے لگے ''موزے؟ رکھ ہی لیے ہوں گے کہ اللہ جانے رہ گئے! کچھ یاد نہیں آتا۔ ارے بھئی کھولنا جلدی سے صندوق۔ تم بستر باندھ لو للّو۔ یہ رہی چابی صندوق کی۔ کھولتا ہوں۔ ریل کا تو وقت ہو گیا۔ ارے اماں دِدّو جا کر کہنا باہر کہ بس میں آیا کہ آیا۔ بنو بیٹی، دیکھنا تو ذرا صندوق میں موزے۔ ارے بھائی، بستر ابھی نہیں بندھا اب تک؟ اب کہیں باندھ بھی چکو۔ اس کونے میں دیکھیو۔ موزے ہوں گے تو اِدھر ہی ہوں گے۔ یہ رکھے تو ہیں۔ خواہ مخواہ وقت ضائع کرواتی ہیں۔ دوسرے کو تو نرا احمق سمجھ رکھا ہے۔ ارے بھئی، بس بند کرو صندوق۔ یہ نفاستیں رہنے دو۔ چیزیں جیسی ہیں اب پڑی رہیں۔ خدا کے لیے تالا لگاؤ تم۔ کہاں گیا تالا؟ ارے بھئی تالا کون لے گیا۔ کس نے اُٹھا لیا تالا؟''

لیجیے تالے کی ڈھنڈیا پڑ گئی۔ جسے دیکھیے آنکھیں پھاڑ پھاڑ کر فرش پر تالا تلاش کر رہا ہے۔اتنے میں معلوم ہوا کہ چچا جان کے ہاتھ ہی میں تھا۔

چچا شیروانی کی آستینوں میں ہاتھ ڈالتے ہوئے زنان خانے سے نکلے تو انتظار کر کر کے منے مرزا اور نوشہ میاں اسٹیشن پر جا چکے تھے۔

"ارے امامی، لپک کر کوئی اکّا تو پکڑ۔ ذرا آگے بڑھ کر دیکھ۔ پیسے ٹھیک کر لیجیو۔ تم عدد گنو للّو۔ اور ہمارے ساتھ کون جائے گا؟ دد و تم چلنا۔ اور تو امامی۔ اے لو، وہ آ گیا اِکّا۔ اسباب لادو۔ تم سوار ہو جاؤ دد و۔ تو بھی بیٹھ جا امامی۔ پیسے ٹھہرا لیے نا اِکے والے سے؟ لے میرا بھائی۔ اب ہَوا کی طرح چل۔ نوچندی پر جا رہے ہیں ہم۔ ریل کا وقت ہو گیا ہے۔ اُڑ کر چل۔ رہ نہ جائیں گاڑی سے۔ عدد گن لیے تھے دد و؟ اور وہ پانوں کی ڈبیا؟ ہئے ہئے۔ خیال ہی نہ رہا۔ چلو، نوشے کے پاس ہوں گے پان۔ ارے بھئی ذرا چال دِکھا جانور کی...۔ ایسے نکّے لوگ ہیں کہ خدا کی پناہ۔ بس ذرا سا کام ہو، بوکھلا جاتے ہیں۔ یوں نہیں آرام آرام سے مزے مزے فارغ ہو جائیں۔ گھنٹوں پہلے تیاری شروع کرو۔ وقت پر وہی جھینکنا۔ عاجز آ گیا ہوں مَیں تو"

خدا خدا کر کے کہیں اسٹیشن پر پہنچنا ہوا۔ وہاں قلیوں سے بات نہ ٹھہر سکی۔ اچھی خاصی ردّ و قدح کے بعد بکس اور بستر امامی کے سر پر رکھ کر پُل کا رُخ کیا۔ وہاں بابو سے معلوم ہوا کہ ٹکٹ کے بغیر ریل کے سفر کی کوشش جرم ہے۔

چچا لاحول پڑھتے ہوئے ٹکٹ گھر کی طرف دوڑے۔ بابو سے میرٹھ کا ٹکٹ مانگا تو معلوم ہوا کہ کل صبح سے پہلے کوئی گاڑی میرٹھ روانہ نہ ہوگی۔

چچا چھکّن نے دھوبن کو کپڑے دیے

چچی ایک دو بار نہیں، بیسیوں مرتبہ چچا چھکن سے کہہ چکی ہیں کہ باہر تمھارا جو جی چاہے کیا کرو مگر خدا کے لیے گھر کے کسی کے کام میں دخل نہ دیا کرو۔ آپ بھی ہلکان ہوتے ہو، دوسروں کو بھی ہلکان کرتے ہو۔ سارے گھر میں ایک ہڑبڑی سی پڑ جاتی ہے۔ میرا دم اُلجھنے لگتا ہے اور پھر تمھارے کام میں مَیں نے نقصان کے سوا کبھی فائدہ بھی تو نہیں دیکھا۔ تو ایسا ہاتھ بٹانا بھلا میرے کس کام کا؟

چچا اس قدر ناشناسی سے کھجھ جاتے ہیں، چڑ کر کہتے بھی ہیں، ”بھلا صاحب، کان ہوئے۔ پھر کبھی آپ کے کام میں دخل دیا تو جو چور کی سزا وہ ہماری سزا“ لیکن دخل در معقولات کا انھیں کچھ ایسا لا علاج مرض ہے کہ جہاں کوئی موقع ملا پھر لنگوٹ کس تیار۔

آج ہی دو پہر کی سنیے۔ چچی کا جی اچھا نہ تھا۔ گلا آ گیا تھا۔ اس کی وجہ سے ہلکی ہلکی حرارت بھی تھی۔ منہ سر لپیٹے دالان میں پڑی تھیں کہ دھوبن کپڑے لینے آ گئی، چچی نے کہا، ”برمیٹھن آج تو میرا جی اچھا نہیں۔ کل یا پرسوں آ جائیو تو میلے کپڑے دے دوں گی۔“

دھوبن بولی ”بیوی جی۔ برمیٹھا آج رات بھٹی چڑھا رہا تھا۔ کپڑے مل جاتے تو آٹھویں دن میں دے جاتی، نہیں تو پھر وہی دس پندرہ دن لگ جائیں گے۔“

چچی نے کہا، ”اب جو ہو، مجھ میں تو اُٹھ کر کپڑے دینے کی ہمت نہیں۔“

چچا چھکن پرلے دالان میں بیٹھے میاں مٹھو کو سبق پڑھا رہے تھے۔ کہیں چچی کی بات سن پائی۔ انھیں ایسے موقعے اللہ دے۔ جھٹ ادھر آن پہنچے۔ بولے، ”کیا بات ہے؟ کپڑے دینے ہیں دھوبن کو؟ ہم دیے دیتے ہیں۔“

چچی بولیں، ”اے خدا کے لیے تم رہنے دینا۔ ہلکم ڈالو گے سارے گھر میں۔ پہلے ہی میرا جی اچھا نہیں ہے۔ کل پرسوں اللہ چاہے تو مَیں اُٹھ کر دے دوں گی۔“

چچا کب رکنے والے ہیں بھلا۔ اللہ جانے کام ہی کا جنون ہے یا گھر کے کاموں سے طبیعت کو خاص مناسبت ہے یا روک دیے جانے میں انھیں اپنے سلیقے اور سگھڑاپے کی توہین نظر آتی ہے۔ بولے، ”واہ بھلا، کوئی بات ہے۔ یہ ایسا کام ہی ہے۔ ابھی نمٹائے دیتے ہیں۔“

چچی جانتی ہیں وقت پر چچا کب کسی کی سنتے ہیں۔ وہ تو بڑ بڑاتی ہوئی کروٹ لے کر پڑ رہیں اور چچا چھکن چلے دھوبن کو کپڑے دینے۔ چچی ٹوک چکی تھیں اس لیے اس نے نہ تو کسی ملازم کو آواز دی نہ کسی بچے کو بلایا، نہ کسی سے یہ پوچھا کہ کس کے کپڑے کہاں پڑے ہیں۔ خود ہی گھر کے جالے لینے شروع کر دیے۔ جو کپڑا نظر آیا خود ہی آنکھوں کے سامنے تان کر پر کھا یا نیچے پھیلا کر دیکھ لیا۔ ”کم بخت، پتا بھی تو نہیں چلتا کہ پہننے کا کپڑا ہے یا جھاڑن بن چکا ہے۔ چماروں کے بچے بھی تو اس سے اچھی طرح کپڑا پہنتے ہوں گے۔“ کسی کپڑے کو چھوڑا، کسی کو بغل میں دبایا، کہیں جھک کر چارپائی کے نیچے جھانکا، کہیں ایڑیاں اُٹھا کر الماری کے اوپر نظر ڈالی۔ معلوم ہوتا تھا، آج چچا نے قسم کھا لی ہے کہ جو کام ہو گا، آپ ہی کریں گے۔ لیکن آخر کب تک؟ چچا چھکن کے لیے تو اللہ میاں بہانے پیدا کر دیتے ہیں۔ کپڑوں کی تلاش میں اسباب کی کوٹھری میں گئے تھے۔ پانچ منٹ بعد اندر سے آوازیں آنی شروع ہو گئیں۔

”ارے آنا آنا۔ او بندو! او امامی! او اماں لِلّو۔ ارے بھئی لِلّو! کدھر گئے سب؟ دوڑ کر آنا۔ ہاتھ پھنس گیا۔ اماں ہاتھ پھنس گیا۔ ارے بھئی صندوق کے پیچھے ہاتھ پھنس گیا۔ اماں ہمارا ہاتھ۔ اَور کس کا ہوتا یہاں کوٹھری میں۔ نہیں نکلتا، یہ کیا کرتے ہو؟ عقل ماری گئی ہے۔ ہاتھ کیسے کھنچے گا۔ ارے بھئی صندوق سرکاؤ۔ لاحول ولا۔ اماں زور لگاؤ۔ ایک صندوق نہیں سرکتا سب سے؟ مل کر۔ ہاں یوں۔۔۔ تو بہ تو دیکھتے ہو ہاتھ کو؟ سارا چھل کر رہ گیا ہے، دیکھے ان بدتمیزوں کے طریقے؟ میلے کپڑے رکھنے کو جگہیں کیا انوکھی نکالی ہیں۔

صندوقوں کے پیچھے ٹھونسا کرتے ہیں میلے کپڑے؟ احمق کہیں کے۔تم ہی کہو۔ یہ جگہیں ہیں کپڑے رکھنے کی؟ نامعقولوں کو اتنا خیال نہیں آتا کہ آخر یہ چھونٹیاں کس مرض کی دوا ہیں ۔"

لیجیے صاحب حسبِ معمول سارا گھر چچا میاں کے گرد جمع ہو گیا اور آپ نے سنانے شروع کر دیے اپنے احکام ۔

"اب کھڑے میرا منہ کیا تک رہے ہو؟ جمع کرو میلے کپڑے۔ پر دیکھو رہ نہ جائے کوئی۔ ایک ایک کونا دیکھ لیجیو۔ دالان میں ڈھیر لگا دو سب کا۔ بندو! تو ہمارے کمرے میں سے میلے کپڑے سمیٹ لا۔ دو تین جوڑے تو چارپائی کے نیچے حفاظت سے لپٹے رکھے ہیں، وہ لیتا آئیو اور سننا، وہ چھٹپن یا بنّو کا ایک کرتا بانس پر لپٹا ہوا کونے میں رکھا ہے۔ پرسوں کمرے کے جالے اُتارے تھے ہم نے۔ وہ بھی کھولتا لائیو اور دیکھ ... ہوا کے گھوڑے پر سوار ہے کم بخت ۔ پوری بات ایک مرتبہ نہیں سن لیتا۔ ایک بنیان ہمارا انگیٹھی میں رکھا ہے۔ بوٹ پونچھے تھے اس سے، وہ بھی لیتا آنا، جا بھاگ کر جا۔ امامی! تو بچوں کے کپڑے جمع کر۔ ہر کونے اور طاق کو دیکھ لیجیو۔ یہ بدمعاش کپڑے رکھنے کوئی سے نئی جگہ سے نکالتے لیتے ہیں ۔"

نوکر روانہ ہوئے تو بچوں کی باری آ گئی۔ "کہاں گئے یہ سب کے سب؟ او چھٹن! ارے او چھٹن! لیجیے ملاحظہ فرمائیے آپ کی صورت! ارے یہ کیا حال بنایا ہے؟ کوئلوں میں کہاں جا گھسا تھا؟ اُتار اپنے کپڑے۔ نئے کپڑے پھر ملیں گے۔ پہلے میلے کپڑے یہاں لا کر رکھ اور یہ بنّو کدھر گئی؟ مَیں کہتا ہوں، آخر یہ مرض کیا ہو گیا ہے تم لوگوں کو جہاں کام کی صورت دیکھی کھسک جانے کی ٹھہرا لی۔ چلو اندر۔ ایک کاغذ اور پنسل لا کر دو ہمیں۔ آخر لکھے بھی جائیں گے کپڑے یا نہیں؟ للّو! تم بستروں میں سے میلی چادریں اور تکیوں کے غلاف نکال لاؤ۔"

غرض ایک پانچ منٹ میں گھر کی یہ حالت ہو گئی گویا آنکھ مچولی کھیلی جا رہی ہے ۔ کوئی اِدھر بھاگ رہا ہے کوئی اُدھر۔ کوئی چارپائی کے نیچے سے نکل رہا ہے۔ کوئی کونے جھانکتا پھر رہا ہے۔ کسی نے میلے لپٹے ہوئے بستر سے کشتی شروع کر رکھی ہے۔ کوئی کپڑے اتار

تو لپیٹے بھاگا جا رہا ہے۔ ساتھ ساتھ چچا کے نعرے سے بھی سننے میں آرہے ہیں۔ ”ارے آئے؟ ابے لائے؟ سب کے ہاتھ پاؤں پھول رہے ہیں۔ سٹّی گم ہے۔ ٹکریں لگ رہی ہیں۔

کوئی آدھ گھنٹے کی محنت سے سارے کپڑے دالان میں جمع ہوئے۔ نوکر اور بچے کپڑوں کے ڈھیر کے گرد دائرہ باندھے کھڑے ہیں۔ صورتیں سب کی ایسی ہیں گویا سوانگ بھر رکھا ہے۔ کسی کے منہ پر مٹی پڑی ہے۔ کسی کے بال مٹیالے ہو رہے ہیں۔ کسی کے کپڑوں پر جالے لگے ہوئے ہیں۔ چچا چارپائی پر بیٹھے ایک ایک کپڑے کا معائنہ فرما رہے ہیں۔ ہر کپڑے کو انگلی کے سروں سے اٹھا کر دیکھتے ہیں۔ کبھی بچوں کو کوستے ہیں کہ کم بختوں کو کپڑا پہننے کا سلیقہ بھی نہیں آتا۔ کبھی دھوبن کو ڈانٹتے ہیں کہ خبردار جو ایک داغ بھی باقی رہا۔ کہیں بیچ میں وہ بنیان بھی ہاتھ میں آ گیا جس سے آپ نے بوٹ پونچھے تھے۔ خیال نہ رہا کہ یہ اپنی ہی کارروائی ہے۔ برس پڑے، ”اب دیکھو تو اس کی حالت۔ یہ انسانوں کا برتا ہوا معلوم ہوتا ہے؟ اللہ جانے بدتہذیب کہاں کہاں...“

داغ اچھی طرح دیکھنے سے چچا کو یاد آ گیا کہ یہ بنیان ان کے اپنے کمرے کی انگیٹھی میں سے برآمد ہوا ہوگا۔ چنانچہ فوراً کپڑوں میں ملا دیا اور ارشاد ہوا، ”چلو اب جو ہے سو ہے۔ لو اب کپڑوں کو الگ الگ کرو کہ کون سا کپڑا کس کا ہے۔“

دس ہاتھ کپڑے الگ کرنے میں مصروف ہو گئے۔ ہر ایک کو اپنی کارگزاری دکھانے کا خیال۔ دھوبن چیخ رہی ہے، ”اے میاں جانے دو۔ اے بھائی رہنے دو۔ میں ابھی آپ الگ الگ کر دوں گی۔“ مگر بچے کہاں سنتے ہیں۔ کوئی کہتا ہے، یہ میری قمیص ہے، کوئی کہتا ہے، تمہاری کہاں سے آئی، یہ تو میری ہے۔ کسی کا کوٹ پر جھگڑا ہے، کسی کا واسکٹ پر۔ کوئی کرتے کی ایک آستین کھینچ رہا ہے، کوئی دوسری۔ کسی کی پاجامے کے پائینچوں پر رسّہ کشی ہو رہی ہے۔ کپڑے چر چر کر کے پھٹ رہے ہیں۔ چچا سب کے ناموں کی فہرست بنانے میں مشغول ہیں۔ بیچ میں سر اٹھا اٹھا کر ڈانٹتے بھی جا رہے ہیں، ”پھاڑ دیا نا؟ اب کے بنانے کو کہیو کوئی نیا کپڑا۔ جو ٹاٹ کے کپڑے نہ بنا کر دیے ہوں۔

چلے جاؤ سب یہاں سے۔ ہم اکیلے سب کام کریں گے۔''

بچوں اور نوکروں کا قافلہ رخصت ہوا اور دھوبن کے ساتھ مل کر فہرست بننی شروع ہوئی۔ اسے ہدایات دی گئیں کہ دیکھ ہم پوری فہرست بنائیں گے کپڑوں کی۔ سب کے کپڑے جدا جدا لکھوانے ہوں گے اور ساتھ ہی بتانا ہوگا کہ اتنے کپڑے گرم ہیں، اتنے ریشمی، اتنے سوتی۔

دھوبن بولی، ''یوں ہی تو ہمیشہ لکھے جاتے ہیں۔''

چچا کو اپنی اس قابلِ قدر اور مہتم بالشان تجویز کی داد نہ ملی تو آپ دھوبن سے چِڑ گئے۔ ''بکلی کہیں کی۔ ہر روز تو گھر میں ہلڑ مچا رہتا ہے کہ اس کی قمیص بدل گئی، اس کا پاجامہ نہیں ملتا اور کہتی ہے کہ یونہی لکھے جاتے ہیں کپڑے۔ یوں کسی کو لکھنا تو آتا تو یہ روز کی جھک جھک کیوں ہوا کرتی؟''

دھوبن چپکی ہو رہی۔ کپڑے گننے شروع کر دیے۔ پر اب پہلے ہی کپڑے پر نئی بحث چھِڑ گئی۔ دھوبن کہے کہ قمیص چھٹن میاں کی ہے یہ۔ چچا مصر ہیں کہ نہیں بنّو کی ہے۔ دھوبن کہتی ہے، ''میں کیا پہلی بار کپڑے لے جا رہی ہوں؟ اتنی بھی پہچان نہیں مجھ کو؟'' چچا کہتے ہیں، ''احمق کہیں کی۔ کپڑا بازار سے لاتے ہیں ہم اور پہچان تجھے ہوگی؟'' شہادت کے لیے بندو کو بلوایا گیا۔ چچا نے اس سے پوچھا، ''یہ قمیص بنّو ہی کی ہے نا؟'' بندو کی کیا مجال کہ میاں کی تردید کرے۔ ڈرتا ڈرتا بولا، ''معلوم تو کچھ ان ہی کی سی ہوتی ہے پر وہ آپ ہی ٹھیک ٹھیک بتائیں گی۔'' بنّو کی طلبی ہوئی۔ وہ آتے ہی بولیں، ''واہ یہ پھٹی پرانی قمیص میری کیوں ہوتی۔ چھٹن ہی کی ہوگی۔''

دھوبن کو چچا کے مزاج کی کیفیت کیا معلوم۔ کہہ بیٹھی، ''میں نہ کہتی تھی۔'' چچا کو آگ لگ گئی۔ ''اولیا کی بچی ہیں نہ یہ تو، انھیں کیوں نہ معلوم ہوگا۔ منہ پھٹ بدتمیز کہیں کی۔ دوسرا دھوبی رکھ لوں گا میں۔''

کامل ایک گھنٹے کی محنت کے بعد کہیں فہرست بن کر تیار ہوئی کہ کون سا کپڑا کس کا ہے اور کس کے کپڑے کتنے ہیں۔ اب جناب ادھر دھوبن سے کہا گیا کہ سب کے کپڑے

گن۔ ادھر اپنی فہرست کی میزان ملانی شروع کی۔ دھوبن گنتی ہے تو انسٹھ عدد بنتے ہیں۔ چچا اپنی میزان ملاتے ہیں تو اکسٹھ کپڑے ہوتے ہیں۔ دھوبن بار بار کہتی ہے، "میاں ٹھیک طرح جوڑو۔ انسٹھ ہی ہیں" پر چچا ہیں کہ بگڑے جا رہے ہیں، "تیرا جوڑنا ٹھیک اور ہمارا جوڑنا غلط ہوگیا؟ جاہل کہیں کی۔ اُٹھ کر دیکھ۔ نیچے دبائے بیٹھی ہوگی۔" دھوبن غریب ہر طرف دیکھتی ہے۔ بار بار کپڑے گنتی ہے تو وہی اُنسٹھ نکلتے ہیں۔ چچا کی نظروں کے سامنے بھی ایک بار گن دیے، اُنسٹھ ہی نکلے۔ آخر نئے سرے سے تمام کپڑوں کا مقابلہ کیا گیا۔

کوئی گھنٹہ بھر کی تحقیق کے بعد معلوم ہوا کہ دھوبن نے بتائے تھے دو جوڑی موزے اور چچا میاں نے لکھے تھے چار۔ دھوبن اِنھیں دو عدد گنتی تھی اور چچا چار عدد۔ اس پر پھر بچاری دھوبن کے لتّے لیے گئے تھے۔ "جوڑی کیا معنی؟ چار نہیں تھے موزے۔ یوں تو چار رومالوں کو بھی دو جوڑی لکھوا دے تو یہ ہمارا قصور ہوگا؟ لے کر اتنا وقت مفت میں ضائع کروا دیا۔ ساری عمر کپڑے دھوتے گزر گئی اور ابھی تک کپڑے گننے کا سلیقہ نہیں آیا۔"

بارہ بجے دھوبن آئی تھی۔ چار بجے رخصت ہوئی۔ چچا چھکن فراغت پانے کے بعد فہرست چچی کو دینے آئے۔ بولے، "نمٹا دیا ہم نے دھوبن کو۔"

چچی جلی ہوئی تھیں۔ بولیں، "گھر پر قیامت بھی تو گزر گئی۔ کوئی بچہ ننگ دھڑنگ پھر رہا ہے، کوئی غسل خانے میں کپڑوں کے لیے غل مچا رہا ہے۔ دھوبن دھیا الگ کھسیانی ہوکر گئی ہے۔ آدھا دن برباد کرکے کس مزے میں کہتے ہیں کہ نمٹا دیا ہم نے دھوبن کو۔"

چچا چِڑ گئے۔ "تمھیں کبھی چھوٹے منہ سے داد کے دو لفظ کہنے کی توفیق نہ ہوئی۔"

چچا روٹھ کر چارپائی پر پڑ رہے۔

چچی نے پوچھا، "پاجاموں میں سے ازار بند بھی نکال لیے تھے؟"

چچا کی آنکھیں کچھ کھلیں مگر جواب نہ دیا۔ بڑے مناسب وقت پر روٹھ گئے تھے۔

اتنے میں فہرست دیکھ کر چچی بولیں، "اور یہ میری ریشمی قمیص کون سی؟ ملکے فیروزی رنگ کی؟ اے غضب خدا کا۔ مَیں نے تو وہ استری کرنے کو الگ رکھی تھی۔ کم بخت دو کوڑی کی اور اس میں سے میرے سونے کے بٹن بھی اُتار لیے تھے یا نہیں؟"

اب تک تو چچا کی تیوری چڑھی ہوئی تھی۔ سونے کے بٹنوں کا سنا تو ہڑبڑا کر اُٹھ بیٹھے۔

''بٹن؟ سونے کے؟ تمھارے؟ تمھیں میری قسم؟ ہئے ہئے۔ وہ تو نہیں اُتارے ہم نے۔''

جوتی پہنتے ہوئے چچا باہر بھاگے۔ ''ارے بھئی، چلی گئی دھوبن؟ او بندو! چلی گئی دھوبن؟ ارے امامی! کدھر گئی دھوبن؟ ارے دوڑیو۔ ارے بھئی جانا۔ پکڑنا۔ لے کر آؤ۔ منہ کیا تکتے ہو؟ سونے کے بٹن لے گئی۔ اماں سونے کے بٹن ... تمھاری چچی کے۔ اس کا گھر کدھر ہے؟ چوک سے مڑ کر کدھر کو؟ اماں خونچے والے! کسی دھوبن کو جاتے دیکھا ہے؟ ارے بھئی ریوڑیوں والے! کوئی دھوبن اُدھر نہیں گئی؟ او بھئی گنڈیریوں والے! کوئی دھوبن ... دائیں ہاتھ کو۔ اس طرف کو؟ ...''

ابھی تک چچا بٹن لے کر واپس نہیں آئے۔

چچا چھکّن نے ایک بات سنی

جانتا بھی تھا کہ چچا چھکّن میں مسلسل دو منٹ کسی کی بات سننے کی تاب نہیں۔ مین میکھ نکالنا ان کی عادت ہے۔ بات کاٹے بغیر ان سے رہا نہیں جاتا۔ لفظ لفظ پر ٹوکتے ہیں مگر ہونی شدنی۔ ہوگئی حماقت۔ رات کو اپنے دوست پنڈت درگا پرشاد کو کھانے پر بلا رکھا تھا۔ کھانے سے فارغ ہونے کے بعد انگیٹھی بیچ میں رکھے، گاؤ تکیوں سے ٹیک لگائے، مزے سے چاندنی پر نیم دراز تھے۔ سامنے چلغوزوں کے ڈھیر لگے تھے۔ کھا بھی رہے تھے۔ باتیں بھی کرتے جا رہے تھے۔ سرور سا جما ہوا تھا۔ اطمینان اور بے فکری سے بیٹھے ہوں اور پنڈت جی کا دل بولنے کو چاہ رہا ہو تو یوں سمجھیے پھول جھڑتے ہیں منہ سے۔ جی چاہتا ہے صحبت جمی رہے اور یوں ہی بیٹھے ان کی باتیں سنا کریں۔ جو بات ہو ایسے سلیقے اور ششتگی سے کہتے ہیں اور اپنے اندازِ بیان سے اس میں ایسی جان سی ڈال دیتے ہیں کہ سماں بندھ جاتا ہے۔

پنڈت جی ہمیں اپنے ایک سفر کا واقعہ سنا رہے تھے کہ انھوں نے کس طرح ایک اسٹیشن پر گاڑی بدلتے وقت درجے میں آموں کی ایک ٹھڑی رکھی دیکھی اور اسے لاوارث سمجھ کر اپنے اسباب میں شامل کر لیا۔ اس کے کچھ آم تو مزے لے لے کر کھائے۔ کچھ آموں سے پیدل سڑک کے مسافروں کا نشانہ بنا رہے تھے۔ پھر اس خیال سے ڈر کر کہ کہیں چوری کھل نہ جائے، باقی آم اور نئی دوہر جس میں یہ لپٹے ہوئے تھے، چلتی گاڑی میں سے باہر پھینک دی۔ یوں اپنی چوری کے تمام سراغ مٹا کر بڑی تسلی سے سفر کرتے رہے۔ لیکن مزہ منزلِ مقصود پر اپنے گھر پہنچ کر آیا۔ پہنچنے کے تھوڑی دیر بعد کیا دیکھتے ہیں کہ گھر کی

ماما کسی چیز کو تلاش کرتی ہوئی باہر نکلی اور بولی،"میاں مَیں نے ریل میں سوار ہوتے وقت اپنی نئی دوہر جس میں سو قلمی آم بندھے تھے، آپ کے درجے میں رکھ دی تھی۔ وہ اسباب میں نظر نہیں آتی۔"

پنڈت جی نے یہ واقعہ ایسے مزے سے بیان کیا اور آخر میں ایسی مضحکہ انگیز صورت بنا کر اپنی حماقت کا اعتراف کیا کہ ہنسی کے مارے سب کے پیٹ میں بل پڑ گئے۔ ہماری ہنسی کی آواز کہیں چچا چھکن کے کان میں بھی پہنچ گئی۔ دروازہ کھول کر پوچھنے لگے،"ارے بھئی کیا واقعہ ہوا جو یہ قہقہے اُڑ رہے ہیں؟"

ہم سب کھڑے ہو گئے۔ پنڈت جی آداب بجا لائے۔ محجوب سے نظر آئے تو چچا نے ان ہی سے پوچھا،"ارے بھئی پنڈت۔ یہ کیا پھلجھڑیاں چھوڑ رہے ہو؟ کچھ ہمیں بھی تو بتاؤ۔"

پنڈت جی نے شرما کر جواب دیا،"کچھ نہیں صاحب۔ یوں ہی اِدھر اُدھر کی باتیں ہو رہی تھیں۔"

بیٹھے بٹھائے میری جو شامت آئے کہیں کہہ بیٹھا،"پنڈت جی! یہ ریل کا قصہ تو چچا میاں کو بھی سنا دیجیے۔"

چچا چھکن عام طور سے تو جلدی سو رہنے کے عادی ہیں لیکن اس وقت تو جیسے اشارے کے منتظر کھڑے تھے۔ پنڈت جی ہاں یا نہیں بھی نہ کرنے پائے تھے کہ کواڑ کھول یہ کہتے ہوئے اندر تشریف لے آئے،"ہاں پنڈت جی، ہم بھی تو سنیں وہ ریل کا کیا قصہ ہے؟"

یہ کہہ کر چچا انگیٹھی کے قریب پھسکڑا مار کر بیٹھ گئے۔ رضائی کو از سرِ نو تکلف سے اوڑھا، کندھوں پر ڈالا، زانوؤں کے نیچے دبایا۔ کنٹوپ پر ہاتھ پھیر کر اسے سر پر ٹھیک جمایا۔ ذرا دیر اس کے بند سے شغل کیا، باندھنا چاہا، نہ باندھا۔ پھر ذرا ہاتھ سینکے۔ پہلو کو جھک کر خاص دان کا جائزہ لیا بولے،"ہاں پنڈت جی! تو کیا قصہ ہے وہ؟"

پنڈت جی ابھی زبان بھی کھولنے نہ پائے تھے کہ ارشاد ہوا،"حقہ نہیں پیتے پنڈت

جی؟" انھوں نے یہ مشکل "جی نہیں" کہا ہوگا کہ بولے،"بھلا حقّے کے بغیر بات چیت کا کیا مزہ؟"

زنان خانے کی طرف منہ کر بندو اور امامی کو آوازیں دینی شروع کردیں۔"ارے یہاں آوٗ! سنتے ہو۔ یہاں آوٗ کوئی! ابے نہیں سنا؟ کان چور لے گئے کیا؟ او بندو! او امامی! کہاں مر گئے کم بختو! دیکھا۔ بس سو گئے دونوں کے دونوں۔ ان بدمعاشوں کو ایسی سرِشام سونے کی عادت پڑی ہے کہ فکر ہی نہیں رہی کسی بات کی۔ ابے آتے ہو یا مَیں آوٗں؟ لا حول ولا۔ بھئی بڑے حرام خور ہیں یہ لونڈے۔ قصور سارا تمھاری چچی کا ہے۔ شام سے روٹی دے دلا کر کم بختوں کو نچنت کر دیتی ہیں۔ خیر جی، تو پنڈت جی! کیا تھا وہ قصہ؟ مگر کچھ مزہ نہیں بات چیت کا حقّے کے بغیر۔ ارے بھئی للّو۔ ذرا تم جا کر حقہ نہیں بھر لاتے؟ شاباش شاباش! جیتے رہو مگر دیکھنا ذرا تازہ کر لینا حقہ۔ سمجھ گئے نا؟ اور سننا، تو ارکھ کر لانا اور بات تو سنو۔ بڑا عیب ہے تم لوگوں میں کہ آدھی بات سن کر چل پڑتے ہو۔ طاق میں سے خمیرہ لے لینا۔ آج ہی آیا ہے لکھنؤ سے، پندرہ روپے سیر کے حساب سے۔ کچھ سادہ تمباکو اس میں ملا لینا۔ بڑا مہنگا ہو گیا ہے خمیرہ، صاحب خود اپنے زمانے کی بات کہتا ہوں کہ پانچ روپے سیر کے حساب سے خریدا ہے مَیں نے۔ ایک دکان تھی لکھنؤ میں حسینے حسینے کی مگر صاحب واہ واہ! کیا بناتا تھا خمیرہ۔ کش لگاتے ہی ارواح خوش ہو جاتی تھی۔ جب لکھنؤ جاتا اس کے ہاں سے اکٹھا خرید کر لاتا تھا اور اب تو وہ بات ہی نہیں رہی تمباکو کو میں۔ کہنے کو خمیرہ کہیے یا جو جی چاہے، نرا گو بر ہوتا ہے۔ خیر! تو ہاں وہ قصہ کیا تھا پنڈت جی؟"

پنڈت جی اتنا ہی کہنے پائے تھے،"اجی قصہ کیا ہوتا، یوں ہی ایک بات سنا رہا تھا سفر کی۔ عرض کیے دیتا ہوں۔" کہ اتنے میں چچا کی نظر چھٹن پر پڑ گئی۔"ارے یہ چھٹن بھی ہے یہاں؟ کیسا دبک کر بیٹھا ہے کہ نظر تک نہ آیا مجھے۔ ارے سویا نہیں تو اب تک صبح اُٹھے گا کیسے؟ ملا جی باہر کھڑے چیخا کریں گے اور پڑ اچارپائی پر کروٹیں لیا کرے گا۔ چل اندر۔ ہیں اوٗں اوٗں؟ اوٗں اوٗں کیا معنی؟ اب اوٗں اوٗں کرو یا روٗں روٗں۔ جا کر سونا ہوگا۔ نا صاحب، عادت بگڑتی ہے بچے کی۔ چلو جا کر سووٗ۔ جی تو پھر؟ مَیں نے کہا خاص دان

چچا چھکن کے کارنامے

میں پان کا ٹکڑا بھی ہے کوئی؟ ذرا تم جا کر نہیں لے آتے دِدّو؟ ساتھ ہی مرادآبادی تمباکو بھی رکھتے لانا۔ جی تو پنڈت جی پھر۔ غرضیکہ سفر کیا تھا آپ نے۔ خوب!"

پنڈت جی بولے،" پچھلی گرمیوں مرادآباد میں ایک عزیز کی شادی تھی۔ سواریوں کو وہاں پہنچانے کے لیے مَیں سے اور میرا چھوٹا بھائی روانہ ہوئے۔ ہاپڑ جنکشن پر گاڑی بدلنی تھی۔ وہاں جو اُترے...،"

"کہاں؟"

"میرٹھ سے مرادآباد جاتے ہوئے گاڑی ہاپڑ جنکشن پر بدلنی پڑتی ہے۔"

"یہ میرٹھ اور مرادآباد کے راستے میں ہاپڑ کہاں کہاں سے آ گیا؟"

"صاحب، مجھے تو یہی راستہ معلوم ہے۔"

"اور جو دوسرا راستہ ہو؟"

"کم از کم نزدیک کا راستہ تو یہی ہے۔"

"اے لیجیے۔ اب دور نزدیک پر آ گئے۔ یوں ہی سہی، ہماری آدھی عمر بھی ریلوں ہی کا سفر کرتے گزرتی ہے۔ مَیں آپ کو میل ٹرین کا راستہ بتاتا ہوں۔ پھر تو دور نزدیک کا مسئلہ بھی ہو جائے گا حل۔ سنیے، میرٹھ سے جائیے سہارنپور۔ سمجھ گئے؟ اور جناب سہارنپور سے لکسر۔ لکسر سے نجیب آباد...،"

"کلکتہ میل کا راستہ؟"

"اب بیچ میں نہ ٹوکیے۔ پورا راستہ سن لیجیے مجھ سے۔ نجیب آباد سے نگینہ۔ نگینہ سے دھام پور۔ اور جناب دھام پور سے مرادآباد۔ آیا سمجھ میں؟ یہی گاڑی آگے شاہ جہان پور، لکھنؤ، بنارس کی طرف نکل جاتی ہے مگر اس موقع پر اُس کے تذکرے سے کیا حاصل۔ ہمیں تو صرف مرادآباد کے راستے سے سروکار ہے۔"

پنڈت جی نے کہا،" جی ہاں یہ راستہ تو میل ٹرین ہی کا ہے مگر دور کا ہے۔ مَیں قریب ترین راستے سے روانہ ہوا تھا۔"

چچا نے فرمایا،" یوں آپ کو ہر راستے سے روانہ ہونے کا اختیار تھا لیکن یہ خیال آپ

گلی سلور جوبلی سیریز   چچا چھکن کے کارنامے

کا صحیح نہیں کہ ہمارا بتایا ہوا راستہ دور کا ہے اور یقین نہ ہو تو ٹائم ٹیبل دیکھ کر اپنا اطمینان کر لیجیے۔ ٹائم ٹیبل شاید موجود نہ ہو گھر میں ورنہ ابھی طے ہو جاتی بات۔ پر خیر۔ بالفرض وہ راستہ دور کا بھی تھا جب یہ غلطی تھی آپ کی کہ سواریوں کو ساتھ لے کر ایسے راستے سے گئے جدھر سے گاڑی بدلنی پڑتی تھی۔"

پنڈت جی دبی زبان سے بولے، "اس راستے بھی سہارنپور پر گاڑی بدلنے کی ضرورت ہوتی۔"

چچا کنٹوپ کے بند باندھنے لگے۔ "بدلنے کی ضرورت ہوتی؟ یقین ہے؟ اچھا! پھر تو کچھ ایسی غلطی نہیں کی آپ نے۔ خیر وہ کسی راستے ہی گئے آپ۔ اب اس بعد از وقت بحث سے کیا حاصل۔ آپ بات کہیے نا"

پنڈت جی نے کہا، "تو صاحب، اسباب تھا ہمارے ساتھ زیادہ"

چچا نے حاشیہ آرائی کی "وہ تو ہونا ہی تھا۔ آخر شادی بیاہ میں جا رہے تھے اور پھر ساتھ سواریاں۔ کچھ نہ پوچھیے ایسے موقعوں پر یہ عورتیں کیا کچھ سامان ساتھ لے کر نکلتی ہیں۔ ٹرنک اور بکس اور گٹھڑیاں اور بستر اور جانے کیا کیا۔ اُف وہ! میرا تو سوچ سے بھی دم اُلجھتا ہے۔"

پنڈت جی بولے، "جی ہاں۔ تو ہاپڑ میں ہم اپنے درجے سے اسباب اُتاریں، ہاپڑ اُترنے والے مسافر اسٹیشن سے باہر چلے گئے۔ جب ہم سارا اسباب اُتار چکے تو کیا دیکھتے ہیں کہ درجے میں اوپر کے تختے پر ایک گٹھڑی رکھی ہوئی ہے جو ہماری نہ تھی۔"

دڈو پان لے کر آ گیا۔ چچا پان کھانے میں مصروف ہو گئے۔ پنڈت جی ان کی توجہ دوسری طرف دیکھ کر رک گئے تو تقاضا ہوا، "آپ کہے جائیے۔ میں سن رہا ہوں۔" پان کھول کر کتھا چونا دیکھا۔ کتھا زیادہ تھا۔ زیرِ لب اس پر تنقید ہوئی۔ "اب تک پان لگانے کا سلیقہ بھی نہیں آیا۔ اچھا خاصا پلستر کا، لاحول ولا۔" کتھا پونچھا، پان کھایا۔ چھالیا، تمبا کو ہتھیلی پر رکھ کر پھنکی لگائی۔ پان کلے میں دبایا۔ پنڈت جی کی دل داری کو مسکرا کر فرمایا، "آپ تو خاموش ہو گئے پنڈت جی؟"

پنڈت جی بے صبری سے اس عمل کے تمام ہونے کا انتظار کر رہے تھے۔ چچا کو متوجہ دیکھ کر پھر شروع ہو گئے۔

"ساری ٹرین خالی ہو چکی تھی۔ چنانچہ یقین تھا کہ اب مالک نہ آئے گا۔ دل میں شوق پیدا ہوا کہ گٹھڑی کھول کر دیکھیے تو اس میں کیا ہے۔ مَیں نے اسے اٹھا کر کھولا تو دیکھتا ہوں کہ سہارن پور کے نہایت اعلیٰ درجے کے مالدہ آم قریب ایک سَو کے رکھے ہیں!"

چچا منہ اونچا کر کے پیک سنبھالتے ہوئے بولے "ارے بھئی، ذرا الال دان بلھانا۔" پیک تھوؤکی۔ باچھیں پونچھیں۔ بولے،

"یہ سہارن پور کے کیسے آم کہے آپ نے؟ مالدہ آم! اور سہارن پور کے؟ بھلا سہارن پور میں مالدہ آم کہاں سے آیا؟ اماں یہ تم پنجاب کی طرف کے اضلاع کے لوگ آموں کی قسموں کے صحیح نام بھی نہیں جانتے؟ مالدہ آم ہوتا ہے بڑا سا، پھیکا پھیکا، ریشے دار ... جسے تم لوگ بمبئی کا آم کہتے ہو۔ اور یہ جو سہارن پور کا قلمی آم ہوتا ہے، یہ ہے اصل میں بمبئی کا آم۔ دونوں میں بڑا فرق ہے۔ خیر یہ تو جملۂ معترضہ تھا۔ آپ اپنا قصہ جاری رکھیے۔"

پنڈت جی بے چاروں پر اب تک کچھ اوس سی پڑ گئی تھی مگر تقاضا سن کر پھر شروع ہو گئے۔

"اگرچہ وہ بیگانہ مال تھا اور ہمیں کسی طرح اس کا کھانا مناسب نہ تھا مگر عمر کا تقاضا، تنہائی کا موقع اور نہایت پکے آم۔ رہا نہ گیا۔ ہم نے سوچا، اب کون انھیں ریل والوں کے سپرد کرتا پھرے اور ریل والے ہی ایسے کہاں کے ایمان دار ہیں کہ مالک کو واپس کر دیں گے۔ چنانچہ وہ آم بھی ہم نے اپنے اسباب میں شامل کر لیے۔"

اس پر چچا نے ایک دل داری کا قہقہہ لگایا اور بولے، "غرضیکہ خوب آم ملے کھانے کو۔ نہایت دلچسپ واقعہ ہے۔"

پنڈت بے چارے حیران کہ یہ ادھ بیچ میں داد کیسی! دو تین دفعہ کہنے کی کوشش بھی کی کہ صاحب باقی بات تو سن لیجیے مگر چچا نے مربّیانہ انداز میں سر ہلا کر انھیں بولنے کی

مہلت ہی نہ دی۔ کہنے لگے، "سمجھ گیا، سمجھ گیا۔ خوب آم اُڑائے پھر۔ نہایت خوب۔ ہمیں بھی ایک مرتبہ اِسی قسم کا واقعہ پیش آیا۔ مرادآباد سے الٰہ آباد جا رہے تھے ہم۔ راستے میں پڑا وہ جنکشن۔ وہ ہے نا۔ کیا نام ہے اِس کا؟ وہ۔ اے۔ اے توبہ۔ دیکھو اچھا سا نام ہے۔ زبان پر پھر رہا ہے۔ یاد نہیں آتا۔ اماں وہ ہے نہیں جنکشن، جہاں سے وہ چھوٹی لائن کسی طرف کو جاتی ہے۔ تمہیں تو یاد ہوگا للّو۔ تم ہی تو تھے ہمارے ساتھ۔ نہیں کیسے؟ واہ! ہم خود تمہیں لے کر گئے تھے ساتھ۔ یاد نہیں۔ وہ تمہارا آدھا ٹکٹ لے لینے پر ٹکٹ بابو سے قصہ ہو گیا تھا؟ اور نہیں تو کیا۔ ارے بھئی الٰہ آباد جاتے ہوئے ہی تو فیض آباد! اچھا؟ فیض آباد! ٹھیک ہے۔ ہاں ٹھیک ہے، تم فیض آباد کے سفر میں ساتھ تھے۔ خیر اُس کا اِس موقع پر کیا ذکر۔ تو وہ صاحب نہ معلوم کیا نام تھا اس جنکشن کا۔ خیر وہ کچھ ہی تھا۔ نام معلوم ہونا بھی کیا ایسا کیا ضروری ہے۔ تو وہاں سے ایک لالہ ہمارے درجے میں سوار ہوئے۔ وہ بھی یوں ہی اپنی ایک کوری ہنڈیا جس میں پیڑے تھے، درجے میں چھوڑ گئے تھے۔ وہ بعد میں ہمارے ہاتھ لگی۔ تو اس قسم کے دلچسپ واقعات اکثر ریل کے سفر میں درپیش آتے رہتے ہیں۔"

چچا نے بات ختم کر کے خاص دان پر توجہ کی۔ محفل پر خاموشی طاری ہوگئی۔ پنڈت بے چارے کی حالت عجیب تھی۔ فیصلہ نہ کر سکتا تھا کہ بات ختم کرے یا چپ ہو رہے ہے۔ آخر میں نے ان کی پریشانی رفع کرنے کے لیے کہا، "تو پنڈت جی، بات تو ختم کیجیے۔"

چچا چونک کر بولے، "اچھا ابھی باقی ہے بات؟ لیجیے، ہم تو سمجھے تھے ختم ہوگئی۔ تو بھلا آپ نے ادھ بیچ میں کیوں چھوڑ دی؟ فرمائیے نا۔ میں ہمہ تن گوش ہوں۔"

پنڈت نے بے بسی کے انداز میں ہم سب کو دیکھا اور پھر شروع ہو گیا، "اتفاق سے ہم دوسری گاڑی کے جس درجے میں سوار ہوئے اِس میں اور کوئی مسافر نہ تھا۔ بے فکری سے آم کھانے شروع کر دیے۔"

"تراش کر کھائے ہوں گے؟"

پنڈت جی نے کہا، "جی نہیں چوسے ہی تھے۔ غالباً چاقو جیب میں موجود نہ تھا۔"

چچا نے زیادہ تعرض نہ کیا، "خیر خیر۔ کیا مضائقہ ہے۔ سفر میں چھوٹی موٹی چیزیں

ساتھ لے جانی کہاں یاد رہتی ہیں ۔ پر چوسنے میں مزہ نہیں رہتا قلمی آم کا۔"

پنڈت جی نے ایک واضح وقفے میں انتظار کیا کہ شاید چچا کچھ اور بھی فرمائیں ۔ وہ خاموش رہے تو بات آگے شروع کر دی، "دس بارہ ہی آم کھا کر پیٹ بھر گیا۔ دو چار اور زبردستی کھائے۔ جب دیکھا کہ بس اور حلق سے نیچے نہیں اُترتے اور رسید کی ڈکار پر ڈکار آ رہی ہے تو ہاتھ منہ دھوا اُٹھ کھڑے ہوئے۔ پیٹ پر ہاتھ پھیرا اور اللہ کا شکر ادا کیا۔۔۔"

چچا چھکن نے پھر ایک حاشیہ چڑھایا، "کہ بے مانگے ایسی مزید ارنعمت عطا فرمائی۔"

پنڈت جی اب ان حاشیہ آرائیوں سے ایسے خائف ہو گئے تھے کہ چچا کی بات ختم ہو جانے کے بعد بھی ان کی زبان نہ کھلتی تھی۔ کچھ تو الجھن کی وجہ سے حواس غائب ہو جاتے، کچھ یہ اندیشہ ہوتا کہ بات ابھی اور باقی نہ ہو۔ کچھ دیر کے توقف کے بعد انھوں نے ذرا تیزی سے داستان بیان کرنی شروع کر دی۔

"پیٹ بھرے پر سوجھی شرارت ۔ ریل کی پٹری کے ساتھ ساتھ پیدل مسافروں کی سڑک تھی۔ اس پر مسافر آ جا رہے تھے ۔ ان پر آموں کی ڈھری باڑ مارنی شروع کر دی ۔ جس کے نشانہ ٹھیک بیٹھتا وہ سر پکڑ کر سوچتا رہ جاتا کہ یہ آسمانی گولہ کہاں سے آیا، جو وار خالی جاتا اس کی بدولت مسافروں کو مفت کا آم کھانے کو ہاتھ آتا۔"

"بھئی واہ وا۔۔۔ لے آئے حقہ؟ بس رکھ دو یہیں پر۔۔۔ تو غرضیکہ پنڈت جی ایک کھیل ہاتھ آ گیا آپ کے۔ تازہ کر لیا تھا نہ حقہ؟ ۔۔۔ جی تو پنڈت جی۔ اور کیا رہ گیا؟ ۔۔۔ تو انہ رکھ کر لائے۔ حالانکہ کہہ بھی دیا تھا میں نے اور خود بھی دیکھ رہے تھے کہ چار آدمی بیٹھے ہیں، محفل جمی ہوئی ہے، باتیں ہو رہی ہیں۔ بڑے نالائق ہو۔ خیر، آپ بات کہیے پنڈت جی۔۔۔ چلم بجھ گئی۔ تو تم ہی کو پھر بھر کر لانی پڑے گی۔۔۔ جی پنڈت جی؟"

پنڈت جی کھسیانے سے ہو گئے تھے مگر ہم لوگوں کا لحاظ ۔ ایک بار پھر حوصلہ کر کے بولنے کی ٹھانی۔ "ہماری ان شرارتوں کو ریل کا گارڈ بھی بریک میں کھڑا دیکھ رہا تھا۔ آخر اس سے ضبط نہ ہو سکا۔ پائیدان پائیدان چلتا ہوا ہماری گاڑی میں آن پہنچا۔ ہم نشانہ تاک رہے تھے کہ یک بیک آ کر ہمیں پکڑ لیا۔"

چچا نے ذرا گردن اُٹھا کر اور آنکھیں جھپکا کر اپنے متاثر ہونے کا ثبوت دیا۔

"ہئے ہئے!"

"گارڈ نے ہم کو ڈانٹنا ڈپٹنا شروع کیا کہ تم پیدل مسافروں کو تکلیف پہنچا رہے ہو۔ میں نے مجبوراً یہ بہانہ بنایا کہ کچھ آم سڑ گئے تھے اس لیے ہم انھیں پھینک رہے ہیں۔ ہم نے خیال نہ کیا تھا کہ کوئی مسافر بھی سڑک پر جا رہا ہے۔"

چچا نے یک لخت ایسی آواز میں ایک "واہ وا" کی جیسے کسی بوتل کا کاگ اچانک کھل گیا ہو۔ "سبحان اللہ! کیا بات پیدا کی آپ نے!"

کچھ دیر کو جیسے پنڈت جی کی زبان بند ہوگئی۔ حیرت کے عالم میں ہمارا منہ تکنے لگے۔ ہم سب کی یہ کیفیت کہ شرم سے پسینا پسینا ہو رہے ہیں۔ غصّے کی لہریں اُٹھتی ہیں اور ٹھنڈی پڑ پڑ جاتی ہیں۔ آنکھوں ہی آنکھوں میں ان سے کہا، جس طرح ہو اس داستان کو ختم کیجیے۔ چنانچہ بھرائی ہوئی آواز میں پھر داستان شروع کر دی۔ بولے، "میں نے گارڈ کو اطمینان دلایا کہ اب ایسی حرکت نہ ہوگی۔ چنانچہ وہ ہم پر بگڑ بگڑا کر رخصت ہو گیا۔ اب ..."

"چلا گیا؟ تو یوں کہیے 'رسیدہ بود بلائے ولے بخیر گزشت'۔ بعض اوقات تو صاحب یہ لوگ ایسا پریشان کر دیتے ہیں کہ ناک میں دم آ جاتا ہے۔ اب دیکھیے۔ ایک اپنا واقعہ عرض کرتا ہوں۔ سنہ، خدا تمھارا بھلا کرے۔ سنہ...نو کا ذکر ہوگا یا دس کا۔ یا گیارہ ہی تو عجب نہیں۔ بہرحال کچھ ہی تھا وہ۔ اُسی زمانہ کا واقعہ ہے۔ نہ نہ، یاد آ گیا ہمیں۔ ۱۰ء ہی کی بات ہے۔ ان ہی دنوں بادشاہ ایڈورڈ ہفتم کا انتقال ہوا تھا۔ ہم سہارنپور سے مراد آباد جا رہے تھے۔ گھر کے لوگ بھی ہمارے ہمراہ تھے۔ بچوں میں بس یہ للّو تھا گود میں یا شاید دڈّو بھی۔ نہ، دڈّو نہیں ہوا تھا پیدا۔ بہرحال، تو بات یہ تھی کہ ہماری خوش دامن کچھ ...غرضیکہ بعض عوارض تھے انھیں، خطوط کے ذریعے ہمیں معلوم ہو چکا تھا کہ وہ علاج کروانے کے لیے شاہ جہاں پور جانے والی ہیں۔ ہم نے انھیں خط میں لکھ دیا تھا کہ ہم مراد آباد کا ٹکٹ لے کر روانہ ہوں گے۔ اگر اس عرصے میں آپ شاہ جہان پور چلی جائیں تو ایسا انتظام کرتی جائیے گا کہ ہمیں اسٹیشن پر اس کی اطلاع مل جائے، اور اگر آپ رخصت ہو چکی ہوں تو ہم

بجائے مراد آباد اُترنے کے اسی گاڑی میں شاہجہاں پور روانہ ہو جائیں۔ لیجیے جناب، ہمارے پہنچتے پہنچتے وہ شاہ جہان پور روانہ ہوگئیں۔ اسٹیشن پر ہمیں اس کی اطلاع ملی۔ رات کا وقت تھا، سردی کا موسم۔ ہم نے سوچا کہ اب کون اُتر کر آگے کا ٹکٹ لے۔ شاہ جہان پور پہنچ کر مراد آباد سے وہاں تک کا کرایہ ادا کر دیں گے۔ وہاں پہنچے تو ہماری شرافت ملاحظہ فرمائیے کہ ریل والوں کو صاف صاف کہہ دیا کہ بھائی لوگو! ہمارا ٹکٹ مراد آباد تک کا تھا۔ باقی تمھارا جو کچھ ہمارے ذمے نکلتا ہو، اب لے لو۔ لیجیے صاحب، وہ تو اکڑ گئے۔ کہیں کہ ہم تو دُگنا کرایہ لیں گے۔ ہمارا قاعدہ یہی ہے۔ بہتیرا سمجھایا، لڑے جھگڑے، منّت بے سود۔ مجبوراً دُگنا کرایہ ادا کر کے خلاصی ہوئی۔ تو میرا یہ بیان کرنے سے مطلب کہ یہ ریل والے جب ستانے پر تل جائیں تو کوئی کسر اُٹھا نہیں رکھتے۔"

چچا حقہ پینے لگے۔ محفل پر ایک ناگوار سا سکوت چھا گیا۔ پنڈت جی کی اب یہ کیفیت گویا کسی نشے سے دماغ سن ہو گیا ہے۔ ہم سب کی عجیب حالت۔ داستان جاری رکھنے کو کہیں تو قطع کلام کا ڈر۔ خاموش ہو رہیں تو یہ شرمندگی کہ پنڈت جی کی بات ادھ بیچ میں رہ گئی۔ اتنے میں چچا چھکن نے کہنیاں اُٹھا اُٹھا کر انگڑائیاں اور جمائیاں لینی شروع کر دیں۔ اس سے کچھ ڈھارس بندھی کہ چچا اب زیادہ دیر نہ بیٹھیں گے اور بات شاید جلد ختم ہو سکے۔ چنانچہ ملکے سے کہہ دیا، "جی پنڈت جی پھر؟"

چچا نے ایک نئی جمائی لے کر کہا، "ختم نہیں ہوئی ابھی بات؟ تو پھر کہہ ڈالیے جلدی سے۔ اب تو کچھ نیند آ چلی ہمیں۔ کیا وقت آ گیا ہوگا؟ سوا گیارہ؟ اُفوہ! دیکھیے تو، بات چیت میں وقت کیسی جلدی گزر جاتا ہے۔ ہاں تو کیا رہ گیا باقی اب؟"

پنڈت جی کے لیے ایسی حالت میں یہ کہنے کے سوا چارہ نہ تھا، "ایسی کون سی ضروری بات ہے کہ اسے ختم ہی کیا جائے۔ نیند آ رہی ہے تو اب آپ آرام فرمائیے۔"

چچا چھکن نہ مانے۔ بولے، "نہ نہ، بات ختم کر لیجیے آپ۔ ایسی جلدی نہیں مجھے۔ وہ بات یہ ہے کہ جلدی سونے اور صبح جلدی اُٹھنے کا عادی ہوں۔ تاہم کیا ہوا، آپ شوق سے فرمائیے۔"

پنڈت جی بے چارے کھوئے کھوئے ایک مردہ تبسم سے پھر گویا ہوئے۔ بات شروع تو تفریح کے لیے کی گئی تھی پر حالت یہ تھی کہ کوئی باہر سے آتا تو اسے قطعی طور سے یہ معلوم ہوتا کہ پنڈت سے کوئی بہت بڑا جرم ہو گیا ہے جس کے لیے یہ غریب چچا چھکن سے معافی مانگ رہا ہے۔

’’گارڈ کے جانے کے بعد ہمیں فکر ہوئی کہ اوّل تو چوری کا مال کھایا اور پھر اس پر یہ شرارت کہ اس کی خبر گارڈ تک پہنچی۔ اب اگر کوئی جھگڑا اُٹھا اور باقی آم اور کپڑا ہمارے پاس سے نکلا تو خاصا چوری کا مقدمہ بن جائے گا۔ (چچا چھکن کی جمائی) چنانچہ یہ سوچا کہ جو آم باقی ہیں انھیں چپکے سے پھینک دیا جائے تا کہ کوئی سراغ باقی نہ رہے۔ چنانچہ ہم نے آم اور وہ نئی دوہر جس میں وہ بندھے ہوئے تھے، لپیٹ کر چلتی گاڑی میں سے باہر پھینک دی۔ (چچا چھکن کی جمائی جس کے آخیر میں کچھ اس قسم کا شور تھا جیسے منہ چڑھاتے وقت نکلتا ہے) تھوڑی دیر بعد ہمارا سفر ختم ہو گیا اور ہم مراد آباد اُتر کر اپنے گھر پہنچے…‘‘

چچا اُٹھ کھڑے ہوئے، ’’بھئی ہمیں تو نیند آ گئی۔ پنڈت جی! قصہ تو بڑا دلچسپ تھا مگر بقول آپ کے ایسی کون سی ضروری بات ہے کہ اب اسے ختم ہی کیا جائے۔ مَیں تو معافی چاہتا ہوں۔ انھیں سنائیے آپ۔‘‘

’’ذرا سی بات باقی رہ گئی تھی۔‘‘ ہم سب نے کہا۔

’’چچا میاں۔ بس ذرا سی تو بات باقی ہے۔ اب سن ہی لیجیے۔‘‘

’’نہ بھئی، اب تو سوئیں گے ہی ہم۔‘‘

’’دو تین ہی تو فقرے ہیں۔‘‘

’’بس اب تم ہی سنتے رہو۔‘‘

’’ہم تو سن چکے تھے۔ آپ ہی کو سنا رہے تھے پنڈت جی۔‘‘

’’آنکھیں مچی جا رہی ہیں۔‘‘

’’ہاں ہاں، آرام فرمائیے آپ۔‘‘

’’ہاں بس اب لیٹوں گا۔ وہ دِدّو۔ تم پان اور پانی ہمارے سرہانے رکھ دینا اور لّلو

یہاں سے اُٹھ کر حقہ بھی ہمارے پلنگ کے ساتھ رکھ آنا۔ صبح ضرورت ہوگی ہمیں مگر دیکھنا چلم باہر الٹ لینا، اور للّو وہ دوا ہماری رکھنا نہ بھول جانا اور شاید یہ اُگال دان بھی تو ہمارے ہی کمرے کا ہے یہاں۔ یہ بھی اپنے ٹھکانے پر پہنچ جائے۔ سمجھ لیانا؟"

"چچا میاں، اتنی دیر میں تو بات ختم بھی ہو جاتی۔"

چچا اصرار سے کچھ چڑ گئے۔ بولے،"ہوتی تو ہو جاتی! پھر ہم کیا کریں۔ بات نہ ہوئی مذاق ہی ہو گیا۔"

مایوس ہو کر مجھے اس کے سوا چارہ نظر نہ آیا کہ پکار پکار کر کہوں! "چچا میاں، وہ آم کی گٹھڑی اصل میں پنڈت جی ہی کی ملازمہ کی تھی، گھر جا کر بھید کھلا اور پھر یہ دوہر اور آم چھینکنے پر پچھتائے۔"

"ہماری بلا سے۔" یہ کہہ کر چچا زور سے دروازہ بند کر اندر چلے گئے۔ ایسا معلوم ہوتا تھا ہمارے اصرار سے وہ اور کھِج گئے ہیں۔ ان کے جانے کے بعد کمرے میں سناٹا طاری ہو گیا۔ پہلی مرتبہ ہمیں احساس ہوا کہ کلاک چل رہا ہے۔

چچا چھکّن نے تیمارداری کی

چچا چھکّن دل میں بخوبی جانتے ہیں کہ تیمارداری ان کے بس کا روگ نہیں ہے۔ اس کے لیے جس جفاکشی، سکونِ خاطر اور صبر و استقلال کی ضرورت ہے وہ انھیں چھو نہیں گیا۔ اسی وجہ سے عام طور پر اپنی تیمارداری کو عیادت کے درجے سے آگے نہیں بڑھنے دیتے لیکن طبیعت کے ہاتھوں ایسے ناچار ہیں کہ ذرا سی بات میں تاؤ کھا جاتے ہیں۔ چنانچہ ایک روز آگا سوچا پیچھا سوچے بغیر تیمارداری کے میدان میں جوہر دِکھانے پر آمادہ ہو گئے۔ کچھ ایسا معلوم ہوتا ہے کہ چچی کے سلیقے میں انھیں اپنے سگھڑاپے کی توہین نظر آتی رہتی ہے۔ پھر اگر کسی بات میں چچی اپنی عرق ریزی اور ان کی فراغت کی طرف بھی اشارہ کر دیں تو چچا آپے سے باہر ہو جاتے ہیں۔ اور دلِ ناتواں مقابلہ کیے بغیر باز نہیں رہ سکتا۔ خیر، گھر کے دوسرے قصوں میں جو آئے دن پیش آتے رہتے ہیں، ان مقابلوں کا نتیجہ سبق آموز ہو یا نہ ہو، چچا غیرت والے ہیں۔ تو آئندہ کسی کی تیمارداری کا بیڑا تو اُٹھائیں گے نہیں۔

بات یوں ہوئی کہ پچھلے دنوں للّو غریب کو نکلا موتی جھرہ۔ شب برات سے اگلے روز جو ملہلا کر بخار چڑھا ہے تو اکیس دن گزر گئے، ٹس سے مس نہ ہوا۔ گھر میں کام کرنے والی لے دے کے ایک چچی۔ وہ غریب کیا کیا کریں؟ گھر اُٹھائیں، ہنڈیا چولھا دیکھیں، بچے سنبھالیں یا ہر وقت بیمار کی پٹی سے لگی بیٹھی رہیں؟ اِدھر بیمار کے پاس آ کر بیٹھیں اُدھر ماما کی آواز آ گئی، ”بیوی، دال دے جاتیں کہ میں بین لیتی۔ نہیں کرکل رہ جائے گی۔“ باورچی خانے میں پہنچیں تو للّو نے ٹھکنا شروع کر دیا کہ میں تو اماں ہی کے ہاتھ سے پانی

پیوؤں گا۔ کس کو ٹالیں، کس کی خبر لیں۔ دن اسی قواعد میں گزرتا۔ رات آنکھوں میں کٹتی۔ پھر ایک دن نہ دو دن، میعادی بخار۔ تین ہفتے کی محنت نے ادھ مرا کر ڈالا۔ اکیسویں دن سے آس لگائے بیٹھی تھیں کہ بخار ٹوٹ جائے گا لیکن اکیسواں دن بھی آیا اور صاف گزر گیا۔ ایک اور ہفتہ پہاڑ کی طرح سر پر آ کھڑا ہوا۔

چچی تیسرے پہر بیٹھی تولیے سے للّو کے جھانواں کر رہی تھیں کہ کہیں چچا نے امامی کے ہاتھ پان کی ڈبیا اندر بھیج دی۔ ساتھ ہی کہلا بھیجا، ”خوب اچھی طرح بھر دیں۔“ چچی فکر مند تو بیٹھی ہی تھیں، ادھر ہاتھ بھی رُکا ہوا تھا۔ بگڑ کر بولیں، ”لے جا اُٹھا کے پان دان۔ بھرتے رہیں گے آپ ہی۔“

پاندان کے جواب میں چچا خود آ موجود ہوئے۔ ”وہ پاندان بھیج دیا تم نے؟“

چچی غصہ کڑوے گھونٹ کی طرح پی گئیں۔ صرف اتنا کہا، ”اور کیا بیمار کی چارپائی اٹھوا کر بھیجتی؟“

چچا کو اس کی شرح سمجھنے کی جرأت نہ ہوئی۔ چچی کے تیور بے ڈھب تھے۔ للّو سے مخاطب ہو گئے، ”کیوں بے یار للّو! راوی چَین لکھتا ہے نا؟ بڑے ٹھاٹھ سے جھانواں کروا رہے ہو استاد۔ اب یہ کہو تم اُٹھتے کب ہو؟“

چچی سے نہ رہا گیا۔ بولیں، ”جلدی اُٹھ بیٹھ بیٹے۔ ابّا فکر کے مارے دُبلے ہوئے جا رہے ہیں۔“

اب اتنے کھلے وار پر چپ رہنا بھلا چچا کے لیے کیسے ممکن تھا۔ بولے، ”یعنی تم سمجھتی ہو۔ تمہارے سوا کسی کو بچے کی فکر ہی نہیں؟“

چچی روکھی ہنسی ہنس پڑیں۔ ”یہ تو وہی مثل ہوئی کہ چور کی داڑھی میں تنکا۔“

چچا کے لیے بات کھول کر کرنے کے سوا چارہ نہ رہا۔ ”بڑا تیر مارا کہ دو روز تیمارداری کر لی۔ سمجھ بیٹھیں کہ ’ہمچو من دیگرے نیست‘۔ جناب نے تو ایک بچے کی تیمارداری کی ہے، میں بیسیوں جوانوں کی تیمارداری کر چکا ہوں۔ اور اب بھی میں نے اگر زیادہ دخل نہیں دیا اور دل مار کے چپکا بیٹھا ہوا تو کس کے خیال سے؟ تمہارے کہ بھئی ماں ہے، اسے

بچے کی ماتما ہے۔ جو جی چاہے کر لینے دو۔ ورنہ مجھے خود کب گوارا تھا کہ بیمار بچے کو تمھارے ہاتھ میں چھوڑ دوں۔"

چچی سر پھیرتے ہوئے بولیں، "کبھی اتنی توفیق تو ہوئی نہیں کہ گھڑی دو گھڑی آ کر بیمار کے پاس بیٹھ جائیں۔ آ جاتے ہیں صبح شام ناک پر دیا جلا کر کہ اُتر گیا ہوگا بخار۔ کیا بات اب تک اُترا کیوں نہیں۔ تیز ہے؟ او ہو! ... یہ تیمارداری کریں گے۔"

چچا چھکن دشنام سن سکتے ہیں لیکن ایسا طعنہ جس میں ان کی قابلیت کے کسی پہلو کی طرف اشارہ ہو اور پھر چچی کی زبان سے، ان کی برداشت سے باہر ہے۔ انھیں غالباً دل ہی دل میں کچھ ایسا محسوس ہوتا ہے گویا اس میں مضمر ہے کہ چچی نے ان کی بیوی بن کر ان پر بڑا احسان دھرا ہے اور بیوی کا احسان لینا ان کی مردانگی کسی صورت گوارا نہیں کر سکتی۔ بغیر سوچے سمجھے بولے، "جایئے۔ آپ باورچی خانے میں تشریف لے جایئے۔ چولھا پھونکیے۔ میں آپ کر لوں گا تیمارداری۔"

چچی ایسے دعووں کی حقیقت سے بخوبی واقف ہیں۔ ناک چڑھا کر بولیں، "کیا کروں۔ پتھر تلے ہاتھ دبا ہے۔ ڈاکٹر نے کہہ رکھا ہے ایک سے زیادہ تیماردار بچے کے پاس نہ رہے۔ گھر میں شور و غل نہ ہو۔ ورنہ مجھے تو انکار نہ تھا۔ کہہ دیتی یہ ارمان بھی شوق سے نکال دیکھو۔"

نہ معلوم چچا ایسے موقعوں پر جان بوجھ کر انجان بن جاتے ہیں یا اسی قسم کے گزشتہ دعووں کے عواقب انھیں یاد نہیں رہتے۔ بولے، "تم ایک تیماردار اور میں ایک سے زیادہ ہو گیا؟ وہ کیوں؟ اور یہ شور و غل کیسا؟ تم تو جیسے چپ شاہ کا روزہ رکھے بیٹھی رہتی ہو؟"

چچی جل کر بولیں، "چپ شاہ کا روزہ نہیں رکھتی تو بات بات پر امامی اور مودے اور بندو کو پکار کر گھر سر پر نہیں اٹھاتی۔"

چچا بگڑ کر بولے، "بہت اچھا۔ جایئے۔ مودے اور امامی اور بندو کو بھی باورچی خانے میں گھٹنے سے لگا کر بٹھا رکھیے۔ میں ان کے بغیر بھی جناب کو دکھا دوں گا کیونکر کرتے ہیں تیمارداری۔"

چچا کو کمزور حریف سمجھ کر چچی عام طور سے ایسی بات گول کر جایا کرتی ہیں لیکن اس وقت انھیں بھی نہ معلوم کیا ہوا۔ جیسی بیٹھی تھیں ویسی ہی اُٹھ کھڑی ہوئیں اور جھانوے کا تولیا چچا کے ہاتھ میں پکڑا سیدھی باورچی خانے کو چل دیں۔

ان کے یوں اچانک اُٹھ کھڑے ہونے کی اُمید چچا کو بھی نہ تھی۔ حیران سے رہ گئے۔ ایک منٹ تو چپ چاپ تولیے کو دیکھتے رہے۔ آخر ذمّے داریوں سے اور مجبوریوں کے احساس سے کھسیانی ہنسی ہنس پڑے۔ للّو سے کہنے لگے، ''دیکھتا ہے ان کی باتیں؟ سمجھتی ہیں بس انھیں ہی آتی ہے تیمارداری اور سب تو اپاہج ہیں۔''

امّاں کے چلے جانے سے للّو کچھ کبیدہ خاطر ہو گیا تھا۔ کروٹ لے کر پڑ رہا۔ غالباً تکلّفاً چچا نے پوچھ لیا، ''کیوں بھئی، جھانواں کرتے رہیں؟''

للّو نے منہ سے کچھ نہ کہا۔ سر ہلا کر ہاں کر دی۔ چنانچہ چچا کے لیے اس کے سوا چارہ نہ رہا کہ جھانواں کریں اور بغیر کسی کی امداد کے کریں۔ بولے، ''ہم آپ کریں گے اپنے بیٹے کے جھانواں۔'' ذرا سے تامل کے بعد آپ پائنتی بیٹھ گئے۔ بولے، ''لو بھئی، ہم تو کرتے ہیں جھانواں اور تم کرو ہم سے باتیں۔''

جھانویں کے لیے تولیا بچھا کر سب پہلوؤں پر سے ایسے تکلف و اہتمام سے تہہ کیا گیا جیسے چچا جھانویں کے لیے گدی نہیں بنا رہے، بیمار کے دل بہلاؤ کے لیے تولیے کی ناؤ تصنیف فرما رہے ہیں۔ اس دوران میں للّو سے برابر مخاطب رہے۔ ''یہ چپ سادھنے کی شرط نہیں ہے۔ یوں تمھارا دل گھبرا جائے گا۔ باتیں کرنی ہوں گی ہم سے۔ ہاں۔ اچھا یہ بتاؤ، اچھے ہو کر تم کھاؤ گے کیا کیا؟''

ایک دن کا بیمار، بھلا باتیں کیا کرے۔ کروٹ لیے چپکا پڑا رہا۔ تولیا تہہ کر چکنے کے بعد چچا کے چہرے پر فخر و اطمینان کی ایک مسکراہٹ کھیلنے لگی۔ ''اب بنی نہ گدی جھانویں کی۔ اسے کہتے ہیں گدی۔ کبھی دیکھی بھی نہ ہو گی بیگم صاحبہ نے۔''

چچا نے جھانواں شروع ایسے زور و شور سے کیا گویا جھانواں نہیں کر رہے، پاؤں پر پالش کر رہے ہیں۔ باتیں مجبوراً بند کر دی تھیں کیونکہ ہاتھ کی حرکت کے باعث باتیں گیت

کی تانیں سی بن کر حلق سے نکلتی تھیں۔ بار بار گردن بڑھا کر صحن کی طرف دیکھ رہے تھے کہ شاید کسی سے نظریں چار ہو جائیں اور وہ اِس کارِ نمایاں کی خبر چچی تک پہنچا دے۔ سانس پھولا ہوا تھا۔ بات نہ ہوتی تھی مگر محض چچی کے سنانے کو با آواز بلند کہے بھی جا رہے تھے،

"اب مزہ آیا ہوگا جھانویں کا... بڑی محنت کا کام ہے ...ایک طرح کا فن سمجھنا چاہیے۔"

لیکن پانچ ہی منٹ بعد صورتِ حالات میں تبدیلی رونما ہوئی۔ پہنچے اور کہنیاں دُکھنے لگیں، بازو ڈھیلے پڑ گئے، ہاتھ رہ گئے، دل اُکتا گیا۔ اُٹھنے کی فکر ہونے لگی مگر اٹھیں کیونکر؟ خود اُٹھتے ہوئے ندامت ہوتی تھی، لڑکا بس کرنے کو کہتا نہیں تھا، نہ اُمید تھی کہ کہے گا۔ وہ آنکھیں بند کیے ایسا خاموش پڑا تھا گویا اسے خبر ہی نہیں کہ چچا پر کیا گزر رہی ہے۔

آخر کچھ دیر بعد تنگ آ کر چچا نے ہاتھ روکنا اور اس سے پوچھنا شروع کیا، "کیوں بھئی پیاس تو نہیں لگی؟ پانی لاؤں؟ انار کے دانے نکال دوں؟ ...ارے ہاں للّو، وہ جو تو نے پودا لگایا تھا کیاری میں، اس میں پھول آ گئے۔ لا کر دِکھاؤں؟" مگر للّو نے کسی ایسی چیز کی فرمائش نہ کی جسے لانے کے لیے چچا کو اُٹھنے کا موقع مل سکتا۔ اسی طرح گم سم چپکا پڑا رہا۔ دو ایک دفعہ چچا نے ایسا بے خلل انداز اختیار کرکے اُٹھنے کی کوشش کی گویا اُن کی رائے میں للّو سو گیا ہے مگر ان کے ہلتے ہی للّو کراہنے لگا یا آنکھیں کھول دیں۔ چنانچہ چچا کو طوعاً و کرہاً پھر بیٹھ جانا پڑا۔ پاؤں سوج گئے تھے، ہاتھ کانپنے لگے تھے۔ کبھی بیٹھنے کا انداز بدلتے، کبھی جھانواں روک کر ایک ہاتھ سے دوسرے ہاتھ کا بازو دبانے لگتے۔ جھانواں برائے نام ہو رہا تھا۔ مریض بھی بے چین تھا۔ چچا گھبرائی گھبرائی نظروں سے اِدھر اُدھر تک رہے تھے کہ کسی طرح اُٹھنے کا کوئی بہانہ ملے مگر کسی طرح مشکل آسان نہ ہوتی تھی۔ آخر دل کڑا کر کے بولے، "بس بھئی، اب زیادہ جھانواں نہیں کرتے۔ ضعف ہو جاتا ہے۔" یہ نہ معلوم ہوا کہ مریض کو یا جھانواں کرنے والے کو۔

یہ کہہ چچا فوراً اٹھ کھڑے ہوئے اور آرام کرسی پر دراز ہو گئے۔ تیمارداری کا جوش کچھ سرد سا پڑ گیا تھا۔ بڑی دیر تک منہ بنا کر اپنے ہاتھ دباتے اور انگلیاں چٹخاتے رہے۔ ٹانگیں پھیلا پھیلا کر تھکن اتاری۔ حواس بجا ہوئے تو للّو کی طرف توجہ کی، "سو گئے للّو! للّو

بھیا! اے للّو! اوللّو ے! نیند آ گئی کیا؟ اچھا سو رہو۔" باہر چچی نے آواز سن لی۔ چھن کے
ہاتھ کہلا کر بھیجا، "سونے نہ دینا۔ دوا کا وقت ہے۔ سرہانے چھوٹی میز پر دوا کی شیشی رکھی
ہے۔ ایک خوراک دے دو۔"

چچا دوا دینے کو اُٹھ کھڑے ہوئے۔ شیشی ہاتھ میں لے کر لیبل پڑھا۔ اِدھر اُدھر
دیکھا، ڈاڑھی کھجلائی، پیٹ سہلایا۔ بیتاب تھے کہ کسی کو امداد کے لیے پکاریں لیکن آج کے
دن کسی کی امداد لینا غیرت کو گوارا نہ تھا۔ مجبوراً خود ہی دوا دینے پر آمادہ ہوئے۔ شیشی رکھ دوا
نکالنے کے لیے پیالی لائے۔ کاگ نکالا۔ پہلے تو شیشی کو دانتوں میں پکڑ کر کاگ کو پیالے
میں انڈیلنے کی کوشش فرمائی۔ اس کے بعد لاحول کہہ کر کاگ میز پر رکھ دیا اور شیشی سے دوا
انڈیلنی شروع کی۔ بوند بوند بھر نکالتے اور آنکھیں چندھیا چندھیا کر خوراک کا نشان دیکھ
لیتے۔ ذرا سی دوا نکالنی باقی تھی کہ شیشی ذرا زیادہ اُلہل گئی۔ ڈیڑھ خوراک نکل آئی۔

چچا نے پہلے تو پیالی ٹیڑھی کی کہ زائد خوراک گرا دیں۔ پھر خیال آیا کہیں ضرورت
سے زیادہ دوا گر کر خوراک کی مقدار کم نہ ہو جائے۔ چنانچہ ارادہ کیا کہ زائد دوا شیشی میں
ڈال کر اطمینان کر لیں۔

پیالی سے دوا شیشی میں اُنڈیلی۔ آپ جانیے پیالی کے چونچ تو ہوتی نہیں کہ دوا
سیدھی شیشی میں چلی جاتی، شیشی کے باہر بہہ کر نیچے گر پڑی۔ چچا نے ذرا دیر ہاتھ روک کر
سوچا، اب کیا کریں! اس کے سوا چارہ نظر نہ آیا کہ پیالی میں جو دوا باقی رہ گئی تھی وہ بھی
شیشی ہی میں اُنڈیل دیں اور ازسرِ نو ایک پوری خوراک نکالیں۔ چنانچہ یک لخت اُنڈیلی
دوا۔ شیشی میں تو ذرا سی گئی، باقی سب ہاتھ پر سے بہتی ہوئی فرش پر گر پڑی۔

چھن کے ہاتھ چچی نے انار کے دانے نکال کر بھیجے تھے۔ وہ غریب کھڑا دوا
نکالنے کا یہ تماشا دیکھ رہا تھا۔ اسے آ گئی ہنسی۔ ایسے موقع پر کوئی ہنس پڑے تو چچا کو آگ
لگ جاتی ہے۔ سر پھیر کر لال پیلی آنکھوں سے اسے گھورا، "بدتمیز کہیں کا۔ ہنسا کاہے پر؟
اور یہ کیا موقع تھا ہنسی کا؟ پیٹ پیٹ کر اُتّو کر دوں گا۔" غرض غریب کو ڈانٹ ڈپٹ کر
رونکھسا بنا دیا۔

ہاتھ پونچھ پاچھ چچا نے شیشی کو جو دیکھا تو دوا آدھے نشان تک تھی، آدھی اس ادلا بدلی میں ضائع ہو چکی تھی۔ اب کیا کریں؟ آدھی خوراک سے آدھی خوراک تک دوا نکالنا آسان نہ تھا۔ چنانچہ غور و خوض کے بعد طے کیا کہ بقیہ آدھی خوراک بھی ضائع کر دی جائے اور اس سے اگلی پوری خوراک نکالی جائے۔ چونکہ باقی خوراک مریض کو نہ دینی تھی بلکہ ضائع کرنی تھی اس لیے اسے احتیاط سے نکالنے کی ضرورت چچا کو نہ سوجھی۔ دروازے میں جا شیشی ذرا بے فکری سے دروازے میں الٹا دی۔

اب جو شیشی آنکھوں کے سامنے لاکر دیکھتے ہیں تو دوا پھر آدھے ہی نشان تک مگر اگلی سے اگلی خوراک کے۔ چچا جھنجھلا اُٹھے۔ بے ساختہ چند ناگفتہ بہ کلمات ان کی زبان سے نکل گئے مگر قہرِ درویش بر جانِ درویش، کر کیا سکتے تھے؟ امامی، بندو کا قصور تو تھا نہیں کہ غل مچا کر دل کی بھڑاس نکال لیتے۔ اگلی آدھی خوراک ضائع کرنے کے عمل میں مصروف ہو گئے۔ قصہ مختصر، کوئی آدھ گھنٹا اور پانچ خوراکیں ضائع کرنے کے بعد چچا خاطر خواہ طور پر دوا نکالنے میں کامیاب ہوئے۔

للّو کی آنکھ لگ گئی تھی، اسے جگایا۔ وہ ٹھنکتا ہوا جاگا۔ بچے کے ٹھنکنے اور رونے سے چچا کی تیمارداری پر حرف آتا تھا۔ دبی زبان میں اسے چمکارا اور اس سے طرح طرح کے جھوٹے وعدے کیے، ''ایک تو جنابِ من ہم نے تمھارے لیے ڈوری کی پوری ریل منگوائی ہے اور جناب دوسرے، گلشن سے کہا ہے کہ ایک درجن رنگ برنگ کی کنکلیاں بنا کر لائے۔ بس ادھر تم اچھے ہوئے اور ادھر پینچ لڑانے کا سامان ہوا۔''

چچا چارپائی پر چڑھے۔ سہارا دے کر للّو کو اٹھایا دوا دینے لگے تو خیال آیا کہ کلی کے لیے پانی تو لائے ہی نہیں۔ اسے پھر لٹا بھاگے پانی لینے چلے گئے۔ پانی کی پیالی میز پر رکھ کر پھر چارپائی پر چڑھے۔ للّو کو اٹھایا سمجھا بجھا کر بہ ہزار دقت دوا پینے پر آمادہ کیا۔ اب جناب نے کیا تماشا کیا کہ پانی کی پیالی تو اس کے منہ سے لگا دی اور کلی کے لیے دوا کی پیالی ہاتھ میں تھام بیٹھ رہے۔ جب اس نے خود ہی ٹھنک کر بتایا کہ یہ تو پانی ہے تو آپ کو اپنی غلطی معلوم ہوئی۔ ندامت تو کیا ہوتی، ''او ہو'' کہہ کر پیالیاں بدل لیں اور دوا کی

پیالی لّلو کو دی۔

خالی پیالی اس کے ہاتھ سے لے کر کلی کے لیے پانی دیا تو اب اُگال دان کا خیال آیا۔ گھبرا کر اُگال دان لینے کو لپکے۔ بچے کا سر دھڑ سے تکیے پر آ گرا۔ ادھر دوا سے اس کا منہ کڑوا اُدھر لگا سر کو دھچکا۔ زور زور سے رونے لگا۔ آپ کبھی اس کے آگے گلاس کرتے ہیں، کبھی اُگال دان، کبھی انار کے دانے مگر بیمار کی ضد، وہ کسی چیز کی طرف آنکھ اٹھا کر نہیں دیکھتا۔ اماں اماں کہہ کر روئے جا رہا ہے۔ چچا گھبرا گھبرا کر کبھی لّلو کو دیکھتے ہیں کبھی دروازے کو کہ کہیں چچی نہ آ رہی ہوں۔ بچے کو کبھی لپٹاتے ہیں، کبھی منتیں خوشامدیں کرتے ہیں مگر اس پر مطلق اثر نہیں ہوتا۔ مجبوراً چچی کی سامعہ نوازی کو بلند آواز میں کہنا شروع کیا، "اب ہم نے تو دوا میں کڑواہٹ ملا نہیں دی۔ ایسی ہی ہوتی ہیں ان ڈاکٹروں کی دوائیں۔ ہمارا کوئی قصور ہو تو ہم ذمہ دار۔ یوں اماں ہی کے بلانے کو جی چاہ رہا ہو تو تم جانو۔"

چچی باورچی خانے سے فارغ ہو کر چچا کے پانوں کی ڈبیا بھر رہی تھیں۔ وہیں سے بولیں، "آئی بچے، آئی۔" اتنے میں چچی آئیں۔ لّلو نے رو رو کر بُرا حال کر لیا تھا، ہچکی بندھ گئی تھی۔ چچا کے ہاتھ پاؤں الگ پھول گئے تھے۔ اب ان سے تسلی بھی نہ دی جاتی تھی۔ الگ کھڑے سراسیمہ نظروں سے اسے دیکھ رہے تھے۔ منہ تک بات آتی تھی مگر نکل نہ سکتی تھی۔ دلاسا دینے کو ہاتھ اُٹھانا چاہتے تھے مگر نہ اُٹھتا تھا۔ چچی آئیں تو ان کے حواس بجا ہوئے۔ بولے، "آپ ہی آپ رونے لگا، بس دوا دی تھی۔"

چچی نے پان میز پر رکھ دیے اور "میرا چاند، میرا لال!" کہتی ہوئی لپک کر سرہانے بیٹھ گئیں۔ بچے کا سر اپنی گود میں رکھ لیا اور سہلانے لگیں۔ بچے کو ذرا سکون ہوا تو چچا پان کی طرف متوجہ ہوئے۔ پان کھاتے ہوئے اپنے آپ سے کہنے لگے، "رٹ ہی ماں کی لگ جائے تو تیمار دار غریب کیا کرے۔"

چچی نے لّلو کے ماتھے پر ہاتھ پھیرا تو ٹھنڈا ٹھنڈا تھا۔ ہاتھ دیکھے تو وہ بھی ٹھنڈے! بولیں، "اے ہے۔ اسے تو ضعف کا دورہ پڑ گیا۔ پنڈا ٹھنڈا پڑا جا رہا ہے۔ رنگت بھی تو پیلی پڑ گئی ہے۔ ارے کوئی دودھ لاؤ دودھ۔ پیچھے چولھے پر رکھا ہے۔ بالائی ہٹا کر لانا۔"

تیمارداری سے ابھی چچا کا باضابطہ چھٹکارا تو ہوا نہ تھا، پیالی اُٹھا خود دودھ لینے روانہ ہو گئے۔ باورچی خانے میں ماما آٹا گوندھ رہی تھی۔ دودھ نکالنے کو اُٹھنے لگی۔ چچا کے منہ میں پیک تھی 'اوں ہوں اوں ہوں' کر کے اسے روک دیا۔ لڑکے بڑھنے لگے۔ 'اوں ہوں اوں ہوں' کر کے انھیں بھی روک دیا۔ خود دیگچی اُٹھا دودھ اُنڈیلنے لگے۔ دودھ جوش پر آ کر ٹھنڈا ہو رہا تھا۔ اس پر آ گئی تھی بالائی۔ چچی نے کہا تھا بالائی اُتار کر دودھ لانا۔ بالائی ہٹانے کو ایک پھونک جو مارتے ہیں تو پان کی ساری پیک دیگچی میں! دودھ کی اچھی خاصی چائے بن گئی۔

اب چچا کی حالت دیکھنے کے قابل تھی۔ کبھی دیگچی کو دیکھیں، کبھی کھوئے کھوئے اِدھر اُدھر دیکھیں۔ کچھ سمجھ میں نہ آتا تھا قصور کس کا ہے! ایک مرتبہ دیگچی نیچے رکھ دی۔ پھر اُٹھائی۔ دودھ کو غور سے دیکھا۔ پھر نیچے رکھ دی۔ اُٹھ کھڑے ہوئے۔ بیمار کے کمرے کی طرف چلے۔ پھر باورچی خانے میں دیگچی کے قریب آ کھڑے ہوئے اور تھوڑی کھجانے لگے۔ آخر سب کچھ چھوڑ چھاڑ اپنے باہر اپنے کمرے میں چلے گئے اور اندر سے چٹخنی لگا لی ... ایک منٹ بعد باہر نکلے اور دودھ کی دیگچی اُٹھا پھر اندر گھس گئے۔

اس واقعے سے گھر میں جو تکدّر پیدا ہوا تھا وہ للّو کی صحت یابی سے پہلے رفع نہ ہو سکا۔

چچا چھکّن نے ایک خط لکھا

وثوق سے یہ کہنا بڑا مشکل ہے کہ چچا چھکن جب کسی کام میں ہاتھ ڈالتے تو اس وقت ان کی ذہنی کیفیت کیا ہوتی ہے! خود نمائی کے شوق سے ناچار ہوتے ہیں یا محض دستگیریِ خلق کا جذبہ دامن گیر ہوتا ہے۔ ذرا دیر کو مان لیا کہ دونوں ہی باتیں ہوتی ہیں؛ خود نمائی کا شوق بھی اور دستگیریِ خلق کا خیال بھی ... تو مَیں کہتا ہوں، ایک بار یہ ہونا ممکن ہے، دو بار ہونا ممکن ہے، ایک دو بار نہ سہی دس بیس بار سہی، پر آخر دنیا میں تجربہ بھی تو کوئی شے ہے۔ کبھی تو خیال آئے کہ اے شخص! بیٹھے بٹھائے تجھے جو ہلہلا اُٹھا کرتا ہے تو تُو نے آج تک کوئی کام سلیقے سے نمٹایا بھی؟ کہیں حاصل بھی ہوئی سرخروئی؟ کسی نے دادبھی دی تیری کارروائی کی؟ چارہ گری کا دعویٰ وہ کرے جسے اپنی تجربہ کاری پر تکیہ ہو اور جو یہ نہیں تو کیوں ایسی بات کرے جس سے کالی ہانڈی سر پر رکھی جائے۔

اب آج ہی کا واقعہ ہے کہ چچی کو ایک دعوت نامے کا جواب لکھنے کی ضرورت پیش آئی۔ اتفاق سے ان کا ہاتھ تھا رُکا ہوا۔ چچا چھکن حسبِ معمول فارغ بیٹھے تھے۔ جواب مختصر سا لکھنا تھا۔ کام بھی جلدی کا تھا۔ پھر کیا امر انھیں اپنی خدمات پیش کرنے میں مانع ہو سکتا تھا؟ چنانچہ لکھا آپ نے جواب۔ اس کے لیے کیا کچھ اہتمام ہوا۔ گھر میں کیسا ہلڑ مچا اور پھر کیا نتیجہ نکلا۔ اس کی داستان سننے سے تعلق رکھتی ہے۔

بات یوں ہوئی کہ صبح کے وقت چچی دالان میں چارپائی پر بیٹھی بچوں کو چائے پلا رہی تھیں۔ چچا چائے سے فارغ ہو کر صحن میں کرسی پر اُکڑوں بیٹھے حقہ پی رہے تھے۔ ایک گائے خرید نے کی ضرورت اور اس کے متوقع فوائد و نقصانات کے انفرادی و اجتماعی نتائج و عواقب کے متعلق چچی کو معلومات بخشی جا رہی تھیں۔ اتنے میں باہر دروازے پر کسی نے آواز دی۔ بندو بھاگتا ہوا اور ایک خط لے کر واپس آیا۔ چچی پر چچ سے چھکن کو چائے پلا

رہی تھیں۔ خط لا کر ان کے قریب رکھ دیا۔

اتنے میں کہ پرچ کی چائے ختم ہوا اور چچی خط اٹھائیں، چچا نے دس مرتبہ پوچھ ڈالا، "کس کا خط ہے؟ کہاں سے آیا ہے؟ کس نے بھیجا ہے؟ کیا بات ہے؟" چچی چڑ گئیں، "توبہ ہے! کھولنے پائی نہیں اور سوالات کا تانتا باندھ دیا۔ مجھے غیب کا علم تو آتا نہیں کہ دیکھے بغیر بتا دوں کس کا خط ہے۔"

چچا کچھ خفیف سے ہو گئے، "بھلا صاحب خطا ہوئی کہ پوچھا؟ ہماری بلا سے کسی کا ہو۔" یہ کہہ کر بے نیازی سے سر موڑ جلد جلد حقے کی کش لینے لگے۔

بندو نے کہا، "بیگم صاحب، آدمی جواب کے انتظار میں کھڑا ہے۔" یہ سن کر چچا سے نہ بیٹھا گیا۔ چار پانچ کش لے کر اُٹھ کھڑے ہوئے۔ کرتے میں ہاتھ ڈال پیٹ کھجاتے رہے۔ پھر بے تکلفی کے انداز میں ٹہلتے ہوئے باہر نکل گئے۔

چند منٹ بعد واپس آئے۔ کچھ دیر بے ترتیبی سے صحن میں ٹہلے منتظر تھے کہ شاید چچی مخاطب کریں۔ آخر نہ رہا گیا تو خود ہی پوچھا، "کیا لکھا ہے منصرم صاحب کی بیوی نے؟" چچی نے چائے کی پرچ چمٹن کے منہ سے لگاتے ہوئے بے پروائی سے کہا، "رات کھانے پر بلایا ہے۔"

چچا کا احتراز و تامل رخصت ہو گیا۔ "کیا بات ہے؟ کوئی تقریب؟" چچی نے کسی قدر سرسری انداز میں کہا، "بات کیا ہوتی۔ میر منشی صاحب کی بیوی مجھ سے ملنا چاہتی تھیں۔ انھیں اور مجھے دونوں کو کھانے پر بلا لیا ہے۔"

شاید مزید اطمینان حاصل کرنے کو چچا بولے، "تو گویا زنانہ ضیافت ہے!" پھر غالباً خیال آیا کہ بیوی کا کہیں مدعو کیا جانا ایک طرح میاں ہی کی ہر دلعزیزی اور قدر و وقعت کا اعتراف ہے۔ چنانچہ اس جذبے کے ماتحت منصرم صاحب کی بیوی کی تعریف میں رطب اللسان ہو گئے۔ "بہت معقول بیوی ہیں۔ ایسی ملنسار بیویاں کہاں نظر آتی ہیں آج کل۔ ضرور جاؤ ضیافت میں۔ بلکہ کوئی موقع ہو تو انھیں بھی اپنے ہاں مدعو کرو۔" ساتھ ہی ایک مشورہ بھی فیصلے کی صورت میں پیش کیا۔ "بچے تو جائیں ہی گے ساتھ۔"

چچی نے کچھ بگڑ کر آہستہ سے کہا،”ہمسایوں کو بھی نہ لیتی جاؤں۔“

چچا کو یہ جواب ناگوار نہ گزرا۔ ایک تو چچی بولی آہستہ سے تھیں۔ دوسرے کچھ زیادہ عام فہم بات نہ تھی۔ بہرحال پیٹ سہلاتے ہوئے مڑنے لگے۔ پھر رک گئے۔ کہا،”ان کا ملازم جواب کا تقاضا کر رہا تھا۔“

چچی نے جواب میں چھٹن کو مخاطب کیا،”کم بخت، خدا کے لیے کہیں ختم بھی کر چکا چائے۔ کھیل کیے جا رہا ہے۔ کس وقت سے پرچ پیالی لیے بیٹھی ہوں۔ نہ خود پینی نصیب ہوئی ہے نہ ابھی نوکروں کو ملی ہے۔ اِدھر چائے ٹھنڈی ہو رہی ہے۔ اُدھر باہر سے جواب کا تقاضا چلا آ رہا ہے۔“

آپ جائیے۔ ایسا موقع اور چچا اپنی خدمات پیش کرنے سے رُک جائیں۔ بولے،”ہم لکھ دیں جواب؟“

چچی بولیں،”نہ بس آپ معاف رکھیے۔ فارغ ہو کر میں آپ ہی لکھ لوں گی۔“

رکے جانے کا باعث چچا کیونکر پوچھیں۔ بولے،”کیا معنی۔ ہم خط لکھنا نہیں جانتے؟“

چچی نے چپ ہی ہو رہنا مناسب سمجھا۔ چچا کی کچھ تسکین نہ ہوئی۔

”اب کوئی فارغ خطی تو لکھنی نہیں۔ دعوت منظور کرنے ہی کا خط لکھنا ہے نا۔ تو اس کا لکھنا ایسی کون سی جوئے شیر لانا ہے۔“

اتنے میں چھٹن نے جو جلدی سے چائے کا گھونٹ بھرا اسے اُچھو آ گیا۔ چائے کی کلی چچی کے کپڑوں پر پڑی۔ وہ اُنڈیل رہی تھیں پرچ میں چائے۔ ان کا ہاتھ ہل گیا۔ ساری کی ساری چائے کپڑوں پر آن پڑی۔ چچی ”ہائے مراد!“ کہتی ہوئی تولیے سے کپڑے پونچھنے لگیں۔ اُدھر باہر سے آواز آئی،”کیوں صاحب ملے گا جواب؟“ چچی نے گھبرا کر چچا سے کہہ دیا،”اچھا پھر اب تم ہی یہ لکھ دو کہ آ جاؤں گی۔“

اب کیا تھا۔ چچا کو منہ مانگی مراد ملی۔ خط و کتابت کے متعلق ضروری سامان فراہم کیے جانے کے احکام صادر ہونے لگے۔ ”بندو، میرا بھائی! ذرا لانا تو خط لکھنے کا سامان جھٹ پاک سے۔ کیا کیا لائے گا بھلا؟ قلم، دوات اور کاغذ... شاباش! مگر کون سے کاغذ؟ آسمانی

رنگ کے بڑھیا رول دار۔ وہ جن کی کاپی سی ہے۔ ہاں ذرا دکھانا تو اپنی چال اور سنیو... چلا گیا! لفافہ بھی چاہیے ہوگا۔ ارے بھئی کوئی لفافہ بھی تو لاؤ۔ تو جا کر لایو مودے، پر نیلے ہی رنگ کا ہو لفافہ۔ صندوقچے میں رکھے ہیں۔ لکڑی کے صندوقچے میں۔ الماری میں ہوگا صندوقچہ۔ ہری الماری میں۔ سن لیا نا؟ ذرا پھرتی سے۔"

یہ تو چچا کی عادت ہی نہ ٹھہری کہ ایک مرتبہ یاد کر کے کہہ دیں۔ کیا کیا چیز چاہیے ہے۔ ادھر مودا گیا۔ اُدھر جاذب یاد آگیا۔ "ارے ہاں اور جاذب بھی تو لانا ہے بھئی جاذب، جاذب۔ کوئی نہیں سنتا۔ یہ امامی کہاں گیا؟ او امامی، ابے او امامی۔ دیکھیں اس بدمعاش کی حرکتیں بس کام نکلنے کی دیر ہے اور یہ غائب۔ کام کا نہ کاج کا، دشمن اناج کا۔ ذرا تم چلے جاتے میاں للّو۔ وہ جوہری کاپی ہے نسخوں کی۔ وہ جس میں ہم نسخے نہیں لکھا کرتے۔ عجب کوڑھ مغز ہو۔ بھئی کیمیا کے نسخے۔ لاحول ولا۔ میاں کاپی، ہری کاپی، نسخوں والی۔ خیر اب تم نے دیکھی ہے یا نہیں۔ وہ ہمارے تکیے کے نیچے رکھی ہے۔ اس میں ایک جاذب ہے۔ وہ نکال لاؤ۔ اور دیکھنا۔ اماں سنو۔ ارے بھئی للّو! اے میاں للّو! او للّو کے بچے۔ عجب حالت ہے ان لوگوں کی۔ بس ایسے گھبرا جاتے ہیں جیسے ریل ہی تو پکڑنی ہے۔ دوڑو، تم جا کر کہو جاذب نہ لائیں کاپی ہی لے آئیں۔ آخر خط بھی تو کسی چیز پر رکھ کر لکھا جائے گا۔ ہاتھ پر رکھ کر تو میں لکھنے سے رہا اور سننا میری بات۔ وہ کہیں ہمارا چشمہ بھی رکھا ہوگا وہ بھی ڈھونڈتے لانا۔"

لیجیے صاحب ایک دو منٹ میں گھر کا گھر مصروف ہو گیا۔ ایک کو کوئی چیز مل گئی، دوسرا خالی ہاتھ چلا آ رہا ہے کہ فلاں چیز نہیں ملتی۔ کوئی کہتا ہے کہ فلاں چیز مقفل ہے، کنجیوں کا گچھا کہاں ہے۔ گچھا ڈھونڈا جا رہا ہے۔ چچا بگڑ رہے ہیں، مونچھوں سے چنگاریاں نکل رہی ہیں۔ "آنکھیں ہوں تو چیز سجھائی دے اور پھر یہ بھی تو نہیں کہ ہم یہاں کھڑے ہیں۔ ہم سے آ کر کہیں کہ صاحب فلاں چیز اپنے ٹھکانے پر نہیں ہے، کہاں ہوگی؟ سراغ رساں کے بچے! خود تلاش کرے رہیں گے۔ پوچھنے میں تو ان کی سبکی ہوتی ہے۔ ان پر حرف آتا ہے۔ پھر اب کیوں آئے ہو؟ ڈھونڈو وخود جا کر۔ اپنی جگہ پر چیز نہیں تو تم ہی بدمعاشوں نے کہیں غائب کی ہوگی۔"

خدا خدا کر کے تمام چیزیں جمع ہوئیں۔ چچا نے چشمہ لگایا۔ کرسی پر براجمان ہوئے۔ لڑکے چیزیں لیے اردگرد کھڑے ہو گئے۔ کاغذ سنبھالا۔ کاپی نیچے رکھی۔ قلم ہاتھ میں لیا۔ اب دیکھتے ہیں تو اس کا نِب ندارد! "ہیں، اور نِب کہاں ہے؟ لاحول ولا قوۃ اِلا باللہ۔ ابے اندھے! اس سے لکھوں گا خط؟ ابے! اس سے لکھنا ہوتا تو میں اپنی انگلی سے نہ لکھ لیتا؟ تجھے قلم لانے کو کیوں کہتا؟ مگر یہ اُتارا کس نے اس کا نِب؟ اس بدتمیزی اور بدتہذیبی کے معنی کیا؟ میں آج کر کے معلوم کر کے رہوں گا یہ حرکت کس نامعقول کی ہے؟"

باہر سے آواز آئی، "اجی صاحب جواب کے لیے کھڑے ہیں۔"

چچی یہ سب کیفیت دیکھ رہی تھیں اور دل ہی دل میں پیچ و تاب کھا رہی تھیں۔ آواز سن کر نہ رہا گیا۔ بولیں، "خدا کے لیے اب تم اس جرح کو بند کرو اور لکھنا ہے تو خط دو۔ وہ غریب باہر کھڑا سوکھ رہا ہے۔ یہ قلم نہیں تو میرا قلم موجود ہے۔ جا بنّو میرا قلم لا دے۔"

چچا اس وقت جوش میں تھے اور بزعمِ خویش محض ایک ذرا سی تکلیف کے لیے نہیں بلکہ ایک اصول کی خاطر بات کو طول دے رہے تھے۔ اس وقت چچی پر بھی برس پڑے۔ "تمھاری ہی شہ پا کر تو نوکروں اور بچوں کی عادات بگڑ رہی ہیں۔ یہ ضرور انہی میں سے کسی کی حرکت ہے۔ کوئی بچہ یا ملازم ہمارے اس قلم سے تفریح کرتا رہا ہے اور اسی نے اس کا نِب ضائع کیا ہے۔ قلم کو سب غور سے دیکھو اور سچ سچ بتاؤ کہ یہ حرکت کس کی ہے؟"

اتنے میں بنّو چچی کا قلم لے آئی۔ چچا کا آخری فقرہ سن کر اس نے قلم پر نگاہ ڈالی تو بولی "لال قلم! ابّا میاں کل آپ ہی نے تو ازار بند ڈالنے کو اس کا نِب اُتارا تھا۔"

چچا نے گھور کر بنّو کو دیکھا، قلم کو دیکھا۔ کچھ سوچا، کھنکار کر گلا صاف کیا۔ کرسی پر پینترا بدلا، کنکھیوں سے چچی امّاں پر نظر ڈالی۔ قلم بنّو کے ہاتھ سے لے لیا۔ سر جھکا کر انگوٹھے کے ناخن پر اس کا نِب رکھنے لگے۔ بولے، "چلو اب اسی سے کام چل جائے گا۔"

بمقابلہ پچھلی گفتگو کے آواز کا سُر بہت مدھم تھا۔

جو لڑکا دوات لیے کھڑا تھا اسے آگے بڑھنے کا حکم دیا۔ خط لکھنا شروع کر دیا۔ القاب ہی لکھا ہو گا کہ بولے، "ہیں! یہ کیا لکھ گیا میں!" خط کا کاغذ پھاڑ ڈالا، دوسرا منگوایا، ڈوبا

لیا، لیکن لکھتے لکھتے رُک گئے ۔ بہت دیر تک مضمون سوچتے رہے ۔ آخر پھر لکھنا شروع کیا ۔ نِب اتنی دیر میں خشک ہو چکا تھا ۔ آپ سمجھے دوات میں سیاہی کم ہے ۔ قلم بے تکلف دوات میں ڈال دیا تحریر شروع کرنے کی دیر تھی کہ سیاہی کا یہ بڑا دھبّا کاغذ پر ۔ لاحول کہہ کر اس کاغذ کو بھی پھاڑ ڈالا ۔ تیسرا کاغذ منگوایا، اس پر دو تین سطریں لکھ گئے ۔ اس کے بعد قلم روک، جو کچھ لکھا تھا، پڑھا ۔ چہرے پر کچھ قبض کی سی کیفیات نمودار ہوئیں ۔ چچی کی طرف دیکھا، خط کو دیکھا، چپکے سے پھاڑ ڈالا ۔ ہلکے سے موڈ سے کہا، ''خط کے کاغذوں کی کاپی ہی لے آ ۔''

کاغذوں کی کاپی کی کاپی آ گئی اور رقعے کا جواب بے فکری سے لکھا جانا شروع ہو گیا ۔ کبھی قلم کا شکوہ کہ نب درست نہیں، نیا نب ہے، کبھی دوات کی شکایت کہ سیاہی ٹھیک نہیں، پھیکی ہے ۔ کبھی جاذب بُرا کہ یہ جاذب ہے یا پتنگ بنانے کا کاغذ ۔ ہر شکوہ ایک نیا کاغذ ضائع کرنے کی تمہید ۔ اسی میں پون گھنٹا ہونے کو آ گیا ۔ باہر ملازم آوازوں پر آوازیں دے رہا ہے ۔ ادھر چچی فارغ ہو چکی ہیں اور یہ قصہ ختم کرنے کا تقاضا کر رہی ہیں ۔ بار بار کہہ رہی ہیں کہ خدا کے لیے تم مجھے دو قلم دوات ۔ مَیں ابھی دو منٹ میں لکھے دیتی ہوں خط، مگر چچا اپنی قابلیت کی یہ توہین کیونکر برداشت کریں ۔ سٹپٹا گئے ہیں مگر خط لکھنے سے باز نہیں آتے ۔ پینترے پر پینترا بدل رہے ہیں اور کاغذ پر کاغذ رڈّی کیے چلے جا رہے ہیں ۔

''مَیں کیا کروں ۔ نہ قلم ٹھکانے کا نہ دوات درست ۔ لکھوں اپنے سر سے؟ ادھر یہ سب بلائیں میرے سر پر آن چڑھی ہیں ۔ ارے کم بختو! خدا کے لیے پرے ہٹ کر کھڑے ہو ۔ میرا دم اُلجھنے لگا ہے ۔ بھان متی کا تماشا تو ہو نہیں رہا ہے کہ پلّے پڑے ہو ۔ کبھی دیکھا نہیں خط کیونکر لکھا جاتا ہے؟ ... اچھا بھئی سن لیا ۔ سن لیا ۔ ذرا دم لو ۔ خالی تو بیٹھے نہیں ۔ جواب ہی لکھ رہے ہیں ۔ ... اور بھئی خدا کے لیے دوات دُرے لاؤ ۔ اب مَیں ہر بار کرسی سے اُٹھ کر ڈوبالوں ...؟ اِنھوں نے اور میرے آئے حواس غائب کر دیے ہیں ۔ ہتھیلی پر سرسوں جمانا چاہتی ہیں ۔ نہ جانے کہاں کی مضمون نویس ہیں کہ دو منٹ میں جواب لکھ لیں گی ۔ آخر دعوت منظور کرنی ہے ۔ کچھ ٹکا سا جواب تو دینا نہیں کہ دو حرف لکھ کر قصہ نمٹا دوں ... ارے بھئی، آ رہا ہے جواب ۔ تجھے کام ہے تو ہمیں کام نہیں ہے ۔ ... ہئے ہئے ۔ اے''

لو۔ اب نیچے اپنا نام لکھ گیا۔ میری عمر بُھر جُدا کی طرف سے خطوں کا جواب لکھنے میں تو گزری نہیں کہ ان باتوں کا خیال رہے ... میں تھپڑ ماروں گا اگر پھر دوات پرے ہٹائی۔ ایک جگہ ہاتھ ہی نہیں رکھتا۔ نالائق بے ہودہ کہیں کا۔ کام چور نوالہ حاضر۔"

اب تفصیل کہاں تک عرض کروں۔ پورے ڈیڑھ گھنٹے میں خط ختم ہوا اور اسے جلدی جلدی بند کرکے چچا نے باہر ملازم کے حوالے کیا۔ اسے بھی ایک مختصر سا لکچر پلایا۔ "یوں دوسروں کے گھروں پر توالی ڈالنا بڑی بدتمیزی کی بات ہے۔ خط لکھنا کوئی مذاق نہیں ہے۔ ایسا ہی سہل کام ہوتا تو تم سرگاڑی پہیا کرکے روزی کیوں کماتے۔ آج کہیں منشی گیری نہ کر رہے ہوتے؟ ... خیر اب زیادہ بحث کی ضرورت نہیں۔ تمہیں کیا معلوم تمھارے میاں لکھنے سے پہلے گھنٹے سوچ بچار کرتے ہیں۔"

خط دے کر چچا گھر میں آئے۔ خوش تھے کہ دیر ہوئی تو کیا ہوا، خط لکھا تو گیا۔ اطمینان سے ہاتھ ملنے لگے۔ چچی بھری بیٹھی تھیں۔ بولیں، "خالی ہاتھ ملنے سے کیا ہوگا۔ صابن ملو تو انگلیوں کی سیاہی چھوٹے۔"

چچا نے انگلیوں کو دیکھا تو واقعی کالی سیاہ ہو رہی تھیں۔ ابھی کچھ بولنے نہ پائے تھے کہ چچی نے ایک اور فقرہ کسا، "خیریت گزری کہ بھنگن کے آنے سے پہلے خط لکھ لیا گیا ورنہ اسے بھی اطلاع دینی پڑتی کہ دوبارہ آئے۔ میاں نے آج ایک خط لکھا ہے۔"

چچا نے کھڑکیوں سے صحن کو دیکھا۔ جس کرسی پر بیٹھ کر خط لکھا تھا اس کے چاروں طرف ردّی کاغذوں کی پڑیاں بکھری پڑی تھیں۔ کچھ کہنا چاہا مگر فقرہ منہ ہی میں رہ گیا۔ اُن سنی کر غسل خانے میں گھس گئے۔ ہاتھ دھو کر مردانے میں جا بیٹھے۔ بھنگن آ کر صحن صاف کر گئی تو اندر آئے، حقہ بھروایا، بیٹھ کر پینے لگے۔ چچی کی باتیں دل میں کھٹک رہی تھیں۔ ان کی گوش نوازی کے لیے اپنے آپ کو مخاطب کرکے باتیں شروع کر دیں، "اعتراض کرنے کو سب تیار ہیں۔ اس پھوہڑ گھر میں جہاں نہ کوئی چیز اپنے ٹھکانے پر رہتی ہے نہ کوئی نوکر سلیقی کا موجود ہے۔ کوئی اس سے جلدی خط لکھ کر مجھے دکھائے تو مَیں اور خط لکھنے کا کیا ہے! خط چاہو تو منٹ بھر میں لکھ لو مگر وہ کیا خط کہ جس کی نہ املا درست نہ انشا صحیح۔ خط وہ کہ

جسے لکھا جائے، وہ پڑھ کر جھومنے لگے اور اسے یادگار کے طور پر سنبھال کر رکھے۔"

چچی خوب جانتی ہیں کیسے موقعوں پر جلد صلح صفائی کر لینی چاہیے۔ معلوم تھا کہ بات جلد نہ بُھلا دی تو تمام دن اسی ہی جلی کٹی جاری رہیں گی۔ بولیں، "تو یہ کب کہا مَیں نے کہ جواب اچھا نہ لکھا گیا ہوگا؟"

بس خوش ہوگئے چچا۔ "وہ تو ان کے نوکر کو جلدی پڑی تھی ورنہ مَیں تمھیں پڑھ کر سناتا تب تم داد دے سکتیں۔ رات کو دعوت پر منصرم صاحب کی بیوی خط کے متعلق کچھ کہیں تو مجھے بتا ضرور دینا۔ ویسے یہ چاہے ان سے نہ کہنا کہ ہم نے لکھا تھا۔ بہر حال تمھیں اختیار ہے۔"

لیکن لطف اس وقت آیا جب دو پہر کو منصرم صاحب کی بیوی کے ہاں سے پھر ایک لفافہ آیا جس میں چچا چھکن کا لکھا ہوا خط رکھا تھا اور ساتھ ہی اس مضمون کا ایک رقعہ تھا :

"پیاری بہن، شاید غلطی سے کسی اور کے نام کا خط میرے نام کے لفافے میں رکھ دیا گیا۔ واپس بھیجتی ہوں۔ براہِ مہربانی اطلاع دیجیے کہ آپ رات کو تشریف لاسکیں گی یا نہیں؟"

"چچی نے چچا کا لکھا ہوا خط پڑھا تو اس کی عبارت یہ تھی :

جمیل المناقب، عمیم الاحسان، زاد عنایتکم۔ یہاں بفضلِ ایزدِ متعال مالامال خیریت ہے۔ اور صحت و تندرستی آپ کی بدرگاہِ مجیب الدعوات خمس الاوقات مستدعی ہوں۔ صورتِ حال یہ ہے کہ تلطف نامہ ساعتِ مسعود میں ورود ہوا۔ ارشادِ سامی و حکمِ گرامی کے امتثال میں عذر کرنا بندگانِ مروّت و فتوت سے کیونکر ممکن ہے۔ طمانیتِ کلی ہو کہ وقتِ معین پر حاضری کے شرف و افتخار کا حصول مایۂ ناز متصوّر ہوگا۔

الٰہی   در   جہاں   باشی   باقبال

جواں   بخت   و   جواں   دولت   جواں   سال

(نمقہ حقیر پر تقصیر)

یہ خط آنے کے بعد چچا چھکن بار بار مختلف پیرایوں میں اپنی اس رائے کا اظہار کر رہے ہیں کہ عورتیں عموماً اور منصرم صاحب کی بیوی خصوصاً ناقص العقل اور نامعقول ہیں اور چچی کو ان کی دعوت ہرگز قبول نہ کرنی چاہیے تھی۔

چچا چھکّن نے جھگڑا اُچکایا

پچھلی گرمیوں میں اتوار کا روز تھا۔ ہمارے ہاں چراغ میں بتی پڑتے ہی کھانا کھا لیا جاتا ہے۔ بچے کھانا کھا کر سو گئے تھے۔ چچی نے کھانا نمٹا کر عشا کی نماز کی نیت باندھی تھی۔ نوکر باورچی خانے میں بیٹھے کھانا کھا رہے تھے۔ چچا چھکّن بنیان پہنے، تہبند باندھے، ٹانگ پر ٹانگ رکھے، چارپائی پر لیٹے مزے مزے سے حقے کے کش لگا رہے تھے کہ دفعۃً گلی میں سے شور و غل کی آواز آئی۔

بندو، امامی، مودا کھانا چھوڑ دروازے کی طرف لپکے۔ چچا بھی چونک کر اُٹھ بیٹھے اور کوئی نظر نہ آیا تو چچی کی طرف دیکھا۔ چچی نے سلام پھیرتے ہوئے منہ اِدھر موڑا۔ آنکھیں چار ہوئیں تو چچا نے پوچھا، "یہ شور کیسا ہے؟" چچی ماتھے پر تیوری ڈال وظیفہ پڑھنے لگیں۔ چچا چھکّن کچھ دیر انتظار کرتے رہے کہ شاید کوئی نوکر لڑکا پلٹ کر آئے اور کچھ خبر لائے۔ ویسے چچی سے برابر پوچھتے رہے، "کوئی آتا نہیں!... کہاں بیٹھ رہے سب کے سب؟...دیکھتی ہو ان کی حرکتیں؟ معلوم نہیں کیا واردات ہوئی۔" لیکن جب نہ چچی نے کچھ جواب دیا اور نہ کوئی لڑکا واپس آیا تو مجبوری کو اُٹھے اور جوتا پہن خود باہر نکلنے کی تیاری کی۔ چچی بولیں، "چلے تو ہو، کسی کے جھگڑے میں نہ پڑنا۔"

چچا بولے، "میرا سر پھرا ہے؟ بازاری لوگوں کے جھگڑوں سے ہمیں کیا سروکار؟" زنان خانے سے نکل مردانے میں آئے۔ ڈیوڑھی میں قدم رکھا تو دیکھا کہ گھر کے سامنے بھیڑ جمع ہے۔

چچا کو توقع نہ تھی کہ اتنی جلدی موقع پر جا پہنچیں گے۔ کچھ گھبرائے۔ آگے بڑھنے

کے لیے ابھی تیار نہ تھے۔ واپس ہٹنے کو جی نہ چاہتا تھا۔ چنانچہ آپ نے جلدی سے دِیا گل کر ڈیوڑھی کا دروازہ بھیڑ دیا اور دیر تک درز سے آنکھ لگائے صورتِ حالات ملاحظہ فرماتے رہے۔

معلوم ہوا کہ جھگڑا دو ہمسایوں کے درمیان ہے جو سامنے کے مکان میں رہتے ہیں۔ ایک اوپر کی منزل میں دوسرا نیچے کی منزل میں۔ ہاتھا پائی تک نوبت پہنچ گئی تھی لیکن لوگوں نے اب دونوں کو الگ الگ کر کے سنبھال رکھا ہے اور میر باقی علی سمجھا بجھا کر انھیں تقریباً ٹھنڈا کر چکے ہیں۔

چچا سے نہ رہا گیا۔ یہ بات انھیں کیوں کر گوارا ہو سکتی تھی کہ ان کے ہوتے ساتے محلے کا کوئی اور شخص اس قسم کے قصوں میں پنچ بن بیٹھے۔ چنانچہ آپ تہبند کس، بنیان نیچے کھینچ دروازہ کھول باہر نکل کھڑے ہوئے اور بڑے سرپرستانہ انداز میں بولے، ”ارے بھئی کیا واقعہ ہو گیا؟“

میر باقی علی نے کہا، ”اجی کچھ نہیں۔ یوں ہی ذرا سی بات پر اِن خاں صاحب اور مولوی صاحب میں جھگڑا ہو گیا تھا۔ مَیں نے سمجھا دیا ہے دونوں کو۔“

وہ تو سمجھ گئے مگر چچا بھلا کہاں سمجھتے ہیں۔ موقع پر جا پہنچے۔ بولے، ”مگر بات کیا ہوئی؟ یہ تو کچھ ایسا نقشہ نظر آتا ہے جیسے خدانخواستہ فوجداری تک نوبت پہنچ گئی تھی۔“

میر باقی علی نے ٹالنا چاہا، ”اجی اب خاک ڈالیے اس قصے پر۔ جو ہونا تھا ہو گیا۔ ہمسایوں میں دن رات کا ساتھ۔ کبھی کبھی شکایت پیدا ہو ہی جاتی ہے۔“

اب بھی چچا کی تسکین نہ ہوئی۔ بولے، ”پر زیادتی آخر کس کی طرف سے ہوئی؟“

خاں صاحب بولے، ”پوچھیے ان مولوی صاحب سے جو بڑے متقی بنے پھرتے ہیں۔ ڈاڑھی تو بالشت بھر بڑھا رکھی ہے لیکن جب حرکتیں رذیلوں کی سی ہوں تو ڈاڑھی سے کیا فائدہ؟“

چچا چونک کر بولے، ”او ہو، یہ قصہ تو ٹیڑھا معلوم ہوتا ہے!“

اب مولوی صاحب کیسے چپ رہ سکتے تھے۔ بولے، ”صاحب اِن کو کوئی چپ

کرائے۔ مَیں بڑی دیر سے طرح دیے جا رہا ہوں اور یہ جو منہ میں آئے بکے چلے جاتے ہیں۔ اس کا نتیجہ ان کے حق میں اچھا نہ ہوگا۔"

خاں صاحب کڑک کر بولے "اب جا۔ چار بھلے آدمی بیچ میں پڑ گئے جو مَیں رُک گیا۔ نہیں تو نتیجہ تو آج ایسا بتاتا کہ چھٹی کا دودھ یاد آ جاتا۔"

مولوی صاحب نے تن کر فرمایا، "طاقت کے گھمنڈ میں نہ رہنا خاں صاحب۔ انگریز کا راج ہے۔ جی ہاں اور یہاں بھی کوئی ایسے ویسے نہیں ہیں۔ ہم بھی ایسے ہتھیاروں پر اُتر آئے تو یاد رکھیے۔ ورنہ جی ہاں۔"

خاں صاحب بے قابو ہو گئے۔ مکا تان کر بڑھا چاہتے تھے کہ لوگوں نے بیچ بچاؤ کر کے روک لیا۔ مولوی صاحب آستینیں چڑھاتے چڑھاتے رہ گئے۔ باقر علی صاحب نے پریشان ہو کر چچا چھکن سے کہا، "دونوں کے دونوں اچھے خاصے سمجھ گئے تھے۔ آپ نے پھر دونوں کو بھڑکا دیا۔"

چچا بولے، "لاحول ولا قوۃ۔ کہنے لگے کہ آپ نے بھڑکا دیا۔ اجی حضرت مَیں تو صرف اتنا پوچھ رہا تھا کہ قصور کس کا ہے۔ آپ جو بڑے پنچ بن کر گھر سے نکل کھڑے ہوئے تو اتنا تو معلوم کر لیا ہوتا کہ زیادتی کس کی ہے اور اصل واقعہ کیا ہے۔"

باقر علی نے پھر بات ٹالنی چاہی۔ "اجی، کہاں اب سرِراہ قصہ سننے کا جانے دیجیے۔ جو ہوا سو ہوا۔ مَیں تو ان دونوں کی شرافت کی داد دیتا ہوں کہ جو ہم نے کہا انھوں نے مان لیا۔ بات رفت گزشت ہوئی۔ اب آپ کیا گڑھے مردے اُکھیڑنے آ گئے۔"

چچا نے دیکھا میر باقی علی چھائے چلے جا رہے ہیں، آگ ہی تو لگ گئی لیکن سنبھل کر بولے، "صاحب مَن! آپ کو اس محلے میں آئے ابھی عرصہ ہی کتنا ہوا، کے آمدی کے پیر شدی، اور ہماری تو نال اسی محلے میں گڑی ہوئی ہے۔ اب آپ جانے دیجیے نا اس بات کو۔ بازی بازی بابا ریش بابا ہم بازی' اور سرِراہ کا کیا ہے۔ یہ جھگڑا ہم تک آج نہ پہنچتا، کل پہنچ جاتا۔ سو اب بھی کیا مضائقہ ہے۔ سامنے ہی تو غریب خانہ ہے۔ اندر چل بیٹھیں، دو منٹ میں قصہ صلٹے ہوا جاتا ہے۔ مجھے تو یہ ہرگز گوارا نہیں کہ جس محلے میں سبھی رہتے ہوں

وہاں ہمسایوں میں یوں سرِ بازار جوتی پیزار ہوا کرے۔"

یہ کہہ کر چچا نے دادِ طلب نگاہوں سے مجمع کو دیکھا۔ بولے، "کیوں صاحب۔ خدا لگتی کہیے۔ یہ بھلا کوئی شرافت ہے؟"

مجمع میں سے تائید کی بھنبھناہٹ سی سنائی دی۔ میر صاحب خاموش ہو کے رہ گئے۔ چچا بولے، "تو آپ دونوں صاحب اندر تشریف لے آئیے نا، اور میر صاحب، اگر چاہیں تو میر صاحب بھی آ سکتے ہیں۔" باقی لوگوں سے مخاطب ہو کر فرمایا۔ "آپ حضرات جا سکتے ہیں۔ یہاں کوئی بھانڈ تو ناچیں گے نہیں جو آپ کو مدعو کروں۔ آپ کے جھگڑے طے کرانا مغزپاشی کا کام ہے۔ آپ لوگ اپنے گھر جا کر آرام کیجیے۔

لیجیے چچا صاحب قاضی القضاۃ بن گئے۔ مدعی اور مدعا علیہ اور میر صاحب کو ساتھ لیے گھر میں آئے۔ گھر پہنچ کر پہلے ہی سے فرامین کی ایک فہرست صادر ہوئی کہ بندو! لیمپ لائے اور موڈا برف کا پانی بنائے۔ امامی حقہ تازہ کر کے پہنچائے اور بندو لیمپ لا چکنے کے بعد اُگال دان لا کر رکھے۔ اور امامی حقے سے فراغت پا کر پنکھا جھلے۔

سب کو دیوان خانے میں بٹھایا۔ خود یہ کہہ کر اندر گئے کہ ابھی حاضر ہوا۔ اندر جا کر بنیان پر چکن کا کرتا پہنا۔ پہن ہی رہے تھے کہ چچی نے جلدی جلدی رکعت ختم کر سلام پھیر کے پوچھا، "کیا بات ہے؟"

چچا بے پروائی کے انداز میں بولے، "عجب حالت ہے لوگوں کی۔ نہ دن کو چین لینے دیتے ہیں نہ رات کو۔ ان سامنے والے خاں صاحب اور مولوی صاحب کا جھگڑا ہو گیا۔ مصیبت میں میری جان پڑ گئی۔ سب مصر ہیں کہ آپ بیچ میں پڑ کے فیصلہ کرا دیجیے۔ بات ٹالی بھی نہیں جا سکتی، محلے کا معاملہ ٹھہرا۔ بہرحال برسرِ اولاد آدم ہر چہ آید بگذرد۔ تو تم نماز سے فارغ ہو کر پان کے کچھ ٹکڑے لگا کے بھیج دینا۔"

چچی جل کر بولیں، "یہ شوق بھی پورا کر کے لیجیے۔"

چچا کرتے کے بٹن لگاتے ہوئے باہر نکلے۔ دیوان خانے میں پہنچ کر آرام کرسی پر دراز ہو گئے۔ ٹانگیں سمیٹ کر اوپر دھر لیں۔ بولے، "میں حاضر ہوں۔ فرمائیے کیا بات

ہوئی۔ سارا واقعہ بیان کیجیے لیکن مختصر طور پر۔"

مولوی صاحب اور خاں صاحب دونوں کی تیوری چڑھی ہوئی تھی۔ منہ پھلائے لال لال آنکھوں سے ایک اِس طرف ایک اُس طرف تک رہا تھا۔ چچا کا تقاضا سن دونوں کے دونوں کچھ کسمسائے مگر چکے بیٹھے رہے۔ میر صاحب نے مہرِ سکوت توڑی۔ "حضرت! بات تو اصل میں بڑی معمولی تھی۔"

چچا نے کہا، "آپ تمہید کو جانے دیجیے۔ مطلب کی بات کہیے۔"

میر صاحب نے غصّے کو پی کر کہا، "تو اور کیا کہوں۔ بات حقیقت میں نہایت معمولی ہے لیکن ..."

خاں صاحب سے ضبط نہ ہو سکا، "کوئی آپ کی بہو بیٹیوں کو یوں دیکھتا اور آپ اسے معمولی بات کہتے تو جانتا۔"

چچا کرسی پر اکڑوں بیٹھ گئے۔ "مستورات کا واقعہ ہے۔ تو واقعی حضرت، اسے معمولی بات کہنا تو بڑی زیادتی ہے آپ کی۔ خاں صاحب آپ خود ہی جو واقعہ ہے بیان کیجیے۔"

باقر علی صاحب خاموش ہو گئے۔ خاں صاحب کی حوصلہ افزائی ہوئی۔ بولے، "آپ سا منصف مزاج بزرگ پوچھے گا تو بیان کروں گا ہی۔ آپ سے کیا پردہ ہے۔"

چچا بھول گئے۔ کچھ کہنا ضروری معلوم ہوا۔ "نہیں نہیں کوئی بات نہیں۔ آپ بلا تکلف کہیے۔"

خاں صاحب نے کہا، "آپ کو علم ہی ہے کہ اس سامنے کے مکان کی نچلی منزل میں ہم رہتے ہیں اور اوپر کی منزل میں ایک کھڑکی ہے جس سے ہمارے مکان کے صحن میں نظر پڑتی ہے۔"

چچا نے بات کاٹ کر فرمایا، "جی ہاں جی ہاں میری دیکھی ہوئی کیا، میرے سامنے بنی اور ایک اس کھڑکی کا کیا ذکر، اس سارے مکان کی تعمیر میں میرا بہت کچھ دخل رہا۔ مالک مکان فضل الرحمٰن خاں کے مجھ سے مراسم تھے۔ حیدرآباد جانے سے پہلے ہر روز شام کو ملنے آتے تھے۔ اور سچ پوچھیے انھیں یہ مشورہ بھی مَیں نے ہی دیا تھا کہ خالی زمین پڑی

68

ہے اور کوڑیوں کے مول بِک رہی ہے۔ تو کچھ ایسی صورت کرنی چاہیے کہ کرائے کی ایک سبیل نکل آئے۔ تو انھوں نے یہ گویا مکان بنایا۔ خیر تو یہ جملہ ٔمعترضہ تھا۔ آپ بات کہیے۔"

خاں صاحب نے سوچا کہ بات کہاں تک کی تھی۔ بولے، "جی، تو اوپر کی منزل میں ایک کھڑکی ہے کہ اس سے ہمارے ہاں کے صحن میں نظر پڑتی ہے۔ ہم اس مکان میں پہلے سے رہتے ہیں۔ یہ حضرت بعد میں آئے۔ آتے ہی ہم نے ان سے کہہ دیا کہ مولوی صاحب! اس کھڑکی میں اگر آپ تالا ڈلوادیں تو مناسب ہے ورنہ عورتوں کا سامنا ہوا کرے گا اور مفت میں کوئی نہ کوئی قصہ کھڑا ہو جائے گا۔"

چچا نے داد دی، "بہت مناسب کارروائی کی آپ نے۔ قانونی نقطہ ٔنظر سے گویا آپ نے ایک ایسی پیش بندی کر لی کہ بعد میں اگر کسی قسم کی بھی شکایت پیدا ہو تو آپ کو گرفت کا جائز موقع ملے۔ بہت ٹھیک، جی تو پھر؟"

خاں صاحب داد سے بہت مسرور ہوئے۔ "خدا حضور کا بھلا کرے۔ میں نے سوچا نئے آدمی ہیں۔ کیوں نہ پہلے ہی سے خبردار کر دوں۔ سو صاحب انھوں نے بھی مجھے یقین دلایا کہ کھڑکی میں تالا ڈال دیا گیا ہے اور میں بے فکر ہو گیا۔ اب جناب آج صبح کو کیا ہوا کہ…"

"یہ لیجیے۔ ٹھنڈا پانی پیجیے۔ آپ بھی لیجیے مولوی صاحب۔ پانی دے بے میر صاحب کو… جی تو آج صبح… ابے رکھ دے میز پر خاصدان۔ سر پر کیوں سوار ہو گیا ہے اور وہ امامی کہاں مر رہا؟ ابھی تک حقہ نہیں بھرا گیا؟ جی صاحب آپ کہے جائیے، میں سن رہا ہوں۔ ہاں اور وہ اُگال دان؟ کہہ بھی دیا تھا۔ پھر بھی یاد نہیں رہا۔ بڑے نالائق ہو تم لوگ۔ آپ فرمائیے نا خاں صاحب!"

خاں صاحب نے کچھ دیر سکون کا انتظار کیا۔ آخر بولے، "جی تو آج صبح اِدھر میں دکان پر روانہ ہوا۔ اُدھر اوپر کی منزل میں ایک بچے نے کھڑکی کھول دی۔ عورتیں صحن میں بیٹھی تھیں۔ انھوں نے کھڑکی بند کرنے کو کہا۔ تو یہ حضرت خود کھڑکی میں آن موجود ہوئے اور بدیں ریش وفش عورتوں کو دیکھنے لگے۔ اب آپ ہی فرمائیے کہ یہ شریفوں اور مولویوں

چچا چھکن کے کارنامے

کی سی باتیں ہیں یا لُچّوں اور شہدوں کی سی حرکتیں؟‘‘

چچا نے عالم استعجاب میں آنکھیں کھولیں، گردن جھکا لی اور پھر ایک حاکمانہ انداز میں سر پھیر کر مولوی صاحب کی طرف دیکھا۔ بولے،’’مولوی صاحب، یہ تو آپ نے ایسی نامناسب اور خلافِ شرع حرکت کی جس پر آپ کو جس قدر الزام دیا جائے بجا ہے۔‘‘

مولوی صاحب دیر سے بیٹھے خاموش دیکھ رہے تھے کہ چچا ہمدردانہ انداز سے خاں صاحب کی گفتگو سن رہے ہیں۔ اب چچا نے انھیں مخاطب کیا تو وہ بھڑک اُٹھے،’’سبحان اللہ! آپ بھی عجب سادہ لوح شخص ہیں۔ جو کچھ کسی نے افترا باندھا، جھٹ اس پر ایمان لے آئے۔ واہ صاحب واہ!‘‘

چچا کو یہ اندازِ کلام کسی قدر ناگوار گزرا،’’تو آپ کو یہ خیال ہے کہ مَیں خاں صاحب کی ناجائز حمایت کر رہا ہوں!‘‘

مولوی صاحب بولے،’’ناجائز حمایت تو ہے ہی۔ آپ پہلے میری عرض بھی تو سنیے کہ مَیں کیا کہتا ہوں۔‘‘

چچا بے ضابطگی کا الزام سن کر چڑ گئے۔ بولے،’’تو بیان کیجیے کہ آپ کیا عرض کرنا چاہتے ہیں۔ مگر عرض ہو، طول نہ ہو۔ مجھے اختصار بہت مرغوب ہے۔‘‘

مولوی صاحب بولے،’’جی میں بہت مختصر طور پر سب کچھ عرض کیے دیتا ہوں۔ ہم نے تو مکان میں آتے ہی کھڑکی میں تالا ڈال دیا تھا۔ چناں چہ آج تک کبھی کوئی وجہ شکایت پیدا نہیں ہوئی۔ آج اتفاقیہ بچے کے ہاتھ چابی لگ گئی اور اس نے کھڑکی کھول دی اور کھڑکی میں کھڑا ہو کر ان کے بچوں کی آوازیں دینے لگا۔ میں نے جب...‘‘

لیکن بیان ختم ہونے سے پہلے ہی چچا نے جرح شروع کر دی،’’تو آپ کا بیان یہ ہے کہ محض آوازیں دینے کے لیے کھڑکی کا تالا کھولا تھا۔ محض آوازیں دینے کے لیے محض؟ خوب، اس کے لیے بھلا کھڑکی کھولنے کی کیا ضرورت تھی؟‘‘

مولوی صاحب بولے،’’آخر بچہ ہی تو تھا، اسے بھلا نیک و بد کی کیا تمیز۔ اسے یہ تھوڑا ہی معلوم کہ صاحب یہ تالا نہ کھولنا چاہیے اور وہ کھڑکی بند رہنی چاہیے۔ چابی مل گئی تھی،

تالے پر نظر پڑی، کھول ڈالا۔"

چچا ہونٹ سکوڑ سکوڑ کر اور ایک آنکھ میچ کر یوں سر ہلاتے رہے گویا مولوی صاحب کے اس جواب میں بھی انھیں ایسے ایسے معانی نظر آ رہے ہیں جو دوسروں کی فہم سے بالاتر ہیں۔

مولوی صاحب نے اپنا بیان جاری رکھا، "میں نے کھڑکی جو کھلی دیکھی تو فوراً بند کرنے کو لپکا اور کواڑ بند کر کے اسی وقت تالا لگا دیا۔"

چچا نے پھر ٹوکا، "کیوں حضرت، یہ آپ کے گھر میں تالا کھولنا تو بچوں کو بھی آتا ہے مگر بند کرنا آپ کے سوا کسی کو نہیں آتا؟ خوب!"

میر باقی علی صاحب بولے، "حضرت، یہ ایک اضطراری حرکت تھی جس سے یہ ظاہر ہوتا ہے کہ انھیں اس کھڑکی کے بند رکھنے کا ہر وقت خیال رہتا تھا۔ کھلی دیکھی تو یک لخت بند کرنے کو لپکے۔"

مولوی صاحب نے مزید صفائی کے خیال سے کہا، "خدا شاہد ہے جو مجھے یہ گمان بھی گزرا ہو کہ صحن میں مستورات موجود ہوں گی یا میں نے اس طرف نظر بھی ڈالی ہو۔ یہ سراسر بہتان ہے کہ میں کھڑا رہا بلکہ میں نے تو بعد میں نیچے کہلا کر بھیجا کہ مجھے بڑا افسوس ہے کہ بچے نے کھڑکی کھول دی تھی۔"

میر صاحب نے مولوی صاحب کے چال چلن کے متعلق شہادت دی، "مولوی صاحب جب سے یہاں آئے ہیں، میں انھیں جانتا ہوں۔ میرے بچوں کو پڑھاتے ہیں۔ روز کا آنا جانا ہے اور میں وثوق سے کہتا ہوں کہ یہ اس قسم کے آدمی نہیں۔ چنانچہ میں نے خاں صاحب سے بھی یہی کہا تھا کہ مستورات کو غلط فہمی ہوئی ہو گی ورنہ مولوی صاحب سے کسی بُرے خیال کی توقع نہیں ہو سکتی۔"

لیکن چچا بھلا کسی دوسرے کی رائے کو کب خاطر میں لاتے ہیں۔ بولے، "دلوں کا حال خداوندِ عالم بہتر جانتا ہے اور اس کے متعلق کچھ کہنے کی جرأت کرنا میری رائے میں کفر ہے۔ بہرحال ابھی سب کچھ کھلا جاتا ہے۔ تو جناب مولوی صاحب! آپ ریلوے کے دفتر

میں کلرک ہوتے ہیں نا؟ خوب! خوب! اور آپ کو اتوار کے روز چھٹی بھی ہوتی ہے؟ بہت خوب ۔ اور جنابِ من آج اتوار ہی کا دن تھا؟ نہ نہ، فرمایئے تھا یا نہیں؟ خدا آپ کا بھلا کرے، تھا۔ اور جناب اتوار کے روز آپ گھر ہی میں رہتے ہیں۔ بجا...تو سوال یہ ہے کہ اگر کھڑکی کھلنی تھی تو اتوار ہی کے روز کیوں کھلی جب آپ گھر میں موجود تھے۔ کسی اور دن کیوں نہ کھلی؟“

یہ کہہ کر چچا نے نتھنے پھلا کر فاتحانہ انداز سے باری باری سب پر یوں نظر ڈالی گویا کوئی بڑا اہم نکتہ نکال کر مولوی صاحب کو لا جواب کر دیا ہے۔

مولوی صاحب اس استدلال سے پریشان سے ہو گئے تھے۔ بولے، ”حضرت، اس بات کی اہمیت کچھ واضح طور پر میری سمجھ میں نہیں آئی۔ باقی واقعہ یہ ہے کہ کھڑکی کی چابی گچھے میں ہے۔ گچھا میرے پاس رہتا ہے۔ جب میں گھر پر ہوں گا تب ہی گچھا گھر پر ہو گا اور اُسی وقت کھڑکی کے کھلنے کا امکان بھی ہے۔“

چچا کو اس جواب کی توقع نہ تھی۔ سر پیچھے کو ڈال کرسی پر لیٹ گئے اور بولے، ”اب یہ آپ کی کج فہمی ہے ورنہ حقیقت یہ ہے کہ اس بات کا جواب آپ کے پاس کچھ نہیں۔“

مولوی صاحب نے نہ معلوم دانستہ یا نادانستہ چچا کو تھوڑا سا روغنِ قاز ملا۔ بولے، ”صاحب جو اصل واقعہ تھا وہ تو میں نے عرض کر دیا۔ اب آپ اپنی علمیت اور قابلیت سے جو نکتہ چاہیں نکال سکتے ہیں اور مجھ سے جاہل کی کیا بساط کہ بحث میں آپ سے پیش چل سکے۔“

چچا خوش ہو گئے۔ مولوی صاحب کے خلاف جو جذبہ اندر ہی اندر کام کر رہا تھا ٹھنڈا پڑ گیا۔ ایسے انداز میں ہنس پڑے گویا دانستہ محض تفریح کی غرض سے منطق کے شعبدے دکھا رہے تھے۔ مسکرا کر بولے، ”معلوم ہوتا ہے آپ کو بھی منطق سے دلچسپی ہے ...لے آیا بے حقہ؟ رکھ دے اِدھر۔ اچھا اُدھر ہی رکھ دے۔ لیجیے مولوی صاحب۔ نہ نہ، لیجیے نا۔ ذرا تمبا کو ملاحظہ فرمایئے گا۔ براہ راست مراد آباد سے منگواتا ہوں۔ ورنہ یہاں کا تمبا کو تو آپ جانیے نرا گوبر ہوتا ہے۔ مراد آباد میں اپنے ایک عزیز ہیں، کلکٹری میں پیشکار ہیں مگر صاحب ان کے رسوخ کا کیا کہنا۔ تو وہ کبھی کبھار یاد کر لیتے ہیں۔“

مولوی صاحب نے حقے کے کش لگانے شروع کیے۔ خاں صاحب نے دیکھا کہ چچا تو مولوی صاحب پر ریشہ خطمی ہوئے جا رہے ہیں۔ غصّے سے لال پیلے ہو گئے۔ بولے، "جس بات کے لیے آپ نے ہمیں بلایا تھا۔ وہ تو..."

چچا نے بات کاٹ کر کہا، "جی ہاں دیکھیے مَیں عرض کرتا ہوں۔ تو جنابِ من! باقی رہا اس جھگڑے کا قصہ۔ تو خاں صاحب میری ذاتی رائے پوچھیے تو تالی ایک ہاتھ سے نہیں بجا کرتی۔ دنیا میں آج تک جتنے بھی جھگڑے ہوئے ہمیشہ ان کا تعلق فریقین سے رہا ہے۔"

خاں صاحب نے بے اختیار پوچھا، "اس جھگڑے میں بھلا میرا کیا قصور تھا؟"

چچا نے جواب دیا، "ارے بھئی کچھ نہ کچھ ہوتا ہی ہے نا۔ تمھارا نہ سہی، تمھارے گھر والوں کا سہی۔ مثلاً اب بھلا انھیں اُس وقت صحن میں بیٹھنے کی کیا ضرورت تھی۔ کوئی وہاں باغ تو لگا ہوا نہیں۔ آپ کہیں گے کہ وہ آپ کے گھر کا صحن تھا۔ ذرا دیر کو مان لیا کہ تھا مگر پھر اوپر کھڑکی کی طرف دیکھنا کیا ضرورت تھا؟ ویسے میرا کوئی بُرا مقصد نہیں۔ تاہم دیکھیے نا، کہ بات کو بڑھایا جائے تو کچھ کی کچھ ہو جاتی ہے۔ مطلب میرا یہ ہے کہ ایسے معاملوں میں تو جتنا چھانو اتنی ہی کرکل نکلتی ہے۔"

میر صاحب اس کاروائی سے تنگ آ چکے تھے۔ بولے، "اجی اب قصور ایک کا تھا یا دونوں کا، اس بحث سے آخر کیا حاصل۔ آپ اس قصے کو اب کسی ایسی طرح چکائیے کہ آئندہ کے لیے ان دونوں صاحبوں کا اطمینان ہو جائے۔ میں نے تو یہ تجویز کیا تھا کہ آئندہ کے اطمینان کی غرض سے مولوی صاحب کی کھڑکی میں خاں صاحب اپنا تالا ڈال دیں۔"

چچا چھکن نے کنکھیوں سے میر صاحب کی طرف دیکھ کر پوچھا، "کیا مراد؟"

میر صاحب نے کہا، "مراد یہ کہ مولوی صاحب کے مکان کی وہ کھڑکی مقفل رہے اور اس کی چابی اطمینان کی غرض سے خاں صاحب اپنے پاس رکھیں۔"

تجویز چچا کو معقول معلوم ہوئی لیکن چونکہ میر صاحب کی طرف سے پیش ہوئی تھی اس لیے قبول کرنے کو دل نہ چاہا۔ بولے، "نہیں نہیں نہیں... یہ تو کچھ... اوں ہوں... کچھ نہیں۔ کچھ نہیں۔ اس طرح تو... یعنی خواہ مخواہ خاں صاحب اپنا ایک تالا بے کار کر ڈالیں؟

اور اپنے گھر میں کسی دوسرے کا ایسا دخل کسی غیرت مند کو کب گوارا ہوسکتا ہے؟ یہ تالا والا کچھ نہیں۔ کوئی اور تجویز ہونی چاہیے۔ کوئی معقول تجویز جو طرفین کے لیے فائدہ مند بھی ہو اور اطمینان کا باعث بھی ہو۔ کیوں صاحب، اگر کھڑکی چنوا دی جائے تو کیسا ہے؟"

خاں صاحب بولے،"اوّل تو مالک مکان اب یہاں ہے نہیں اور اگر اسے لکھا بھی جائے تو وہ اسے منظور نہ کرے گا۔ میں نے ایک مرتبہ کی تھی یہ تجویز پیش۔ وہ کہنے لگے کہ اس کھڑکی کے بند ہونے سے کمرہ تاریک ہو جائے گا۔"

چچا نے کہا،"یہ دوسری بات ہے۔ ورنہ تجویز خوب تھی۔ اپنا ہمیشہ کے لیے یہ قصہ ختم ہو جاتا۔ مثلاً آپ دونوں کے چلے جانے کے بعد کوئی دو اور کرائے دار آ کر آباد ہوتے تو ان میں بھی کسی قسم کی بدمزگی کا امکان نہ رہتا۔ آیا نا خیال شریف میں؟ مگر یہ کمرے میں اندھیرا ہو جانے کا سوال بے شک ٹیڑھا ہے۔ خیر نہ سہی یوں۔ کسی اور ترکیب سے کام لے لیجیے۔ ترکیبیں بہت،   بے حد و شمار۔ مجھے تو صرف آپ لوگوں کی سہولت کا خیال ہے ورنہ میں تو تجویزوں کا انبار لگا دوں۔ پریشاں کر دوں آپ کو۔ بڑے بڑے قصے چکائے ہیں۔ اس ایک کھڑکی کی بے چاری کی کیا حقیقت ہے۔ تو یوں کیوں نہ کیجیے، مثلاً آپ دونوں میں سے ایک صاحب مکان خالی کر دیں اور کسی دوسری جگہ جا رہیں۔ کیوں صاحب کیا رائے ہے؟"

خاں صاحب اور مولوی صاحب پہلے کچھ منہ ہی منہ میں بولے۔ پھر خاں صاحب نے کہا،"صاحب میں تو مکان چھوڑ نہیں سکتا۔ کہاں نیا مکان تلاش کرتا پھروں۔"

مولوی صاحب نے بھی معذوری ظاہر کی،"حضرت میرے لیے تو یہ فی الحال ناممکن ہے۔ اتنے کرائے میں اس قدر گنجائش بھلا اور کہاں ملے گی؟"

چچا کی بے حد و شمار تجویزوں کا ذخیرہ اس پہلی ہی تجویز کے بعد ختم ہو چکا تھا۔"اب یوں آپ ہر تجویز میں مین میکھ نکالنے لگے تو جھگڑا ہو چکا آپ کا۔ یعنی مکان بدلنے میں آخر قباحت ہی کیا ہے؟ سیدھی سی بات ہے کہ بھی نہیں نبھتی، الگ ہو جاؤ۔ نہ رہے بانس نہ بجے بنسری۔ کیا آپ کے خیال میں اس مکان کے سوا شہر بھر میں اور معقول مکان

نہیں؟ یا اور مکان بال بچے دار لوگوں کے رہنے کے لیے نہیں بنوائے گئے؟ انکار کی کوئی وجہ بھی تو ہونی چاہیے۔ اس سے تو ظاہر ہوتا ہے کہ آپ لوگ صلح صفائی پر آمادہ نہیں اور چاہتے ہیں کہ روز اسی قسم کے قصے کھڑے ہوا کریں۔ ایسی حالت میں میرا کوئی تجویز پیش کرنا دشوار ہے۔ آپ خود آپس میں نمٹ لیجیے۔"

میر صاحب بے چارے پریشانی کے عالم میں یہ باتیں سن رہے تھے اور کرسی پر بار بار پہلو بدلتے تھے۔ آخر نہ رہا گیا۔ ہمت کر کے بولے، "میں نے تو عرض کیا نا کہ دونوں کے لیے بہترین ترکیب وہی ہے کہ کھڑکی میں تالا لگا رہے اور اس کی چابی...''

چچا جل گئے، "اجی آپ کیا ایک واہیات سی بات کو چمٹ گئے ہیں اور بار بار پیش کیے جا رہے ہیں ... چابی تالا، چابی تالا۔ یعنی آپ نے تو ایسا کچھ سمجھ رکھا ہے جیسے ایک تالے کی دوسری کنجی بنوائی ہی نہیں جا سکتی۔"

میر صاحب نے بھی جل کر جواب دیا، "پھر یوں تو دیوار کی اینٹیں بھی نکال کر جھانکا جا سکتا ہے۔"

بات چچا کی سمجھ میں نہ آئی۔ بولے، "تب ہی تو کہا تھا کہ ایک صاحب نقلِ مکان کر لیں۔ نہ مانیں تو اس کا کیا علاج۔ اچھی بات ہے۔ وہ ان کی عورتوں کو دیکھا کریں، یہ ان کی عورتوں کوتا کا کریں۔"

خاں صاحب تاؤ کھا گئے۔ بگڑ کر بولے، "دیکھیے صاحب، منہ سنبھال کر بات کیجیے۔ عورتوں کا نام یوں ہی نہیں لیا جاتا۔ یہ ناموس کا معاملہ ہے۔ ہم غریب سہی مگر نکٹے نہیں۔

چچا کچھ کسمسائے، میر صاحب گھبرائے۔ مولوی صاحب اٹھ کھڑے ہوئے۔ بولے، "تو صاحب میں اب اجازت چاہتا ہوں۔ گھر پر بال بچے پریشان ہو رہے ہوں گے۔ جب کوئی بات طے ہو چکے تو مجھے اطلاع دے دیجیے گا۔"

خاں صاحب نے اٹھ کر اُن کا ہاتھ پکڑ لیا، "تمھارے بال بچے ہیں، ہمارے بال بچے نہیں؟ پہلے فیصلہ ہو جائے، پھر جانے دوں گا۔"

مولوی صاحب نے ہاتھ چھڑانا چاہا مگر خاں صاحب کی گرفت مضبوط تھی۔ بولے،

”تو اپنا تالا لاؤ اور کھڑکی میں ڈال لو۔“

خاں صاحب بولے،”تالا تم دو۔ چابی میرے پاس رہے گی۔“

چچا کو تو یہ تجویز شروع ہی سے نامرغوب تھی۔ بولے،”تالا یہ کیوں دیں۔ بے پردگی تمھاری عورتوں کی ہوتی ہے یا ان کی؟“

چچا کی تائید سے مولوی صاحب کو بھی حوصلہ ہوا۔ بولے،”دیکھیے تو سہی۔“

خاں صاحب کو آگ لگ گئی۔ بڑھ کر مولوی صاحب کی گردن پر ہاتھ ڈالا۔ مولوی صاحب کے گلے سے ایک اس قسم کی آواز نکلی جیسے ذبح ہوتے ہوئے بکرے کے گلے سے نکلتی ہے۔

میر صاحب”ہائیں ہائیں“کرتے لپک کر اُٹھے۔

چچا بولے،”یہ ہاتھا پائی ٹھیک نہیں۔“

خاں صاحب نے میر صاحب کو دھکیلا تو وہ لڑکھڑاتے ہوئے دیوار سے جا لگے۔ چچا نے ہاتھ پکڑنا چاہا تو ایک زناٹے کا تھپڑ اُنھیں بھی رسید کیا۔

میر صاحب تو چپکے کھڑے رو گئے۔ چچا دو قدم پیچھے ہٹ کر بولے۔”ہائی یو!“لیکن خاں صاحب کس کی سنتے ہیں۔ مولوی صاحب کو گردن سے پکڑ کر دھکیلتے ہوئے باہر نکل گئے۔

میر صاحب آوازیں سنتے ہی پھر باہر کو لپکے۔

چچا چپ چاپ جہاں تھے، وہیں کے وہیں کھڑے گال سہلاتے رہے۔

کھڑے ہی تھے کہ پردہ اُٹھا۔ چچی اندر آ گئیں۔ غصّے کے مارے چہرہ تمتما رہا تھا۔ بولیں،”میں کہتی نہ تھی کہ پرائے قصّے میں دخل نہ دینا مگر میری بات اس کان سُن اُس کان اُڑا دی۔ اب آیا ہوگا جھگڑا چکانے کا مزہ، دوکوڑی کا شخص بے آبرو کر گیا۔“

چچا اس کے لیے تیار نہ تھے۔ بے قابو ہو گئے،”دیکھو اس وقت مجھ سے بات نہ کرو ورنہ خدا جانے میں کیا کر بیٹھوں گا۔“

چچی جل کر بولیں،”اب اور کیا کرو گے۔ گھر کی عزّت خاک میں ملا دی۔ محلے میں

کسی کو منہ دکھانے کے قابل نہیں چھوڑا۔ ابھی کچھ اور کرنے کے ارمان باقی ہیں؟"

چچا سے جواب بن نہ پڑا، "عزّت تھی تو ہماری تھی، تمھاری نہ تھی۔ تمھیں کیا!"

چچی بولیں، "یہ عمر ہونے کو آئی، بچوں کے باپ بن گئے اور بے عزت ہوتے شرم نہیں آتی۔"

اس کے جواب میں چچا نے گھر اور بچوں کے متعلق بعض اس قسم کے نامناسب الفاظ دہنِ مبارک سے نکالے جنھیں بیان کرنے سے میں قاصر ہوں۔

غرض یہ کہ محلّے کے جھگڑے کی آواز گھر میں آ رہی تھی اور گھر کے جھگڑے کی آواز محلّے میں پہنچ رہی تھی۔ ما بخیر، شما بسلامت۔

چچا چھکّن نے رڈّی نکالی

پچھلے جمعہ کا ذکر ہے۔ تیسرے پہر بچوں کا اُستاد انھیں پڑھانے کے لیے آیا تو اس نے موڈے کے ہاتھ اندر چچی کو کہلا کر بھیجا کہ مردانے میں بچوں کے پڑھنے کے لیے کسی کمرے کا انتظام کر دیجیے۔ وہاں ان کے لکھنے پڑھنے کا سامان بھی ٹھکانے سے رکھا رہے گا اور وہ توجہ سے اپنا کام بھی کر سکیں گے۔ آج کل آدھا آدھا گھنٹا تو کتابیں کاپیاں تلاش کرنے میں صرف ہو جاتا ہے۔ پھر ڈیوڑھی میں بیٹھ کر پڑھاتا ہوں تو بچوں کا دھیان گلی میں رہتا ہے۔ پڑھائی خاک نہیں ہوتی۔

چچی دالان میں بیٹھی بنو کی اوڑھنی میں بجکا ٹانک رہی تھیں۔ چچا چھکّن چارپائی کے کھٹمل مارنے کی غرض سے صحن میں کھڑے پایوں کی چولوں میں اُبلتا پانی ڈلوا رہے تھے۔ اور غالباً اس اندیشے سے کہ کہیں اس کارنامے کی داد اُن کے نکتہ آفریں دماغ کی بجائے بندو کی خدمت گزاری کے کھاتے میں نہ چلی جائے، چچی کو بار بار توجہ بھی دلاتے جاتے تھے کہ یہ بڑا نایاب اور مجرب نسخہ ہے۔ اور جب کبھی آزمایا تیر بہدف پایا۔ پھر لطف یہ کہ بغیر ادویات کے نسخہ، یعنی صرف پانی، سادہ پانی۔ اتنی بات البتہ کہ کھولتا ہوا۔ گویا تل اوٹ پہاڑ کہنا چاہیے۔

اس عالمانہ اِدعا کا جو جواب چچی کی زبان تک آتا، اس میں انھیں تنگ دلی جھلکتی نظر آتی تھی۔ چنانچہ دل ہی دل میں کبھّی ہوئی بیٹھی تھیں۔ بندو نے آ کر اُستاد کا پیغام سنایا تو بھڑک اُٹھیں، ”میرے پاس کوئی کمرہ نہیں۔ جن کا گھر ہے، جنھوں نے خالی کمروں میں قفل ڈال رکھے ہیں، ان سے کہیں۔“

چچا نے پیغام تو سنا نہ تھا، جواب سن کر چونکے۔ "کیا بات ہے؟ کیا بات ہے؟" بندو لوٹا لیے پانی چول میں ڈال رہا تھا۔ اس کا ہاتھ پکڑ لوٹے کی ٹونٹی اوپر کر دی کہ کہیں عدم توجہی کے دوران میں کھٹل حرام موت نہ مرتے رہیں۔

مودے نے استاد کا پیغام دُہرا دیا۔ سن کر بولے، "لاحول ولا قوۃ الا باللہ۔ اتنی سی بات تھی جسے افسانہ کر دیا۔ ارے بھئی، یہی چاہتی ہونا کہ باہر کا کاغذات والا کمرہ خالی کر دیا جائے؟ تو سیدھے سبھاؤ یہ بات کہہ دیتیں۔ اس میں بھلا بگڑنے کا کون سا موقع ہے۔ آج ہی لو، ابھی لو، خالی ہوا جاتا ہے کمرہ۔"

چچی کو بھی اپنا بگڑنا بے محل نظر آنے لگا۔ مصالحانہ انداز میں بولیں، "کمرہ خالی کرنے کو کون کہتا ہے۔ پچھلے اتوار ہی نے صفائی کرا کے اس میں فرش بچھوایا ہے۔ کاغذات الماریوں میں رکھے ہیں۔ انھیں بھی میں نے جھاڑ پونچھ کر اوپر اوپر سے ٹھیک کر دیا تھا۔ اگر کمرہ کھول کر قفل الماریوں میں ڈال دیے جائیں۔ تو کمرہ بخوبی کام میں آ سکتا ہے۔"

ادھورے کام آپ جانیے۔ چچا کے سلیقے تو ہمیشہ سے ناگوار ہیں۔ بولے، "اور اگر اسی بہانے الماری میں سے ردّی کا غذ نکل جائیں اور جو چیدہ چیدہ ضروری کاغذات بچیں، انھیں سنبھال کر سلیقے سے رکھ دیا جائے تو کچھ مضائقہ ہے؟"

چچی کا خیال نتائج کی طرف جانے کا عادی ہو چکا ہے۔ یہ قصد سن سراسیمہ سی ہو گئیں۔ دبی زبان سے بولیں، "بچوں کو پڑھنے کے لیے جگہ ہی کتنی چاہیے ہے؟ ایک میز اور دو کرسیوں کے لیے کمرے کا ایک کونا بھی مل جائے تو بہت ہے۔"

جواب میں چچا کو اپنی نفاستِ طبع کے اظہار کا موقع نظر آیا۔ "جگہ تو یوں غسل خانے میں موجود ہے۔ وہاں پڑھنے کو کیوں نہیں کہہ دیتیں؟ بس یہ بات ہے ہندوستانیوں کی جس کی وجہ سے ان کا گھر انگریزوں کی کوٹھیوں سے مختلف معلوم ہونے لگتا ہے۔ ہم لوگوں میں صفائی اور سلیقہ نہیں۔ ہم چاہتے ہیں کہ لشتم پشتم بس گزر ہو جائے۔"

تنگ آ کر چچی کو کھلے لفظوں میں انجام کی طرف توجہ دلانی پڑی، "اور اگر کاغذ

سارے کمرے میں پھیل گئے اور بیٹھنے کو بھی جگہ نہ رہی تو؟"

یہ بات چچا کی سمجھ میں نہ آئی۔"کاغذ پھیل گئے، یہ کیا بات ہوئی؟ ردّی نکلنے سے کاغذ پھیلیں گے یا سکڑیں گے؟"

اب اس کا جواب چچی کیا دیں۔ کچھ کر موڈے سے مخاطب ہوگئیں۔"جا کر کہہ دے کوئی کمرہ خالی نہیں۔"

چچا حیرت کے عالم میں تھے۔"ارے بھئ، کیوں خالی نہیں۔ یعنی بات کیا ہے؟ ... جواب نہیں دیتیں؟ میں کہتا ہوں کہ شام تک کمرہ خالی ہو جائے گا۔ آج استاد نے کہا ہے، کل شوق سے کمرے میں بیٹھ کر پڑھائے اور پھر میں تمہیں کوئی کام کرنے کو تھوڑا ہی کہتا ہوں۔ تم تو بس اتنا کرو کہ میرے پاس کسی کو آنے نہ دو۔ میں کاغذات دیکھ رہا ہوں اور کوئی میرے پاس آئے تو میرا دم اُلجھنے لگتا ہے۔"

چچی نے جل کر کہا،"تم جانو، تمھارا کام،" اٹھنے کے لیے اپنی سلائی کی چیزیں سنبھالنے لگیں۔ چچا نے بقیہ کھٹملوں کی جاں بخشی کا حکم صادر فرمایا۔ کنجیوں کا گچھا سنبھال کمرے کو روانہ ہو گئے۔

کمرہ کھول ناک کی سیدھ الماریوں کا رُخ کیا۔ کواڑ کھولے تو کیا دیکھتے ہیں کہ اوپر سے نیچے تک تمام خانے بے ترتیب کاغذوں سے ٹھسا ٹھس بھرے ہوئے ہیں۔ عرصے سے الماریاں کھول کر نہ دیکھی تھیں۔ کاغذوں کی تعداد اور حالت ذہن سے اُتر گئی تھی۔ اب جو اِن پر نظر ڈالی تو دل رُک گیا۔ کبھی خانوں کو دیکھتے، کبھی منہ ٹیڑھا کر کے ڈاڑھی کھجانے لگتے۔ کاغذوں سے گتھ جانے کا حوصلہ نہ پڑتا تھا۔ چچی نے جو صلاح دی تھی کہ کمرہ کھول کر قفل الماریوں میں ڈال دیے جائیں، اب بڑی بامعنی معلوم ہو رہی تھی مگر آپ جانیے، چچا بات کے پورے واقع ہوئے ہیں۔ چچی سے سوال و جواب ہو چکنے کے بعد بھلا یہ کہاں ممکن تھا کہ اب ان کے کہے پر عمل کر کے اپنے وقار کو کٹھیس پہنچانا گوارا کر لیس۔ خانوں پر نظر ڈال کر دل کو حوصلہ دلانے کی کوشش فرمائی۔"تو گویا ردّی کاغذات نکالنے ہیں الماریوں سے ... سمجھے صاحب ... ردّی کاغذات ... بلکہ یوں کہیے کہ کام کے کاغذات الگ کر کے رکھ

دینے ہیں ...ہوں گے ہی کتنے ۔معمولی بات ہے ۔تم بسم اللہ کرو،   بے یار۔"

لیجیے صاحب، چچا میاں پل پڑے ۔کاغذات کے ڈھیر الماریوں میں سے نکالنے اور فرش پر چننے شروع کر دیے ۔دو الماریوں کی بساط ہی کیا ہوتی ہے ۔ذرا سی دیر میں خالی ہو گئیں ۔لیکن کاغذوں کے ڈھیروں سے کمرہ سارا بھر گیا ۔کمرے کی یہ کیفیت دیکھ کر چچا کے دماغ میں ایک نئی کھڑکی کھلی ۔بڑی عقیدت اور داد کی نظروں سے الماری کے خانوں کو تکنے لگے ۔پہلی بار یہ حقیقت منکشف ہو رہی تھی کہ اللہ میاں نے الماری بھی کیا نعمت بنائی ہے ۔جو بے شمار چیزوں کو محض اس وجہ سے اپنے اندر رکھ پالیتی ہے کہ وہ اس میں اوپر نیچے رکھی جاتی ہیں ۔

کاغذات کے اس دسترخوان پر پا انداز کے قریب چچا آلتی پالتی مار بیٹھ گئے ۔جو ڈھیر سامنے تھا اس کے کاغذات ملاحظہ فرمانے شروع کر دیے ۔طرح طرح کے کاغذات تھے؛ خطوط، بل، نسخے، نامکمل غزلیں، مسودے، دعوتی رقعے، اخباروں کی کترنیں، انگریزی اخباروں کی تصاویر کے ورق، دکانداروں کے اشتہار، منی آرڈروں کی رسیدیں، عید کارڈ، حساب کے پُرزے اور اللہ جانے کیا کیا ۔ایک ہاتھ کام کے کاغذوں کی جگہ مقرر کر لی ۔دوسرے ہاتھ ردّی کاغذوں کی ۔دل ٹھکانے لگا ۔ڈھیر کی تقسیم شروع کر دی ۔ایک ایک کاغذ کو اٹھا کر غور سے دیکھتے ۔کسی کو اِس ہاتھ رکھ لیتے ۔کسی کو اُس ہاتھ ۔بعض کاغذات کے لیے دونوں ڈھیر اپنے اپنے حق پر کھینچا تانی کرتے ۔چچا کا ہاتھ بے بسی کے عالم میں کبھی ایک ڈھیر کی طرف بڑھتا، کبھی دوسرے کی طرف ۔بعض کاغذ اپنی باری ختم ہونے کے بہت دیر بعد اپنا حق ثابت کرنے میں کامیاب ہوتے ۔ایک ڈھیر میں دب چکنے کے بعد نکل کر دوسرے ڈھیر میں پہنچتے ۔غرض یہ کہ بڑے انہماک کے ساتھ یہ کام شروع ہو گیا تھا ۔رات تک ردّی الگ کرنی تھی ۔اگلے دن کمرہ بچوں کے استعمال کو دے دینے کا وعدہ تھا ۔کام بھی لمبا چوڑا تھا ۔پھر بے اختیاری میں جو باتیں چچی سے کہہ بیٹھے تھے، ان کی لچ بھی تھی ۔بڑی سرگرمی سے بانٹ کے دھندے میں جُتے ہوئے تھے اور بڑی پھرتی سے ہر کاغذ سے نبٹتے چلے جا رہے تھے ۔

آدھ گھنٹے تک تو یہ عمل چپ چاپ تے بڑی تن دہی سے جاری رہا۔ کاغذوں کے کئی ڈھیر دو دو حصّوں میں تقسیم ہوتے چلے گئے لیکن اس کے بعد جب اس نے ایک بار سر اٹھا کر ردّی اور کام کے کاغذوں کا جائزہ لیا۔ تو خیال آیا کہ ردّی توقع سے بہت زیادہ بڑھتی چلی جاتی ہے۔ ردّی کو غور کی نظروں سے دیکھنے لگے۔ گویا اس سے پوچھ رہے تھے کہ تو اتنی زیادہ کیوں نکل آئی۔ اور ہم نے تجھے اتنی زیادہ مقدار میں آخر رکھا کیوں تھا؟ اندیشہ پیدا ہوا کہ صفائی کے جوش میں کہیں کارآمد کاغذت تو اس ڈھیر کی نذر نہیں ہوتے جا رہے۔ اوپر ہی کسی دکان کا گھی کا اشتہار پڑا تھا۔ اسے دیکھتے دیکھتے خیال آیا کہ پچھلے دنوں چھمّن خاں کہہ رہے تھے کہ دیہات سے گھی منگانے کا بندوبست کر کے شہر میں خالص گھی کی دکان کھولنا چاہتے ہیں۔ بالفرض انھوں نے دکان کھول لی تو اس کے متعلق اشتہار بھی ضرور تقسیم کریں گے اور اشتہار لکھوانے کے لیے ہمارے سوا آخر کس کے پاس جائیں گے۔ ایسی حالت میں ہم معنی مضمون کا ایک اشتہار پیشِ نظر ہونا بڑا نتیجہ خیز ہو سکتا ہے۔

یہ خیال آتے ہی اس اشتہار کو اٹھا کر کام کے کاغذت میں رکھ لیا اور مناسب معلوم ہوا کہ ردّی کا کاغذت پر خوب سوچ سمجھ کر ایک نظرِ غور کی پھر ڈال لی جائے۔ اب جو ان کاغذت کو غور سے ملاحظہ فرمایا تو معلوم ہوا کہ صفائی کی رو میں بڑی بڑی نایاب چیزیں ردّی کرتے چلے گئے ہیں۔ منّے خاں درزی کا بِل ردّی کر ڈالنا آخر کیا معنی؟ کچھ نہیں تو چار دن کی بحث کے بعد اس سے بنڈی کی سلائی طے ہوئی تھی۔ کل نئی بنڈی سلوانے پر اگر وہ اسی قسم کی بحث پھر کھڑی کر دے تو؟ سند کے طور پر بل اپنے پاس ہو تو کس قدر وقت مفید کاموں کے لیے بچایا جا سکتا ہے۔ مسیتا کا حساب کر کے اس سے بے باقی کی جو رسید لی تھی، بوقت ضرورت وہ بھی بڑی کارآمد ثابت ہو سکتی ہے۔ ان گھوسیوں کا بھلا کیا اعتبار۔ اگر کل کو کہے کہ میرا حساب تو گئے برس سے چلا آ رہا ہے تو صاحبِ من، رسید کے بغیر بھلا کیونکر ثابت ہو جائے گا کہ سسرا جھوٹ بکتا ہے۔ آئے ہوئے عید کارڈ اپنے اشعار کی وجہ سے بہت ہی نفع بخش ثابت ہو سکتے ہیں۔ مثلاً اگر عید کے موقع پر یہی اشعار سادہ کاغذ پر نقل کر کے بھیج دیے جائیں تو مزاج کی سادگی بھی ظاہر ہوا اور کفایت بھی رہے۔ ہم خرما و ہم

ثواب ۔ اخبار کی کترنیں شوق سے کاٹ کر رکھی تھیں تو ان میں قطعاً کوئی قول قابلِ قدر اور قابلِ عمل نظر آیا ہوگا ۔ تصاویر کے مصرف تو اظہر من الشّمس ہیں ۔ بچوں کا دل بہلایا جا سکتا ہے ، چوکھٹوں میں لگوائی جا سکتی ہیں ، تحفہ کے طور پر دی جا سکتی ہیں ۔ اور پرانے اخبار بھی اگر غور کیا جائے تو بڑے کام کی چیز ہیں ۔ مثلاً صندوقوں اور الماریوں میں بچھائے جا سکتے ہیں اور برسات کے دنوں میں ان سے بچوں کے لیے ناؤ بنانے کا کام لیا جا سکتا ہے ۔ یعنی بچوں کا ایک ذرا سا شوق پورا کرنے کے لیے اس کے سوا چارہ نہیں ہوتا کہ ایک تازہ اخبار اُٹھا کر ضائع کر دیا جائے ۔ غرض یہ کہ پہلے آدھ گھنٹے میں جس قدر کاغذ ردّی قرار پائے تھے ، اگلے آدھ گھنٹے میں تقریباً سب کے سب کسی نہ کسی وجہ پر کارآمد قرار پا گئے ۔ ایک گھنٹے کی محنت کے نتائج پر غور کیا تو چچا کو اپنے مزاج میں ایک قسم کی تبدیلی محسوس ہونے لگی ۔ یعنی ان کی طبیعت ان کے عزم سے عدم تعاون کرنے پر آمادہ معلوم ہوتی تھی ۔ جسم بھی سرکشی پر تُل چکا تھا ۔ جمائیاں اور انگڑائیاں چلی آ رہی تھیں ۔ کمر پر ہاتھ رکھ کر اسے سیدھا کرنے کی ضرورت پڑ رہی تھی ۔ آنکھیں کاغذات کو محض دیکھ رہی تھیں کہ افراتفری میں پڑے ہوئے ہیں ۔ دل صرف اتنا کہہ رہا تھا کہ اگر یہ منتخب ہو ہوا کر مرتب ہو جاتے تو بہت ہی خوب ہوتا ۔ لیکن ان سے نپٹنے کی امنگ انتقال کر چکی تھی ۔ تمام امور پر غور کر کے مناسب معلوم ہو رہا تھا کہ ذرا دیر کو تعطیل تو بہرحال منائی جائے ۔ بندو کو آواز دی کہ پان لائے ، مودے کو حقہ تازہ کر کے لانے کے لیے کہا ۔ خود فرش پر دراز ہو گئے ۔ دل تفریح کا متلاشی تھا ۔ کاغذوں میں اوپر ہی ایک میم کی تصویر رکھی ہوئی تھی ۔ اس کا حسن کبھی چچا کو بھایا ہوگا اس لیے اخبار میں سے پھاڑ کر رکھ لی تھی ۔ ٹانگ پر ٹانگ رکھ کر اس کو ملاحظہ فرمانے لگے ۔ بندو پان لایا تو تصویر کی طرف اشارہ کر کے اس سے پوچھا ، ” کیوں بے ۔ اس سے کرے گا شادی؟ “

بندو نے تصویر لے لی ۔ اسے دیکھ کر ہنسنے لگا ۔ بولا ، ” یہ تو میم ہے “ نظریں کہہ رہی تھیں کہ تصویر دیکھ کر محظوظ ہوا ہے ۔ اتنے میں مودے نے اسے آواز دی کہ بیوی جی بلا رہی ہیں ۔ بندو تصویر ہاتھ میں لیے لیے چل پڑا ۔ چچا نے فوراً ٹوک کر تصویر رکھوالی ۔ اس کے

جانے کے بعد خود اسے غور سے دیکھنے لگے۔ پھر کام کے کاغذات میں رکھ لی۔

دفعتاً خیال آیا کہ جب پہلا ڈھیر تقسیم کرنے بیٹھے تھے تو شروع شروع ہی میں اپنی کبھی کی کہی ہوئی ایک نامکمل غزل نظر سے گزری تھی۔ ذرا دیر اس سے لطف اندوز ہونا نامناسب نہ ہوگا۔ ڈھیر کو الٹ کر سامنے رکھا۔ اس کے بہت سے کاغذ بکھیر کر غزل ڈھونڈ نکالی۔ ایک مجذوبانہ تبسّم سے اس کا مطالعہ کرنے لگے۔ مودہ حقہ لے کر آ رہا تھا۔ اس کے قدموں کی آہٹ معلوم ہوئی تو مطالعہ بلند آواز سے شروع کر دیا۔

خاک پر ہے تنِ بے جاں میرا

دھیان رکھنا سگِ جاناں میرا

قصدِ صحرا جو کبھی کرتا ہوں

پاؤں پڑتا ہے گریباں میرا

واقعہ یہ تھا کہ مودہ اپنے تنہائی کے اوقات میں کئی مرتبہ بعض غزلوں کے اشعار گنگناتا ہوا سنا گیا تھا۔ چچا کو خیال آیا کہ اگر اس کے حافظے کی بیاض کے لیے بعض زیادہ خوشگوار اور فن کے اعتبار سے پختہ اشعار بہم پہنچا دیے جائیں تو اپنے اور اس کے دونوں کے لیے بوجوہ باعثِ مسرّت ہوگا۔ لیکن بندو قدر شناس ثابت نہ ہوا۔ حقہ رکھتے ہی واپس چلا گیا۔ چچا ورِدِ اشعار کے دوران میں گردن موڑ موڑ کر باہر دیکھتے رہے کہ ممکن ہے لحاظ نے دو بدو ہو کر اشعار سننے کی اجازت نہ دی ہو لیکن تھوڑی دیر بعد جب اندر صحن میں سے اس کی آواز سنائی دی تو دل برداشتہ ہو کر بولے، ”جاہل ہے یا چھٹن کی اماں نے تاکید کر رکھی ہوگی کہ وہاں زیادہ دیر نہ ٹھہرنا۔“

اس کے بعد چچا حقہ کے کش لگاتے ہوئے فلسفہٴ حیات پر غور کرنے لگے۔ تھوڑی تھوڑی دیر بعد کاغذوں پر بھی ایک نظر ڈال لیتے تھے۔ تجربہ کر رہے تھے کہ جب کاغذات کو بکھیر کر حقہ پینا شروع کر دیا جائے تو ایسی حالت میں کاغذات کا طرزِ عمل کیا ہوتا ہے۔

اتفاق سے دور کے ایک ڈھیر کے اوپر چچی کے ہاتھ کا لکھا ہوا ایک لفافہ نظر پڑا۔ ہاتھ بڑھا کر اسے اٹھا لیا۔ کھول کر دیکھا تو چچا کے نام ان کا خط تھا۔ ۱۹۲۳ء میں دڈّو کو نمونیا

ہو گیا تھا۔ ان دنوں چچا کسی کام سے لکھنؤ گئے ہوئے تھے۔ چچی نے بڑی پریشانی کے عالم میں انھیں خط لکھ کر جلد واپس آنے کے لیے منّت سماجت کر رکھی تھی۔ چچا نے یہ خط پڑھا تو غالباً چچی کے عجز اور پریشانی کا اعتراف دیکھ کر مناسب معلوم ہوا کہ گھر میں اپنی اہمیت کا احساس تازہ کرنے کی غرض سے احتیاطاً اسے چچی کو سنا ڈالا جائے۔ چنانچہ اٹھ کھڑے ہوئے۔ جوتی پہنتے پہنتے اندر کا رُخ کیا۔ جا کر چچی سے کہا، ''چھٹن کی اماں! دیکھنا تمھارا ایک خط ملا ۱۹۲۳ء کا۔ وہ جب دِدّو کو نمونیا ہوا تھا اور میں لکھنؤ تھا۔ کل کی سی بات معلوم ہوتی ہے۔''

چچی ہنڈیا یا چولھے کی فکر میں مصروف تھیں۔ بولیں، ''دور کرو ایسے خط کو۔ میں نہیں دیکھتی۔''

چچا کا کام نہ بنا۔ بولے، ''ایسا بھی کیا وہم۔ مجھے تو اسے پڑھ کر خیال آیا کہ اللہ تعالیٰ نے اس وقت بڑا ہی فضل کیا۔ ورنہ اس بچے کے بچنے کی اُمید تھوڑا ہی رہی تھی۔ جب ہی تو تم نے گھبرا کر مجھے ایسا خط لکھا تھا کہ...''

چچی نے کچھ چڑ کر کہا، ''اب خاک بھی ڈالو اس نحس وقت کی یاد پر۔''

کوشش میں ناکام رہنے سے چچا جل گئے۔ احتیاط رخصت ہوگئی۔ ''اب خط سننا بھی گوارا نہیں اور اس وقت کیسے لکھ رہی تھیں، خدا کے لیے جلدی آؤ۔ اور ہاتھ جوڑوں، خط پڑھتے ہی روانہ ہو جاؤ۔''

چچی شاید اصل مطلب تاڑ گئی تھیں۔ ہلکے سے بولیں، ''بچے کی ضد جو تھی۔ بچوں کی ضدیں تو ایسی ہی ہوتی ہیں۔'' یہ کہہ کر اُٹھیں اور پرات لے باورچی خانے کی کوٹھری کو چل دیں۔

چچا نے کچھ کہنا چاہا لیکن اسٹیج خالی ہو چکا تھا۔ اُلٹے پاؤں روانہ ہو جانے کے سوا چارہ نظر نہ آیا۔

واپس آ کر کچھ دیر کاغذوں کے درمیان فرش کے ایک جزیرے پر کھڑے ہو گئے۔ دماغ خالی تھا۔ دل میں ایک ابتلا سا تھا۔ کبھی یک لخت یوں مڑتے گویا کسی کو پکاریں گے۔

پھر غالباً یہ سوچ کر رُک جاتے کہ چچی سے کہہ چکے ہیں، کسی کو آنے نہ دیں۔ ساتھ ہی یہ بھی سوچتے کہ کوئی آکر، کر بھی کیا لے گا۔ اُکتاہٹ کے عالم میں کُرتے کے اندر ہاتھ ڈال پیٹ کھجائے جا رہے تھے۔ یہ شغل کب تک جاری رہ سکتا تھا۔ آخر گھبرا گئے، کمرے سے نکل ڈیوڑھی میں چلے آئے۔ سٹرک پر آنے جانے والوں کا نظارہ کرنے لگے مگر کمرے کے متعلق دل میں جو پھانس تھی، وہ کیونکر نکل سکتی تھی۔ سمجھ میں نہ آتا تھا کہ یہ بکھیڑا جو پھیلا آئے ہیں، اسے اب کس طرح خاطر خواہ طریق پر لپیٹیں۔ پچھتاوا بھی تھا کہ تمہیں اس قصّے میں پڑنے کے لیے آخر کہا کس نے تھا۔ اُلجھن بھی تھی کہ چچی کے سامنے سرخرو کیونکر ہوں گے۔ آخر دل میں کچھ طے کر، سر ڈالے ہوئے اندر پہنچے۔ جا کر چچی سے کہنے لگے، "چھٹن کی اماں! وہ کل تم آنولے کا تیل منگانے کو کہہ رہی تھیں۔ کہو تو اس وقت جا کر لا دوں؟"

چچی نے چھوٹتے ہی پوچھا، "کمرے کا کام ختم کر لیا؟"

چچا کو سوال کا ایسا کھلا انداز ناگوار تو گزرا، تاہم بولے، "وہ تو ہو رہا ہے۔ مجھے خیال یہ آیا تھا کہ پھر تیل والے کی دکان نہ بند ہو جائے۔"

چچی نے کہا، "تیل کی کیا جلدی ہے۔ کل آ جائے گا۔ آج کمرہ ہی ختم کر لو تو بڑی بات ہے۔"

چچا کو اس جواب کے سوا چارہ نظر نہ آیا، "ہاں ہاں، وہ تو اِن شاء اللہ ختم ہوگا ہی۔"

چچی بھی ایک حضرت ہیں۔ بولیں، "رات کو مردانے میں جا کر دیکھوں گی۔"

چچا جھنجھلا کر باہر نکل آئے۔ کچھ دیر ڈیوڑھی میں پس و پیش کے عالم میں کھڑے سر کھجاتے رہے۔ پھر کھڑے کھڑے ایک مونڈھے پر بیٹھ گئے۔ فکرمند نظروں سے اِدھر دیکھتے تھے، کبھی اُدھر۔ کھسیانے سے ہو گئے تھے۔ آخر اُٹھ کھڑے ہوئے اور تیز تیز قدم اٹھاتے ہوئے کاغذات کے کمرے میں پہنچے۔ کھسیانے تو ہو ہی رہے تھے، جوش میں آکر آٹھ دس ٹھڈّے کاغذات کے ڈھیروں کو رسید کیے اور جب سب کاغذ خوب بکھر گئے تو انھیں اُٹھا اُٹھا کر یوں الماری میں ٹھنکنے لگے جس طرح مزدور گڑھے میں سے مٹی نکال

کر باہر پھینکتے ہیں۔

رات کو چچی مردانے میں آئیں تو دیکھا کہ کمرہ صاف ہے۔ الماریوں میں قفل پڑے ہیں۔ بولیں، ”اور الماریاں کھول کر اپنی کارگزاری بھی تو دِکھاؤ“

جواب میں چچا نے کنجیاں تلاش کرنی شروع کر دیں، پر نہ معلوم چچا کہاں کہاں رکھ کر بھول گئے تھے۔ اس دن سے آج تک یہ کیفیت ہے کہ دن میں تو چچا کی کنجیوں کا کچھ مال جاتا ہے لیکن رات کے وقت جب چچی مردانے میں آ سکتی ہیں۔ باوجود بے حد تلاش کے کبھی دستیاب نہیں ہوا۔

جس روز چچا چھکّن کی عینک کھوئی گئی تھی

جس روز چچا چھکّن کی عینک کھوئے جانے کا حادثہ ہوا اس روز منہ اندھیرے سے وہ بڑے تاؤ میں تھے۔ ایسی حالت میں اگر انھیں جھونجھل اُتارنے کا موقع مل جائے۔ جب تو فراغت پاتے ہی ان کا دل ہر قسم کی کدورت سے پاک اور آئینہ کی طرح صاف ہو جاتا ہے لیکن اگر کسی اتفاق یا مجبوری سے دل کی بھڑاس نہ نکال سکیں تب البتہ گھنٹوں انھیں کل نہیں پڑتی اور جوش کے ریلے بار بار آ کر ایسا بے دھیان کرتے رہتے ہیں کہ آپ میں نہیں رہتے۔ اس روز غسل کے بعد ایسی ہی بے دھیانی میں اپنی عینک کھو بیٹھے۔ اس کے کھوئے جانے کا حادثہ سنانے کے لیے صبح کے وہ واقعات معلوم ہونا ضروری ہیں جن کے باعث چچا اس قدر تپ گئے تھے۔

سچ پوچھیے تو اس روز چچا کی تنگ مزاجی کا کوئی قصور نہ تھا۔ تا بڑ تو ڑ باتیں ہی ایسی ہوئیں جن پر کسی شریف شخص کو غصہ آئے بغیر نہ رہ سکتا تھا۔ آپ خیال فرمائیے چلّے کا جاڑا ہو، صبح کے تین بجے کا وقت، باہر کہرا پڑ رہا ہو۔ گرم گرم لحاف میں میٹھی نیند خراٹے لے رہی ہو اور کوئی شخص نہایت بے احتیاطی سے دروازے کی کنڈی پیٹ پیٹ کر نیند حرام کر ڈالے اور رسید نہ دیے جانے پر بھی اپنے اس مذموم فعل سے باز آنے کی ضرورت نہ سمجھے تو خدا لگتی کہیے، غصّہ آنے کی بات ہے یا نہیں؟

قہرِ درویش بر جانِ درویش۔ لحاف میں سے باہر نکلنا پڑا۔ کنٹوپ پہنا، رضائی اوڑھی، کھلے میں سے گزر کر سوؤ کرتے دروازے پر پہنچے۔ کنڈی کھولی، دیکھتے ہیں تو خاں صاحب کا ملازم۔ کہا، "ابے پاجی تو اس وقت؟"

بولا، ”خاں صاحب کے پیٹ میں درد ہے۔ سینک کے لیے ربڑ کی تھیلی مانگی ہے۔“

خاں صاحب تھیلی لینے خود گئے ہوتے تو بالکل جدا بات تھی لیکن ایسے وقت کسی ملازم سے دوچار ہونا اور آداب و تکلّفات کو ملحوظ رکھنا...واقعہ یہ ہے کہ بڑی ٹیڑھی کھیر ہے۔ چچا نے تھیلی تو لا دی لیکن خاں صاحب کی صحت اور درد کی وقت شناسی پر ایک مختصر مگر پُرمغز تبصرہ کیے بغیر نہ رہ سکے۔

ملازم کم بخت کی حماقت دیکھیے کہ تھیلی کے ساتھ ساتھ آپس کی یہ باتیں بھی خاں صاحب کو جا پہنچائیں! چچا دوبارہ لیٹنے نہ پائے تھے کہ کنڈی پھر پٹنی شروع ہوگئی۔ بہت دیر تک انجان بنے رہنے پر بھی گولہ باری تمام نہ ہوئی تو اس کے سوا چارہ نظر نہ آیا کہ بعض نا گفتہ بہ الفاظ کہہ کر دل کا غبار نکالیں اور لحاف پھر اوپر سے اُلٹ ڈالیں۔

خون کے سے گھونٹ پیتے ہوئے کنڈی کھولی مگر زبان ابھی کھولنے نہ پائے تھے کہ ملازم نے ترت تھیلی ہاتھ میں تھما دی۔ بولا، ”خاں صاحب نے کہا ہے کہ اسے اپنے پاس انڈے دینے دیجیے۔ ہم بوتل سے کام چلا لیں گے اور اب کبھی ہم سے پالش کی شیشی منگا کر دیکھیے گا۔“

سردیوں میں اندھیرے منہ بستر سے باہر نکلوانا اور نوکر کے ہاتھ اخلاق سے ایسی گری ہوئی بات کہلوا کر بھیجنا۔ ایمان سے کہیے۔ بھلا شرافت ہے؟ مارے غصّے کے چچا کی نیند حرام ہوگئی۔ لیٹے تو مگر تمام وقت بڑبڑاتے ہوئے کروٹیں بدلتے رہے۔ ”جیسے ان کے باپ کی میراث میں مجھے ربڑ کی تھیلی ملی تھی...اور مزاج تو دیکھو کہ اپنے ہی پاس انڈے دینے دیجے...مرغی کا...دھمکی دیتا ہے کہ پالش منگا کر دیکھیے گا...جیسے شہر بھر میں یہی تو ایک موچی رہ گیا ہے۔“

کسی کروٹ نیند نہ آئی تو تنگ آ کر سونے کا ارادہ ترک کر دیا۔ اُجالا ہونے تک حقے سے غم غلط کرنے کی ٹھانی۔ نوکر چاکر سو رہے تھے۔ چلم لے خود باورچی خانے کا رُخ کیا۔ غصہ اسی طرح دل میں چٹکیاں لے رہا تھا۔ ”آخر گھر ہے۔ کوئی خیراتی ہسپتال تو نہیں کہ جس وقت جس کا جی چاہا، سوتوں کو بے آرام کیا اور ربڑ کی تھیلی طلب کر لی۔

چندے کی تھیلی ہے۔ جو یہ بدمزاج کہ اپنے ہی پاس انڈے دینے دیجے!"

باورچی خانے میں جا کر دیکھتے ہیں تو اتفاق سے چولھا ٹھنڈا! نہ جانے چچی رات کو جھونبل میں لکڑی دبانا بھول گئی تھیں یا دبی ہوئی لکڑی جل کر راکھ بن چکی تھی۔ چچا کا غصہ اور بھڑک اٹھا کے۔ گھر داری کرنے چلی ہیں! آگ تک کا انتظام ٹھیک رکھنے کی توفیق نہیں! اور پھر ہر وقت کی ضد کہ میں یہ کرتی ہوں، میں وہ کرتی ہوں، میں کام سے مری جاتی ہوں۔ حالت یہ ہے کہ گھر میں پالش تک منگا کر رکھنے کا ہوش نہیں۔ ضرورت ہو تو ہمسایوں کے ہاں سے پالش منگایا جاتا ہے اور اس کم ظرف کو دیکھو کہ پالش کیا دے دی گویا حاتم کی گور پر لات ماردی... جو برابر پالش لے لی تو بدلے میں ربڑ کی تھیلی انھیں بخش دو... کمینہ کہیں کا۔"

چچا بکتے جھکتے اٹھ کھڑے ہوئے۔ اندر چلے۔ صحن میں پہنچ کر خیال آیا کہ حقے کے بغیر صبح کرنا محال ہے۔ خود ہی آگ سلگانی چاہیے۔ واپس ہو گئے۔ دو قدم نہ چلنے پائے تھے کہ پھر لوٹنے کی ٹھان لی۔ پھونکیں مارنے کی زحمت کا خیال آ گیا تھا مگر دالان میں پہنچنے کے بعد طلب نے ایسا بے بس کر دیا کہ باورچی خانے میں پہنچے اور آگ سلگانے ہی کی ٹھہرائی۔ بڑبڑاتے ہوئے اِدھر اُدھر سے کاغذ، چھپٹیاں، رسّی کے ٹکڑے جمع کیے۔ ان پر کوئلے رکھ کر دیا سلائی دکھائی اور پھونکیں مار مار کر اور جلے دل کے چھپولے پھوڑ پھوڑ کر آدھ گھنٹے کی محنت سے کہیں کوئلے دہکائے لیکن اب آپ چلم بھرنے کے لیے تمباکو کے ڈبّے کو جو دیکھتے ہیں تو خالی! ڈبّا اٹھا کر زمین پر دے پٹخا! دیکھی اس کی حرکت! جی میں آتا ہے حرام خور کا قیمہ کر کے رکھ دوں۔ ہزار تاکید کرو ان نوکروں کے کان پر جوں نہیں رینگتی اور اُس بدمعاش کو دیکھو۔ صبح صبح پرائیویٹ بات جا کر خاں صاحب سے بیان کر ڈالی۔ کوئی اس پاجی سے پوچھے، میں نے خاں صاحب کے خیراتی ہسپتال میں داخل ہو جانے کی بات اس لیے کہی تھی کہ جا کر ان کے سامنے بیان کر دے؟ تجھے ربڑ کی تھیلی دی ہے تو چپ چاپ جا کر ان کے حوالے کر دے۔ تجھے دوسروں کے قصوں سے کیا سروکار؟ اور پھر ان نواب صاحب کا مزاج کہ فرماتے ہیں، تھیلی کو اپنے ہی پاس انڈے دینے دیجے!"

تھیلی کے انڈے یاد آ جانے سے غصّے کا ایک نیا ریلا آیا۔ جل کر اُٹھ کھڑے ہوئے۔ وہاں پہنچے جہاں بندو سو رہا تھا۔ سوتے ہوئے کے ایک ٹھڈا رسید کیا اور برس پڑے، ”حرام خور، بدمعاش! ہزار دفعہ نہیں کہا کہ ایک چلم کا تمبا کو باقی رہے تو اور تمبا کو فوراً لے آیا کر مگر لاتوں کے بھوت بھلا باتوں سے مانتے ہیں!

بندو ہائے وائے اور میاں جی میاں جی کرتا ہوا اُٹھ بیٹھا۔ چچی بھی جاگ گئیں۔ جوتی پہنتی پہنتی لپک کر چچا کے پاس پہنچیں۔ ”کیا ہوا؟ کیا ہوا؟ کیوں صبح صبح غریب پر برس پڑے؟“ آگ کے سلسلے میں چچی پر بھی غصّہ تھا۔ چچا غصّے سے گردن موڑ کر بولے، ”بس۔ اس معاملے میں میری رائے محفوظ رہنے دو۔“

بندو بسورتا ہوا بولا، ”رکھا تو ہوا ہے تمبا کو۔“

چچا نے اسے زیادہ نہ بولنے دیا، ”تو ہم اندھے ہیں؟“

چچی نے پھر دخل دیا، ”رات ہی تو اس نے تمبا کو کے لیے مجھ سے چار پیسے لیے ہیں۔“

چچا نے چچی کو کچھ جواب نہ دیا۔ جھک کر بندو کا کان پکڑا اور اسے کھڑا کر لیا، ”دِکھا چل کر کہاں ہے تمبا کو۔ تمبا کو کے نام سے لے لے کر پیسے ریوڑیاں اُڑتی ہیں، بدمعاش! رات کھانہیں رہا تھا ریوڑیاں؟ اسی وقت پیدا نہ کیا تمبا کو تو میرے ہاتھوں جیتا نہ بچے گا۔“

بندو نے باورچی خانے میں پہنچ کر تمبا کو کا ڈبا طاق میں سے نکال چچا کے ہاتھ میں تھما دیا۔ چچا منٹ بھر ڈبّے کو ہاتھ میں لیے چپ چاپ دیکھتے رہے۔ تمبا کو اس سے بھرا ہوا تھا۔ پھر گویا اپنی اس خاموشی کی کسر نکالنے کی غرض سے ایک تھپڑ اور بندو کے رسید کیا، ”ابے طاق میں تمبا کو۔ تمبا کو رکھنے کی جگہ طاق ہے؟ دکان ہی میں نہ رکھ آیا حرام خور۔ یہ جگہ ہوتی ہے تمبا کو رکھنے کی!“

بندو آنسو پونچھتے ہوئے بولا، ”بیوی جی نے کہا تھا۔“

چچا کھسیانے ہو کر اور گرجنے لگے، ”ابے بیوی جی کے بچّے! تجھے خود خیال نہ آیا کہ ضرورت ہو گی تو طاق میں کہاں تلاش کرتے پھریں گے!“

بندو نے سسکیاں لیتے ہوئے جواب دیا،"نیچے بلّیاں گرا دیتی تھیں۔"

مگر چچا کی دلیلیں کہاں ختم ہوتی ہیں۔"بلّیاں گرا دیتی تھیں۔ باتیں سنو بدمعاش کی۔ تمبا کو نہ ہوا دودھ ہو گیا کہ بلّیاں گرا دیتی تھیں۔"

چچی دالان میں آ کھڑی ہوئی تھیں۔ غصّے کو دبا کر بولیں،"ہو چکی تفتیش؟"

چچا سر جھکائے جز بز واپس آ رہے تھے۔ جھنجھلا کر بولے،"تمھاری ہی شہ نے نوکروں کو سر پر چڑھا دیا ہے۔"

"کہ تمبا کو کا ڈبّا طاق میں رکھنے لگے ہیں؟"

"ہمیں کیونکر معلوم ہو سکتا تھا کہ ڈبّا طاق میں رکھا ہے؟"

"عقل سے کام لے کر۔"

چچا نے کچھ کہنا چاہا۔ بات کہنے کے لیے دوبارہ سینے میں سانس بھرا مگر پھر صرف، "ناقص العقل" کہنے پر ہی اکتفا کیا اور جلدی سے باہر نکل گئے۔

بس یہ واقعات تھے جن کی وجہ سے چچا اس روز تاؤ میں آ گئے تھے۔ ربڑ کی تھیلی کا قصّہ، آگ نہ ہونا، تمبا کو طاق میں سے نکل آنا، بندو کو پیٹنا، چچی سے جھڑپ۔ یہ سب ایسی باتیں نہ تھیں جو دماغی توازن پر اثر ڈالے بغیر رہ سکتیں۔ صبح سے جو دیوان خانے میں گھسے تو گھنٹوں باہر نکلنے کا نام نہ لیا۔ چچی نے چائے تیار ہونے کی اطلاع بھجوائی تو امامی کو ہاں ناں کچھ جواب نہ دیا۔ گم سم کھڑے سامنے گھورتے رہے۔ راہ دیکھ دیکھ کر چچی نے چائے کمرے میں بھجوا دی۔ آپ نے لوٹا دی۔ ساتھ کہلا بھیجا،"اسے بھی طاق میں رکھ دیں۔"

بس دیوان خانے میں ٹہلے جا رہے تھے۔ منہ ہی منہ میں کچھ بول بھی رہے تھے۔ کبھی کبھی ہاتھ اور سر ایسے شدّ و مد سے ہلانے لگتے جیسے اپنے سامنے پنچوں کے سامنے طلاق کے دعوے کی وجوہ بیان کر رہے ہیں اور اپنی وجہ کی قوت و صداقت پر مصر ہیں۔"نوکروں کے سامنے کیا، ہمسایوں تک میں مجھے رسوا کر ڈالا ہے۔ ورنہ اس پٹھان کی طاقت تھی کہ پالش کا طعنہ دے جاتا...آخر کوئی حد بھی...بس ہو چکی...اب نہیں...اِدھر کی دنیا اُدھر ہو جائے۔ مگر انکار...جب دیکھو نوکروں کی طرف داری۔ جب دیکھو نوکروں کی طرف داری...زندگی اجیرن

کر ڈالی ہے...آیا تھا طاق!...طاق کا بچّہ...طاق میں پالش کی شیشی منگا کر نہ رکھی گئی...شیشی ہوتی تو میں کیوں منگواتا اس بھڑوے سے پالش؟ میری عقل ماری گئی تھی...جو برابر پالش لے کر بڑی کی تھیلی انھیں دے ڈالو...ہیں تو بڑے چترا...''

سورج سر پر آگیا تو نہ جانے بھوک اور حقّے کی طلب سے بے چین ہو کر یا ویسے ہی اُکتا کر آپ نے یک لخت باہر جانے کی ٹھہرا لی مگر اب تک غسل نہ کیا تھا۔ غسل خانہ اندر تھا۔ اندر کیونکر جائیں! دو ایک بار شیشوں میں سے جھانک کر دیکھا کہ اندر کیا صورت حالات ہے اور چچی کیا کر رہی ہیں۔ صد افسوس کہ وہ مغموم و متفکر نظر نہ آرہی تھیں۔ باورچی خانے کے دَھندوں نے انھیں گھیر لیا تھا۔ چچا چڑ کر دروازے کے پاس سے پلٹ آئے۔ کچھ دیر گم سم کھڑے رہے۔ پھر نیت باندھ نہایت بے تعلقی کے انداز سے اندر آئے اور ناک کی سیدھ میں غسل خانے کی طرف چلے۔ چاہتے تھے بغیر کسی کو نظر پڑے غسل خانے میں گھس جائیں اور غسل کے بعد کپڑے بدل کر چپ چپاتے ہمیشہ کے لیے بنّے میاں کے ہاں چلے جائیں اور کوئی ہزار بلائے، لاکھ منّت ساجت کرے، ہرگز ہرگز واپس نہ آئیں۔ لیکن حادثاتِ زندگی...سب کی نظر سے بچ کر غسل خانے تک تو پہنچ گئے مگر داخل ہونے لگے تو سرنے دروازے سے ٹکر کھا کر بتایا کہ چچی لگی ہوئی ہے۔ اُدھر اندر سے دَدّو للکارا، ''نہیں مانے گا چھٹن۔ میں امّاں سے جا کر کہہ دوں گا، چھٹن مجھے نہانے نہیں دیتا۔''

چھٹن دیر سے غسل خانے کا دروازہ کھٹکھٹا کھٹکھٹا کر دَدّو کو ستا رہا تھا۔ دَدّو نے اس کے دھوکے میں اندر سے چچا کو ڈپٹ دیا۔ اس پر چھٹن کی تو ہنستے ہنستے بری حالت ہوگئی۔ چچا نے سر سہلاتے ہوئے غصّے سے چھٹن کو دیکھا۔ وہ ہنسی کے مارے دُہرا ہوتا ہوا صحن کی طرف بھاگا۔ اِدھر چوٹ کی تکلیف اور خفت، اُدھر اپنے گھر میں آنے کا ایسا نامناسب طریق پر اعلان۔ چچا غصّے میں چھٹن کی طرف لپکے۔ وہ دوڑ کر چچی سے جا لپٹا۔ چچی ہنڈیا میں پیاز کتر کاٹ رہی تھیں۔ انھوں نے مڑ کر چچا کو دیکھا اب کیا ہوا؟ ملزم سرحد پار ہو چکا تھا۔ چچا غصّے میں لال پیلے ہوتے ہوئے خاموش واپس ہو گئے۔ واپس آ کر دھما دھم غسل خانے کا دروازہ پیٹنا شروع کیا۔ ''نکل باہر...ابھی نکل...کہہ دیا کہ ابھی نکل۔ جیسا ہے ویسا ہی

نکل...آتا ہے یا بتاؤں میں؟ ...صابن ہے تو ہوا کرے...''

دُدّو صابن منہ پر ملے، تولیہ لپیٹ باہر نکل آیا۔ چچا نے ایک چانٹا اس کے رسید کیا۔ ''پاجی کہیں کا۔ نکل ہی نہیں چکتا تھا۔ ابے کہا ہم نے۔ جیسا ہے ویسا ہی نکل آ۔ خوا ئے چلا جاتا تھا۔''

ایک چانٹا اور رسید کر کے چچا غسل خانے میں داخل ہو گئے۔ دَن سے دروازہ بند کیا اور کھٹ سے چٹخنی لگائی۔ اندر چچا غسل خانے میں مصروف تھے۔ دروازے پر دُدّو کھڑا رُریں کر رہا تھا۔ چچی باورچی خانے میں انجان بنی کام میں مصروف تھیں۔ تھوڑی تھوڑی دیر میں غسل خانے کے اندر سے چچا کی آواز سنائی دے جاتی تھی۔''تو نہیں ہوگا چپ؟ دیکھ میں کہتا ہوں۔ سرک جا یہاں سے، نہیں تو اچھا نہ ہوگا ... میں دروازہ کھول کر اتنی لگاؤں گا کہ امّاں ربڑ کی تھیلی سے سینک کرتی پھریں گی۔''

تھوڑی دیر بعد چچی چپکی باورچی خانے سے اُٹھیں اور دُدّو کے پاس پہنچیں۔''کیا ہوا لال؟ کیوں رو رہا ہے؟ آ جا تو میرے پاس آ جا۔

چچا کی للکار بند تھی۔ پانی گرنے کی آواز بھی اندر سے نہ آ رہی تھی۔ نہ جانے جسم پر صابن لگانے میں مصروف تھے یا چچی کے الفاظ سننے کو کان کواڑ سے لگا رکھے تھے۔ دُدّو نے سسکیاں بھرتے ہوئے اپنے بے قصور ہونے کی داستان سنائی۔ چچی اس کی انگلی تھام کر بولیں، ''چل تو میرے پاس چل۔ ان کے سر پر تو صبح سے بھوت سوار ہے۔''

چچی دُدّو کو ساتھ لے چل دیں۔ چچی کا یہ فقرہ سن کر اندر چچا چھکن پر نہ جانے کیا گزری۔ لیکن جب غسل سے فارغ ہو کر باہر نکلے تو چہرہ تمتمایا ہوا تھا اور انداز سے جلالی فقیروں کی بے نیازی کا رنگ جھلک رہا تھا۔ گیلے بدن پر میلا پاجامہ پہنے برآمد ہو گئے تھے۔ اصل میں بڑا تولیہ خود ساتھ لے جانا بھول گئے تھے۔ چھوٹا تولیا باندھ کر دُدّو باہر نکل آیا تھا۔ غسل خانے میں سے آواز دے کر تولیا مانگنا اور اپنی ضرورت مندی کی آواز چچی کے کان تک پہنچانا غالباً حمیت اور غیرت کو گوارا نہ ہوا تھا۔ سیدھے اس کوٹھری میں چلے گئے جہاں کپڑوں کا بکس رکھا رہتا تھا۔

دس منٹ کے بعد چچا کپڑے بدل کر باہر جانے لگے تو عینک کا قصہ درپیش ہوگیا۔ ایک پاؤں دہلیز کے اندر تھا ایک باہر کہ اچانک خیال آیا کہ غسل کے بعد عینک نہیں لگائی۔ عینک اُتار کر کھڑکی میں رکھنا کچھ کچھ یاد تھا لیکن وہاں پہنچ کر اب دیکھا تو موجود نہ تھی۔ طاقوں پر نظر ڈالی، ان میں بھی نہ تھی۔ گھڑونچی کو دیکھا۔ فرش اور نالی کا جائزہ لیا۔ کہیں نظر نہ آئی۔ سوچا، شاید میلے کپڑوں کے ساتھ کوٹھڑی میں چلی گئی۔ واپس کوٹھڑی میں پہنچے۔ کپڑے لا کر تخت پر رکھے تھے۔ عینک تخت پر بھی نہ تھی۔ ہر کپڑے کو احتیاط سے جدا کر کے اُٹھایا۔ ٹٹول ٹٹول کر دیکھا، جھٹکا، کہیں بھی نہیں۔ "گئی کہاں!" قوس اور نیم دائرہ بناتے ہوئے کھڑے گھومتے رہے۔ سارے کمرے کا جائزہ لیا کہ بے توجہی میں کسی اور جگہ نہ رکھ دی ہو۔ مایوسی ہوئی۔ لپکے ہوئے پھر غسل خانے میں پہنچے۔ پھر کھڑکی کو دیکھا۔ کھڑکی کے نیچے نالی تھی۔ اکڑوں بیٹھ کر اس کا معائنہ بھی کر لیا۔ اسے ناکافی سمجھ کر باہر گئے۔ غسل خانے سے سڑک تک ساری نالی دیکھ ڈالی، نہ ملی۔ واپس غسل خانے میں پہنچے۔ گردن گھما گھما کر طاقوں میں نظر ڈالی۔ گھڑونچی کے نیچے دیکھا۔ گھڑے جگہ سے سرکائے، کہیں نظر نہ آئی۔ ذرا دیر پریشانی کے عالم میں کھڑے سر کھجاتے رہے۔ "عجیب تماشا ہے!" لپکے ہوئے پھر کوٹھڑی میں پہنچے۔ میلے کپڑے باری باری سے اس زور سے جھٹکے کہ عینک کیا، سوئی بھی لگی ہوتی تو الگ ہو کر گر پڑتی۔ "لاحول ولا قوۃ الا باللہ!" یک لخت نیا خیال سوجھا۔ بھاگے ہوئے پھر غسل خانے میں پہنچے۔ لوٹے اُٹھا کر دیکھنے سے رہ گئے تھے۔ وہاں بھی کچھ نہ نکلا۔ "آخر ہوئی کیا!" گردن بڑھا کر احتیاطاً ایک نظر لوٹوں کے اندر بھی ڈال لی کہ آپ جائیے خدا کی باتیں خدا ہی جانے۔ اس کی قدرت سے کیا بعید ہے۔ کچھ سراغ نہ ملا، ڈاڑھی کھجاتے ہوئے پھر کمرے میں آ گئے "یعنی یہ قصہ کیا ہے؟" ذرا دیر کھوئے کھوئے کھڑے رہے۔ پھر تخت پر بیٹھ گئے۔ سر جھکا کر ایک نظر احتیاطاً تخت کے نیچے بھی ڈال لی۔ اچانک خیال آیا کہ شاید عینک لگا کر غسل خانے میں گئے ہی نہ تھے۔ وہاں عینک اتار کر رکھنے کا یوں ہی وہم ہے۔ چپکے بیٹھ کر صبح سے اس وقت تک کے واقعات پر غور فرمانے لگے کہ شاید اس طرح کسی موقع پر عینک اُتارنا اور کہیں رکھنا یاد آ جائے۔ صبح

کے پہلے واقعے کے ساتھ ہی خاں صاحب کا خیال آگیا۔ جل کر بے اختیار منہ سے نکلا
"ہونہہ، ربڑ کی تھیلی!" اُٹھ کھڑے ہوئے۔ سوچا عینک کہیں بستر ہی میں رہ گئی ہو۔ دالان
میں جا کر سارے لپٹے ہوئے بستر تلپٹ کر ڈالے۔ ان میں سے اپنا بستر ڈھونڈ کر نکالا۔ اس
کی ایک ایک چیز دیکھی، جھٹکی، تکیوں میں ٹٹولا، عینک کا کچھ سراغ نہ ملا۔ مایوس ہو کر ایک بار
پھر غسل خانے میں پہنچے کہ شاید اس دوران میں عینک سیر سپاٹے سے فارغ ہو کر واپس آگئی
ہو مگر نہیں آئی تھی۔ مجبوراً کوٹھری میں تخت پر کھوئے کھوئے جا بیٹھے۔ "یعنی حد ہوگئی۔" یکلخت
دیوان خانے میں دیکھنے کا خیال آیا۔ تیز تیز قدم اٹھاتے وہاں پہنچے۔ میزیں، کرسیاں،
فرش، طاق، ایک ایک چیز دیکھ لی۔ عینک کہیں ہو تو ملے۔ چچا کھسیانے سے ہو چلے! "کیا
واہیات ہے!" بے اختیار جی چاہتا تھا نوکروں اور بچوں کو امداد کے لیے پکاریں لیکن
حالات اجازت نہ دیتے تھے۔ چچی سے نوک جھونک ہونے کے بعد نوکر اور بچّے چچی کی
رعایا معلوم ہونے لگتے تھے۔ ان سے امداد طلب کرنے میں ہیٹی ہوتی تھی۔ پریشانی کے
عالم میں یوسفِ بے کارواں بنے پھر رہے تھے۔ دماغ ایک ہی ادھیڑ بن میں مصروف تھا
کہ اور کس جگہ گئے تھے۔ ممکن ہے عینک وہاں چھوڑ آئے ہوں۔ اچانک باورچی خانے کی
یاد آئی۔ وہ طاق والا واقعہ، بندو کی حماقت، چچی کا نا مناسب رویّہ۔ دل نے کہا عینک ضرور
باورچی خانے میں ہے۔ آگ سلگاتے ہوئے اتار کر رکھ دی، اُٹھانے کا خیال نہ رہا۔ ایک
چور نظر چچی پر ڈالی۔ وہ ہنڈیا میں کفگیر چلا رہی تھیں۔ "یہ ایسی چپ اور انجان سی کیوں بنی
بیٹھی ہیں! گویا کوئی بات ہی نہیں۔ اس طرف نظر نہیں اُٹھاتی! چہرے پر کیا پارسائی اور
شہید پن برس رہا ہے۔" یک لخت معما حل ہوگیا۔ "بھٹیارہ ہے نمازی تو ضرور ہے
دغا بازی۔ چھپا رکھی ہے عینک۔ جبھی تو بے نیازی کا یہ عالم ہے کہ آخر ہار کر جھک مار کر
مانگنے آئے گا۔" چچا جل کر اندر چلے گئے۔ کواڑ کے شیشوں میں سے زیادہ غور سے چچی کو
دیکھنا شروع کیا۔ چچی نے اتفاق سے ایک نظر دروازے کی طرف دیکھا۔ چچا کا شبہ یقین کو
پہنچ گیا۔ "اب اس طرف دیکھنا، مَیں پہلے ہی جانتا تھا۔ چپکے چپکے میری پریشانی کا تماشا
دیکھ رہی ہیں، اس بچپن کی بھلا کوئی حد بھی۔ کیا بے معنی عورت ہے۔ اچھی بات ہے۔ مَیں

نے بھی بیگم صاحبہ کا پاندان ہی غائب نہ کیا ہوتو کہنا۔"

بے تابی کے عالم میں کبھی صحن سے گزر کر باہر جاتے، کبھی اندر آ جاتے۔ کھڑکیوں سے چچی کو تاڑتے جا رہے تھے۔ کبھی باہر کھڑے ہوکر ڈاڑھی کھجانے لگتے۔ کبھی اندر آ کر پیٹ سہلانا شروع کر دیتے۔ سمجھ میں نہ آتا تھا کیا کریں۔ "کیا بے ہودہ مذاق ہے! اور اگر میں ان کی اوڑھنی کو دیا سلائی دکھا دوں۔ جب؟" اندر کھڑے چور نظروں سے بار بار باورچی خانے کی طرف دیکھ رہے تھے کہ اتفاق سے بنو کلھیا کا سامان لیے اُدھر سے گزری۔ چچا نے اسے اشارے سے بلایا۔ آہستہ سے کہا، "بنو! ایک کام کیجو۔ ہماری عینک کھوئی ہے۔ باورچی خانے میں کہیں رکھی تھی۔ ڈھونڈ کر لا دے گی؟"

بنو نے پوچھا۔ "کون سی عینک؟"

چچا بولے، "احمق کہیں کی۔ جو عینک ہم لگاتے ہیں اور کون سی مگر دیکھ تیری اماں کو نہ معلوم ہونے پائے۔"

بنو چچا کا منہ تکتے ہوئے بولی، "اپنی عینک لگا تو رکھی ہے آپ نے۔"

چچا نے چونک کر ہاتھ آنکھوں کی طرف بڑھایا۔

"ہیں!" یقین نہ آیا کہ جس شے کو ہاتھ نے چھوا۔ وہ عینک ہی ہے۔ اُتار لی۔ ہاتھ میں لے کر گھما گھما کر دیکھنے لگے۔ پھر حیرت کے عالم میں ایک نظر بنو پر ڈالی۔ "یہ یہیں تھی! کب لگائی تھی ہم نے؟"

بنو کو چھوٹی ہنسی۔ قہقہہ لگاتی اور اماں اماں کرتی ہوئی یہ بات سنانے باورچی خانے کو چلی۔ چچا نے لپک کر پکڑ لیا، "ہیں! ہیں! کیا ہوا؟ کہاں چلی؟ گلاب جامن کھائے گی؟ وہ بات تو ہم نے مذاق میں کی تھی۔ پاگل کہیں کی۔ اس میں اماں کو سنانے کی کیا بات؟ دیوانی ہوئی ہے؟ کیا لائیں تیرے لیے بازار سے؟ تھپڑ ماروں گا میں۔"

بنو نے قہقہہ اور اماں اماں کی رٹ بند نہ کی تو چچا نے غصّے میں اسے دھکا دیا۔ وہ غریب گر کر رونے لگی۔ چچا جلدی سے باہر نکل گئے۔

شام کو چچا گھر آئے تو لدے پھندے تھے... ایک ہاتھ میں مٹھائی کی ٹوکری،

دوسرے میں کچوریوں کی۔ دروازے میں قدم رکھتے ہی بچوں کو پکارنا شروع کر دیا۔ ایسے خوش گویا صبح کچھ ہوا ہی نہ تھا۔ سب کو لے کر پلنگ پر بیٹھ گئے۔ مٹھائی اور کچوریوں میں سے دڈّو اور بِنّو کو اوروں سے زیادہ حصّہ ملا، چچی کا حصّہ ان کے لیے باورچی خانے میں بھیج دیا گیا۔

فراغت پانے کے بعد بندو کو لے کر ڈیوڑھی میں چلے گئے۔ اس سے کہا، ”بندو یار۔ یہ تو لو تم ایک آنہ۔ اور اگر ایک کام کرو تو چوئی انعام۔ خاں صاحب نکڑ کی دکان پر حجام کے ہاں خط بنوانے آیا کرتے ہیں۔ بائیسکل اپنا باہر رکھ جاتے ہیں۔ اب کے آئیں تو چپکے سے جا کر ان کے سائیکل میں پنکچر کر دیجیو۔“

چچا چھکّن نے سب کے لیے کیلے خریدے

ایک بات میں شروع ہی میں عرض کردوں، اس واقعے کے بیان کرنے سے حاشا و کلّا میری غرض یہ نہیں کہ اس سے چچا چھکّن کی فطرت کے جس پہلو پر روشنی پڑتی ہے، اس کے متعلق آپ کوئی مستقل رائے قائم کرلیں۔ سچ تو یہ ہے کہ چچا چھکّن کا اس نوع کا واقعہ مجھے صرف یہی ایک معلوم ہے۔ نہ اس سے پہلے کوئی ایسا واقعہ میری نظر سے گزرا اور نہ بعد میں۔ بلکہ ایمان کی پوچھیے تو اس کے برعکس واقعات بڑی کثرت سے میرے دیکھنے میں آ چکے ہیں۔ بارہا میں نے دیکھ چکا ہوں کہ شام کے وقت چچا چھکّن بازار سے کھوریاں یا گنڈیریاں یا چلغوزے اور مونگ پھلیاں ایک بڑے سے رومال میں باندھ کر گھر بھر کے لیے لے لے آئے ہیں۔ اور پھر کیا بڑا اور کیا چھوٹا، ہر ایک میں برابر برابر تقسیم کرکے کھاتے کھلاتے رہے ہیں۔ پر اس روز اللہ جانے کیا بات ہوئی کہ... مگر اسی کی تفصیل تو مجھے بیان کرنی ہے۔

اس روز سہ پہر کے وقت اتفاق سے چچا چھکّن اور بندو کے سوا کوئی بھی گھر پر موجود نہ تھا۔ میر منشی صاحب کی بیوی کو پرسوت کا بخار آ رہا تھا۔ چچی دو پہر کے کھانے سے فراغت پا کر ان کے ہاں عیادت کے لیے چلی گئی تھیں۔ بنو کو گھر چھوڑے جا رہی تھیں کہ چچا نے فرمایا، ”عیادت کو جا رہی ہو تو شام سے پہلے بھلا کیا لوٹنا ہوگا۔ بچی پیچھے گھبرائے گی۔ ساتھ لے جاتیں۔ وہاں بچوں میں کھیل کر بہلی رہے گی۔“ چچی بڑ بڑاتی ہوئی بنو کو ساتھ لے گئیں۔ امّاں چچی کو میر منشی صاحب کے گھر تک پہنچانے جا رہا تھا مگر بنو ساتھ کر دی گئی تو بچی کے خیال سے اسے بھی وہیں ٹھہرانا پڑا۔

للّو کے مدرسے کا ڈی۔اے۔وی اسکول سے کرکٹ کا میچ تھا۔ وہ صبح سے اُدھر گیا ہوا تھا۔ مودے کی رائے میں للّو اپنی ٹیم کا بہترین کھلاڑی ہے۔ اپنی اس رائے کی بدولت اسے کرکٹ کے اکثر میچوں کا تماشائی بننے کا موقع مل جاتا ہے۔ چنانچہ حسبِ معمول آج

بھی وہ للّو کی اردل میں تھا۔

دو بجے سے سینما کی میٹنی شوتھی۔ دڈّو چچا سے اجازت لے کر تماشا دیکھنے جا رہا تھا۔ چھٹن کو جو پتا لگا کہ دڈّو تماشے میں جا رہا ہے تو عین وقت پر وہ مچل گیا اور ساتھ جانے کی ضد کرنے لگا۔ چچا نے اس کی تربیت کے پہلوؤں پر چچی کا حوالہ دے دے کر ایک مختصر مگر پُرمغز تبصرہ کرتے ہوئے اسے بھی اجازت دے دی۔ واقعہ اصل یہ ہے کہ چچی کہیں ملاقات کو گئی ہوں تو باقی لوگوں کو باہر جانے کے لیے چچا سے اجازت لے لینا دشوار نہیں ہوتا۔ ایسے نادر موقعوں میں چچا مکمل تنہائی کو زیادہ پسند کرتے ہیں۔ دوسری مصروفیات نے جن امور کی طرف چچی کو عرصے سے توجہ کرنے کی اجازت نہیں دی ہوتی، ایسے وقت چچا ڈھونڈ ڈھونڈ کر ان کی طرف توجہ کرتے ہیں۔ اس سے چچی کو یہ احساس دلانا مقصود ہوتا ہے کہ گھر کی مشین میں ان کی ہستی ایک بے کار پرزے سے زیادہ اہمیت نہیں رکھتی، اور یہ چچا ہی کی ذاتِ والا صفات کا ظہور ہے کہ چشم بینا کو گھر میں سلیقے اور سگھڑاپے کے کوئی آثار نظر آتے ہیں۔

آج آپ کے شغل آفریں دماغ نے چچی کی غیر حاضری میں گھر کے تمام ایسے برتن جو پیتل کے تھے، صحن میں جمع کر لیے تھے۔ بندو کو بازار بھیج کر دو پیسے کی اِملی منگائی تھی۔ صحن میں مونڈھا ڈال کر بیٹھ گئے تھے۔ پاؤں مونڈھے کے اوپر رکھے ہوئے تھے۔ حقے کی نے منہ سے لگی تھی۔ ذاتی نگرانی میں پیتل کے برتنوں کی صفائی کا اہتمام ہو رہا تھا۔

”ارے احمق! اب دوسرا برتن کیا ہوگا؟ جو برتن صاف کرنے ہیں، انہی میں سے کسی ایک میں اِملی بھگو ڈال۔ اور کیا … یوں … بس یہی پیتل کا لوٹا کام دے جائے گا۔ صاف تو اسے کرنا ہی ہے۔ ایک دوسرا برتن لا کر اسے خراب کرنے سے حاصل؟ ایسی باتیں تم لوگوں کو خود کیوں نہیں سوجھ جایا کرتیں؟“

بندو نے تعمیلِ ارشاد میں کچھ کہے بغیر اِملی لوٹے میں ڈال بھگو دی۔ چچا نے فخر سے اطمینان کا اظہار کیا۔ ”کیسی بتائی ترکیب؟ ضرورت بھی پوری ہوگئی اور اپنا … یعنی کام بھی ایک حد تک ہو گیا۔ لے اب، باورچی خانے جا کر برتن مانجھنے کو تھوڑی سی راکھ لے آ۔ کس برتن میں لائے گا بھلا؟“

بندو نے بڑی ذہانت سے تمام برتنوں پر نظر ڈالی اور اُن میں سے ایک سینی اُٹھا کر چچا کی طرف دیکھنے لگا۔ چچا بھی اس غرض کے لیے شاید سینی ہی تجویز کرنا چاہتے تھے۔ ہدایت دینے کا افتخار نہ مل سکا تو پوچھنے لگے، "کیوں بھلا؟"

بندو بولا، "چولہے سے اُٹھا کر اس میں آسانی سے راکھ رکھ لوں گا۔"

"احمق کہیں کا۔ علاوہ ازیں راکھ کھلے برتن میں ہوگی۔ تو اُٹھا کر برتن مانجھنے میں آسانی نہ ہوگی؟"

بندو ابھی باورچی خانے سے راکھ لانے نہ پایا تھا کہ دروازے پر ایک پھل والے نے صدا لگائی۔ کلکتیا کیلے بیچنے لایا تھا۔ اس کی صدا سن کر کچھ دیر تو چچا خاموش بیٹھے حقہ پیتے رہے، کش البتہ جلدی جلدی لگا رہے تھے۔ معلوم ہوتا تھا دماغ میں کسی قسم کی کشمکش جاری ہے۔ جب آواز سے معلوم ہوا کہ پھل والا واپس جا رہا ہے تو جیسے بے بس سے ہو گئے۔ بندو کو آواز دی، "ذرا جا کر دیکھیو تو کیلے کس حساب دیتا ہے۔"

بندو نے واپس آ کر بتایا، "چھے آنے درجن۔"

"چھے آنے کے درجن۔ تو کیا مطلب ہوا؟ کہ چوبیس پیسے کے بارہ۔ بارہ دُونی چوبیس۔ یعنی دو دو پیسے کا ایک۔ اوں ہوں۔ مہنگے ہیں۔ جا کر کہہ۔ تین تین پیسے کے دو دیتا ہے تو دے جائے۔"

دو منٹ بعد بندو نے آ کر کہا کہ "مان گیا۔ کتنے کیلے لینے ہیں؟"

پھل والا اس آسانی سے رضامند ہو گیا تو چچا کی نیت میں فتور آیا۔

"یعنی تین تین پیسے کے دو؟ کیا خیال ہے۔ مہنگے نہیں اس بھاؤ پر؟"

بندو بولا، "اب تو اس سے بھاؤ کا فیصلہ ہو گیا۔"

"تو کسی عدالت کا فیصلہ ہے کہ اتنے ہی بھاؤ پر کیلے لیے جائیں۔ ہم تو تین آنے درجن لیں گے۔ دیتا ہے دے۔ نہیں دیتا نہ دے۔ وہ اپنے گھر خوش ہم اپنے گھر خوش۔"

بندو پس و پیش کے عالم میں کھڑا ہوا تھا۔

"ابے تو جا کر کہہ تو سہی، مان جائے گا۔"

بندو جانے سے کترا رہا تھا،"آپ خود کہہ دیجیے۔"

چچا نے جواب میں آنکھیں پھاڑ کر بندو کو گھورا۔

وہ غریب ڈر گیا مگر اب بھی وہیں کھڑا رہا۔ چچا کو اس کا پس و پیش شاید کسی قدر جائز معلوم ہوا۔ اسے دلیل کا راستہ سمجھانے لگے،"تو جا کر یوں کہہ، میاں نے تو تین آنے درجن ہی کہے تھے۔ میں نے آ کر غلط بھاؤ کہہ دیا۔ تین آنے درجن دینے ہوں تو دے جائے۔"

بندو دل کڑا کر کے باہر چلا گیا۔ چچا جانتے تھے، بھاؤ ٹھہرا کر اس سے پھر جانے پر کیلے والا اغل مچائے گا، باہر نکلنا قرینِ مصلحت نہ معلوم ہوتا تھا۔ دبے پاؤں اندر گئے اور کمرے کی جو کھڑکی ڈیوڑھی میں کھلتی تھی، اس کا پٹ ذرا سا کھول کر باہر جھانکنے لگے۔ پھل والا گرم ہو رہا تھا،"آپ ہی تو ایک بھاؤ ٹھہرایا اور اب آپ ہی زبان سے پھر گئے۔ بہانہ نوکر کی بھول کا۔ جیسے ہم سمجھ نہیں سکتے۔ یا بے ایمانی تیرا ہی آسرا۔"

بندو غریب چپکا کھڑا تھا۔ پھل والا بکتا جھکتا خوانچہ اُٹھا چلنے لگا۔ بندو بھی اندر جانے کو مڑ گیا۔ دروازے تک پہنچنے نہ پایا تھا کہ پھل والا رُک گیا۔ خوانچہ اُتار کر بولا،"کتنے لینے ہیں؟"

بندو اندر آیا تو چچا مونڈھے پر بیٹھے جیسے کسی خیال کی محویت میں حقہ پی رہے تھے۔ چونک کر بولے،"مان گیا؟ ہم نہ کہتے تھے مان جائے گا۔ ہم تو ان لوگوں کی رگ رگ سے واقف ہیں۔ تو گئے کیلے لینے مناسب ہوں گے؟" چچا نے اُنگلیوں کی پوروں پر گن گن کر حساب لگایا،"ہم، آپ چھٹن کی اماں، للّو، دڈّو، بنو اور چھٹن... گویا چھے۔ چھے دونی کیا ہوا؟ خدا ترا بھلا کرے بارہ۔ یعنی ایک درجن۔ فی آدمی دو کیلے بہت ہوں گے؟ پھل سے تو پیٹ بھرا نہیں جاتا۔ منہ کا ذائقہ بدلا جاتا ہے۔ پر دیکھیو۔ دو تین گُچھے اندر لے کر آنا۔ ہم آپ ان میں سے اچھے اچھے کیلے چھانٹ لیں گے۔"

پھل والے نے صدائے احتجاج بلند کرتے ہوئے کیلوں کے گچھے اندر بھیج دیے۔ چچا نے کیلوں کو دبا دبا کر دیکھا۔ ان کی چھٹیوں کا مطالعہ کیا اور درجن بھر کیلے علیحدہ کر لیے۔ کیلے والا باقی کیلے لے کر بڑ بڑاتا ہوا رخصت ہو گیا۔ چچا نے بندو کی طرف توجہ کی،"لے،

چچا چھکن کے کارنامے

اُنھیں کھانے کی ڈولی میں حفاظت سے رکھ دے۔ رات کے کھانے پر لاکر رکھنا اور جلدی سے آکر برتن مانجھنے کے لیے راکھ لا۔ بڑا وقت اس قصے میں ضائع ہو گیا۔"

بندو کیلے اندر رکھ آیا اور باورچی خانے سے راکھ لاکر برتن مانجھنے لگا۔ "یوں... ذرا زور سے ہاتھ... تاکہ برتن پر رگڑ پڑے۔ اس طرح! پیتل کے برتن صاف کرنے کے لیے ضرورت اس امر کی ہوتی ہے کہ املی کے استعمال سے قبل اُنھیں ایک بار خوب اچھی طرح مانجھ کر صاف کر لیا جائے۔ ایسے سب برتنوں کی صفائی کے لیے املی نہایت لاجواب نسخہ ہے۔ گرہ میں باندھ رکھ۔ کسی روز کام آئے گا اور ایک پیتل ہی کا کیا ذکر، دھات کی جملہ اشیا املی سے دمک اٹھتی ہیں۔ ابھی ابھی تو آپ دیکھیو کہ ان کالے کالے برتنوں کی صورت کیا نکل آتی ہے۔ ہاں... اور وہ میں نے کہا، کیلے احتیاط سے رکھ دیے ہیں نا؟ ڈولی میں؟ ہوں، اچھے بھاؤ مل گئے۔ ایک ایک کے لیے دو دو ٹھیک رہیں گے؟ ... یوں بس منجھ گیا۔ اب رگڑ اس پر اِملی۔ اس طرح دیکھا میل کس طرح کٹتا ہے۔ کیسی چمک آتی جا رہی ہے؟ یہ املی فی الواقع بڑی بے نظیر شے ہے مگر میں نے کہا، بندو میرا بھائی۔ ذرا اُٹھیو تو۔ اِن کیلوں میں سے دو جو ہمارے حصے کے ہیں، ہمیں لا دیجیو۔ ہم ابھی کھائے لیتے ہیں۔ باقی لوگ جب آئیں گے، اپنا حصہ کھاتے رہیں گے۔"

بندو نے اُٹھ کر دو کیلے چچا کو لا دیے۔ چچا نے مونڈھے پر اکڑوں بیٹھے بیٹھے پینترا بدلا اور کیلوں کو تھوڑا تھوڑا چھیلنا اور تکلف سے نوش فرمانا شروع کیا۔ "تو کیے جا اپنا کام۔ ذرا جھپاک سے۔ ہاں دیکھنا اب ذرا دیر میں اِن برتنوں کی شکل کیا نکل آتی ہے... اچھے ہیں کیلے... بس یوں ہی۔ ذرا زور سے ہاتھ... اس طرح... چھٹن کی اماں دیکھیں گی تو سمجھیں گی، آج ہی نئے برتن خرید کیے ہیں اور پھر لطف یہ کہ خرچ کچھ بھی نہیں۔ ہر لگے نہ پھٹکری اور رنگت چوکھی آئے۔ آخر کتنے کی آگئی املی؟ نہ نہ خود ہی کہو کتنے کی آئی املی؟ دو پیسے کی نا؟ تو آپ خرید کر لایا تھا اور پھر جو کچھ کیا۔ تو نے اپنے ہاتھ سے کیا ہے۔ یہ تو ہوا نہیں کہ تجھ سے آنکھ بچا کر ہم نے بیچ میں کچھ ملا دیا ہو۔ بس یہ جتنی بھی کرامات ہے، صرف املی کی ہے۔ محض املی کی۔ اور وہ میں نے کہا... اب کے کیلے باقی رہ گئے ہیں؟ دس؟ ہوں

خوب شے ہے نا اِملی؟ ایک ٹکے کے خرچ میں چیزوں کی کایا پلٹ ہو جاتی ہے۔مگر بندو!
اِن دس کیلوں کا حساب اب بیٹھے گا کس طرح؟ یعنی ہم شریک نہ ہوں جب تو ہر ایک کو دو
دو کیلے مل رہیں لیکن ہماری شرکت کے بغیر شاید دوسروں کا جی بھی کھانے کو نہ چاہے۔
کیوں؟ چھٹن کی اماں تو ہماری بغیر نظر اٹھا کر بھی نہ دیکھنا چاہیں گی۔تو نے خود دیکھا ہوگا۔
کئی بار ایسا ہو چکا ہے اور بچوں میں بھی دوسرے ہزار عیب ہوں پر اتنی خوبی ضرور ہے کہ
نہ دیدے اور خودغرض نہیں ہیں۔سب نے مل کر شریک ہونے کے لیے ہم سے اصرار شروع
کر دیا تو بڑی دِقّت ہوگی۔ برابر برابر تقسیم کرنے کو کیلے کاٹنے پڑیں گے اور کلکتیا کیلے کی
بساط بھلا کیا ہوتی ہے۔ کاٹنے میں سب کی مٹی پلید ہوگی۔کیلے بتائے تھے تو نے؟ دس؟
دس کیلے اور چھے آدمی۔ٹیڑھی بات   ہے مگر ہم کہتے ہیں، مثلاً فی آدمی ایک ایک کا حساب
رکھ دیا جائے تو؟ دو دو نہ سہی، ایک ہی ہو مگر کھائیں تو سب ہنسی خوشی مل جل کر۔ٹھیک ہے
نا؟ گویا چھے رکھ چھوڑنے ضروری ہیں۔تو اس صورت میں گئے کیلے ضرورت سے زیادہ
ہوئے؟ چار نا؟ ہوں۔تو میرے خیال میں وہ چاروں زائد کیلے لے لے آتا۔ باقی کے چھے تو
اپنا ٹھیک حساب کے مطابق تقسیم ہو جائیں گے۔‘‘
بندو اُٹھ کر چار کیلے لے آیا۔ چچا نے اطمینان سے انھیں باری باری نوش فرمانا
شروع کر دیا۔

”ہاں، تو تُو قائل بھی ہوا اِملی کی کرامات کا؟ بے شمار فوائد کی شے ہے مگر کیا کیجیے...
اِس زمانے میں دیس کی چیزوں کی طرف کوئی توجہ نہیں کرتا۔ یہی اِملی اگر ولایت سے ڈبّوں
میں بند ہو کر آتی تو جناب لوگ اس پر ٹوٹ کر پڑتے۔ ہر گھر میں اس کا ایک ڈبّا موجود رہتا
مگر چونکہ پنساری کی دکان سے دستیاب ہو جاتی ہے، کوئی خاطر میں نہیں لاتا اور پھر ایک
برتنوں کی صفائی کا کیا ذکر، اس کے اور بھی تو بہتیرے فوائد ہیں۔ یعنی دورانِ سر کی شکایت
کے لیے اس سے بہتر شے سننے میں نہیں آئی اور پھر یہ بھی نہیں کہ کڑوی کسیلی ہو یا بدمزہ بودار
ہو۔ شربت بنائیے۔ کھٹا میٹھا ایسا لذیذ ہوتا ہے کہ کیا کہیے...کیلے بھی نہایت ہی لذیذ ہیں۔
زیادہ نہ لے تو نے...اِملی کا شربت تو شاید تو نے بھی پیا ہو۔ کیا خوش ذائقہ ہوتا ہے!

گرمیوں میں تو نعمت ہے اور پھر لطف یہ کہ مفید بھی بے حد۔ ہم خرما و ہم ثواب۔ اِمتلا کو یہ روکتا ہے۔ اِمتلا نہیں جانتا؟ ارے احمق متلی کی شکایت۔ اس کے علاوہ صفرا کے لیے بھی یہ مفید ہے۔ صفرا بھی ایک چیز ہوتی ہے۔ پھر کبھی سمجھائیں گے۔ تو وہ کیلے تو اب چھے ہی باقی رہ گئے ہیں نا؟ کچھ ٹھیک ہے۔ سب کے حصّے میں ایک ایک آ جائے گا۔ ہمیں ہمارے حصّے کا مل جائے گا۔ دوسروں کو اپنے اپنے حصّے کا۔ کاٹ چھانٹ کا جھگڑا تو ختم ہوا۔ اپنے اپنے حصّے کا کیلا لیں اور جو جی چاہے کریں۔ جی چاہے آج کھائیں، آج جی نہ چاہے، کل کھا لیں۔ اور کیا۔ ہونا بھی یوں ہی چاہیے۔ رغبت کے بغیر کوئی چیز کھائی جائے تو جزوِ بدن نہیں بننے پاتی۔ یعنی اکارت چلی جاتی ہے۔ کوئی چیز آدمی کھائے اسی وقت جب اس کے کھانے کو جی چاہے۔ چھٹن کی امّاں کی ہمیشہ سے یہی کیفیت ہے۔ جی چاہے جو چیز کھاتی ہیں۔ نہ چاہے تو کبھی ہاتھ نہیں لگاتیں۔ ہمارا اپنا یہی حال ہے۔ یہ متفرق چیزیں کھانے کو کبھی کبھی ہی جی چاہتا ہے۔ ہونا بھی ایسا ہی چاہیے۔ اب یہی کیلے ہیں۔ بیسیوں مرتبہ دکانوں پر رکھے دیکھے، کبھی رغبت نہ ہوئی۔ آج جی چاہا تو کھانے بیٹھ گئے۔ اب پھر نہ جانے کب جی چاہے۔ ہماری تو کچھ ایسی ہی طبیعت ہے۔ نہ جانے شام کو جب تک سب آئیں رغبت رہے یا نہ رہے۔ یقین سے کیا کہا جا سکتا ہے۔ دل ہی تو ہے۔ ممکن ہے اس وقت کیلے کے نام سے طبیعت نفور ہو۔ تو ایسی صورت میں ہم جانیں۔ ہم تو بقیہ چھے کیلوں میں سے اپنے حصّے کا ایک کیلا ابھی کھا لیتے ... کیوں؟ اور کیا۔ اپنی اپنی طبیعت ہے، اپنی اپنی بھوک۔ جب جس کا جی چاہے کھائے۔ اس میں تکلف کیا۔ ایسے معاملوں میں تو بے تکلفی ہی اچھی۔

اے ذوق تکلف میں ہے تکلیف سراسر

آرام سے وہ ہیں جو تکلف نہیں کرتے

"تو ذرا اُٹھیو میرا بھائی۔ بس میرے ہی حصّے کا کیلا لانا۔ باقی کے سب وہیں احتیاط سے رکھے رہیں۔"

حسبِ الارشاد بندو نے کیلا چچا کو لا دیا۔ چچا چھیل کر نوش فرمانے لگے۔

"دیکھا کیا صورت نکل آئی برتنوں کی؟ سبحان اللہ۔ یہ اِملی کا نسخہ مؤثر ہی ایسا ہے۔

105

اب انھیں دیکھ کر کوئی کہہ سکتا ہے کہ پرانے برتن ہیں؟ جو دیکھے گا یہی سمجھے گا، ابھی ابھی بازار سے منگوا کر رکھے ہیں۔ دوسروں کا کیا ذکر، ہماری غیر حاضری میں یوں صاف کیے گئے ہوتے تو واپس آ کر ہم خود نہ پہچان سکتے۔ چھٹن کی اماں بھی دیکھیں گی تو ایک بار تو ضرور چونک پڑیں گی۔ تجھ سے پوچھیں تو کہہ دیجو میاں ساری دوپہر بیٹھ کر صاف کراتے رہے ہیں۔ پر ایک بات، املی کا ذکر نہ آنے پائے۔ ہاں…ایسی بات بتا دو تو کام کی وقعت کھو جاتی ہے۔ سمجھ گیا نا؟ بس۔ اب یہ املی کی بات آگے نہ نکلنے پائے۔ جو پوچھے یہی کہیو، میاں نے ایک نسخہ بنا کر اس سے صاف کرائے ہیں۔ بچوں سے بھی ذکر نہ کیجو ورنہ نکل جائے گی بات۔ کب تک آئیں گے بچے؟ للّو کا میچ تو شاید شام سے پہلے ختم نہ ہو۔ اس کے کھانے چائے کا انتظام ٹیم والوں ہی نے کر دیا ہوگا ورنہ خالی پیٹ کرکٹ کس سے کھیلا جاتا ہے۔ کوئی انتظام نہ ہوتا تو مودے کو بھیج کر وہیں کھانا منگوا سکتا تھا۔ خوب ترلقمے اُڑائے ہوں گے آج۔ میوے مٹھائی سے ٹھساٹھس پیٹ بھر لیا ہوگا۔ چلو کیا مضائقہ ہے۔ یہی عمر کھانے پینے کی ہے اور پھر گھر کے دوسرے لوگ نعمتیں کھائیں تو وہ غریب کیوں پیچھے کیوں رہے؟ دڈّو اور چھٹن تو ٹکٹ کے دام کے ساتھ کھانے پینے کے لیے بھی پیسے لے کر گئے ہیں۔ اور کیا؟ وہیں کسی دکان پر میوہ مٹھائی اڑا رہے ہوں گے۔ خدا خیر کرے۔ ثقیل چیزیں کھا کر کہیں بدہضمی نہ کر لائیں۔ ساتھ کوئی روک ٹوک کرنے والا نہیں ہے۔ ترڈّد ہوتا ہے۔ بنّو کا تو یہ ہے کہ ماں ساتھ ہے۔ وہ خیال رکھے گی کہ کہیں زیادہ نہ کھا جائے مگر میں کہتا ہوں، کیلے ہم نے آج بڑے بے موقع لیے۔ اُس وقت خیال ہی نہ آیا کہ آج تو یہ سب بڑی بڑی نعمتیں اُڑا رہے ہوں گے۔ کیلوں کو کیوں خاطر میں لانے لگے اور تو نے بھی یاد نہ دلایا ورنہ کیوں لیتے اتنے بہت سے کیلے؟ بے کار ضائع جائیں گے۔ ان پر رات گزر گئی تو خاک بھی باقی نہ رہے گا۔ سوکھ کر سیاہ پڑ جائیں گے مگر خود کردہ را علاج نیست۔ اب خرید جو لیے۔ کیا کیا جائے۔ کسی نہ کسی طرح تو نیگ لگانا ہی پڑے گا۔ پھینکنے تو جا نہیں سکتے۔ پھر لے آتا یہیں۔ مجبوری کو میں ہی انھیں ختم کر ڈالوں۔"

❉ ❉ ❉

تین اناڑی

عصمت چغتائی

دو باتیں

اگر میں یہ نصیحت کروں کہ جھوٹ نہ بولو، بڑوں کا ادب کرو اور جی لگا کر پڑھو تا کہ ایک دن لائق فائق بن کر اپنے ملک اور قوم کا نام روشن کرو تو میری لمبی چوڑی نصیحت بے کار ہوگی۔ مجھے یقین ہے کہ تم جھوٹ نہیں بولتے، بڑوں کا ادب بھی کرتے ہو اور پڑھتے بھی جی لگا کر ہو۔ لہٰذا ضرور ایک دن کسی قابل بنو گے اور ملک کی خدمت کرو گے۔ تم مستقبل کے معمار ہو۔

پھر بھلا تمہیں نصیحتوں کی کیا ضرورت ہے!

اس لیے میں تو یہی کہوں گی کہ تم اسی طرح شرارتیں کرتے رہو۔ قہقہے لگاتے رہو۔ شریر بچّے عام طور پر ذہین ہوتے ہیں۔ اس لیے قدرتی طور پر ان کی شرارتوں سے کسی کی آنکھوں سے آنسو بہانے والی حرکتیں سرزد نہیں ہوتیں۔ اُن کی شرارتوں پر تو ہنسی آتی ہے۔ دلوں کے دُکھ دھیمے ہوتے ہیں۔

اس لیے میں تو تمہیں یہی رائے دوں گی کہ بوڑھے بھی ہو جاؤ تب بھی ایسی ہی دلچسپ شرارتیں کرتے رہنا۔ یوں ہی ہنستے ہنساتے رہنا۔ اگر کسی کا نقصان نہیں ہوتا تو شرارتوں سے زیادہ حسین کوئی حرکت نہیں۔

سکو! سب تمہیں کافی بد سمجھتے ہیں۔ تم ہو بھی خاصے بد مگر یہاں اصل میں بد کے معنی شریر کے ہیں لہٰذا تم بڑے مزے سے بدی پر قائم رہ سکتے ہو۔ ذرا اس عادت کو اپنے مستقبل کے فائدے میں استعمال کرنا شروع کر دو۔

بیلو! تم بھدیسلے ہو مگر تمھارا دماغ تازی گھوڑی کی طرح قلانچیں بھرتا ہے اور تمھاری انگلیوں میں قوسِ قزح چھپی ہوئی ہے۔ اُٹھ کر زمین کے چہرے سے میل کچیل اُتار کر رنگ بکھیر دو۔ مزہ آجائے گا!

ٹیٹو! تم سب سے چھوٹے ہو مگر سب سے کھوٹے نہیں۔ یہ کافی حیرت کی بات ہے۔ دُنیا میں تم جیسے ہزاروں لاکھوں ٹیٹو ہیں اور جب میں اِتنے بہت سے ٹیٹوؤں کا خیال کرتی ہوں تو مجھے دنیا کے مستقبل پر رشک آنے لگتا ہے۔

جو شرارتیں آج تم کرتے ہو، وہی کل ہم نے بھی کی تھیں اور وہ دن بھی ایک دن آئے گا جب یہی شرارتیں تمھارے بچے کریں گے۔ انسان کی زندگی ایک درخت جیسی ہے۔ کلّہ پھوٹتا ہے پودا پروان چڑھتا ہے۔ اس وقت وہ بالکل اناڑیوں جیسی حرکتیں کرتا ہے۔ کبھی ایک طرف ٹیڑھا ہونے لگتا ہے، کبھی دوسری طرف ضرورت سے زیادہ جھکتا ہے۔ کبھی کسی کی دیوار سے اُڑ کر بڑھنے لگتا ہے۔ دیوار بھی چچختی ہے اور اس کا جسم بھی کبڑا ہوجاتا ہے۔ اگر مالی ہوشیار ہو تو وہ تم لوگوں کی طرح سینہ تان کر آسمان کی طرف اُٹھتا چلا جاتا ہے۔ اور ایک دن پھول اور پھل سے بار آور ہو کر دنیا کو فیض پہنچاتا ہے۔

تم بھی بڑھتے ہوئے پودے ہو۔ اچھی سینچائی اور رکھوالی نے تمھارا مستقبل روشن بنا دیا ہے۔ پھر اب میں تمھیں کیا نصیحت کروں۔

تم خود میرے لیے بہت دلچسپ نصیحت ہو!

عصمت چغتائی

تینوں 'تاج' 'اکبر' کی سیڑھیوں پر اُکتائے ہوئے بیٹھے تھے۔ ککو اپنے نئے جوتے کو
ہزار بار چمکانے کے بعد صرف وقت کاٹنے کے لیے مِن بھیّا کے پرانے موزے سے گھسے
دے رہے تھے۔ بیلو کوئی نہایت بے سری فلم کی ٹیون گنگنا رہے تھے۔ ساتھ ساتھ گھٹنے پر
ٹھیکا بھی دیتے جا رہے تھے۔ ٹیٹو سب سے نیچے کی سیڑھی پر بیٹھے اُس مکھی پر جھلا رہے تھے
جو پِن پِن کر کے بار بار اُن کی چوکور ناک پر ٹِپّے لگا رہی تھی۔ انھیں اپنی ناک کے وسیع
ہونے کا ویسے ہی بہت غم تھا۔ اوپر سے یہ بد مذاق مکھی ان کی ناک پر فٹ بال کھیل کر جیسے
اور طعنے دے رہی تھی۔ کئی بار انھوں نے اُسے اپنی ناک کی پھنگی پر آنکھیں بھینگی کر کے
دیکھا اور تاک کر گھونسا سا مارا مگر وہ ہر دفعہ ایک لمحہ پہلے پھدک کر پھر واپس آ جاتی۔ بیلو اُن کی
بے بسی پر مسکرا رہے تھے۔

"یار ٹیٹو، یہ کمبخت مکھی یوں نہیں مانے گی۔ اس کے لیے ایک چوہے دان کی قسم کا
آلہ ایجاد ہونا چاہیے۔ مزے سے ناک پر رکھ کر سو جایا کرنا۔ جیسے ہی آئے گی پھٹاک سے
مر جائے گی۔"

ٹیٹو ویسے ہی کھسیانے بیٹھے تھے۔ زور سے کہنی اُچھالی جو بیلو کی ٹھوڑی پر لگی اور اُن
کی زبان کچل گئی۔ ککو جو مزے سے بیٹھے اپنا جوتا چمکا رہے تھے، صورتِ حال کو اُمید افزا
دیکھ کر فوراً اُدھر متوجہ ہو گئے اور بیلو کو ایسا ٹولا دیا کہ وہ پھسل کر ٹیٹو کے پیٹھ پر جم گئے۔ ایک
دم جیسے سوئی ہوئی فضا نے انگڑائی لی اور وہیں سیڑھیوں پر تینوں گڈ مڈ ہو گئے۔

"ارے ارے جے کیا ہو رہا ہے جی۔" میوا رام اندر سے غرّاتے ہوئے نکلے اور خود

لڑائی کے بھنور میں اُلجھ کر اوندھے ہوگئے۔ اُن کے ہاتھوں میں جامنوں کی ٹوکری تھی۔ وہ تینوں پر برس پڑی۔ ایک دم لڑائی ڈھیلی پڑگئی اور دیکھتے دیکھتے جو جامنیں کچلنے سے بچی تھیں لوٹ لی گئیں۔

میو اِرام بہت پچھناتے۔ گو یہ جامنیں ان ہی کے لیے لائے تھے مگر اس طوفانِ بدتمیزی پر وہ بگڑ گئے اور پیر پٹختے بی اماں سے شکایت کرنے چل دیے۔

جامنیں کھانے میں تینوں ایسے جُٹے کہ یہ بھی یاد نہ رہا کہ جھگڑا اِس بات پر ہوا تھا۔ اصل میں تینوں سخت بور ہو رہے تھے۔ امتحان ختم ہو گئے تھے اور ایسا معلوم ہوتا تھا کندھوں پر سے بھیگے ہوئے ریت کے بورے پھسل گئے۔ دو دن سے تینوں خالی ڈبّوں کی طرح اِدھر اُدھر لڑھک رہے تھے۔ سمجھ میں نہیں آتا تھا کیا کریں۔ تین مہینے کی چھٹیاں کیسے کاٹی جائیں۔ اگر لڑائی جھگڑا کیا تو ظاہر ہے سخت کُندی ہوگی۔ گرمی کے مارے سب کا موڈ ویسے ہی خراب ہو رہا ہے۔

”کوئی ترکیب سوچنا چاہیے بھئی۔“ بیلو نے تجویز پیش کی۔

”دو- تین- پانچ کھیلیں۔“ ٹیٹو نے رائے دی۔

”ہٹو یار بور ہو گئے دو- تین- پانچ سے۔“ سکو بولے۔

”کوئی ڈراما کریں۔ ہیں؟“

”بھئی ہم نہیں کرتے ڈراما۔“ ٹیٹو چِنخنائے۔

”ٹیٹو صاحب آپ تو گدھے ہیں۔“ سکو نے فیصلہ کیا۔ ”جناب اتنا شاندار ڈراما ہوگا کہ کیا بتائیں۔“

”جیسے کمّی آپا وغیرہ دہلی فیسٹیول میں گئی تھیں ہم بھی جا سکتے ہیں۔ ایک دم فرسٹ کلاس ڈراما تیار کریں۔ ٹکٹ لگا کر کریں۔“

”اس ہیں، بھئی ہم نہیں خریدیں گے ٹکٹ۔“ ٹیٹو بگڑے۔

”تم تو بے وقوف ہو۔ بھئی تم تو اس میں خود پارٹ کرو گے۔ تمہیں ٹکٹ لینا تھوڑی

پڑے گا۔'' بیلو نے کہا۔

''اور جناب کیا تعجب ہمارے ڈرامے کو انعام مل جائے۔'' سکو نے پلان پھیلایا۔''
اور پھر ہم ڈراما کمپنی کھول لیں گے۔''

''ایں ہیں، کچھ جو کھول پائیں اماں جو ماریں گی۔ یہ بزرگ کچھ کرنے دیں!''

''جی ہاں، کیوں ماریں گی اماں۔ کیوں سکو پھر شروع کر دیا یار۔''

بیلو نے شوق سے آنکھیں چمکائیں۔

اب سوال یہ تھا کہ کون سا ڈراما کھیلا جائے۔ ہر کہانی میں کمبخت شہزادی ضرور ہوتی
ہے۔ شہزادی کس کو بنایا جائے۔ عذرا اور پروین کے نخرے کون سہے۔ ویسے ان کے پاس
عید کے لال جوڑے موجود ہیں اور جھل مل کرتی اوڑھنیاں بھی ہیں مگر مصیبت یہ ہے کہ
الگ الگ پیدا ہو کر بھی دونوں جڑواں بنی رہتی ہیں۔ جہاں عذرا جائیں گی پروین بھی
جائیں گی۔ جس سے عذرا لڑیں گی پروین فوراً اس کا منہ کھسوٹ لیں گی۔ اگر عذرا کنویں
میں کود دیں تو شرطیہ پروین بھی کود پڑیں گی۔ ایک کو شہزادی بناؤ تو دوسری روٹھی جاتی ہے۔
خیر روٹھ جائے بلا سے! مگر وہ تو عین رنگ میں بھنگ کرنے پر تل جاتی ہے۔ نیچ ڈرامے
میں سب کو چلا چلا کر بتا دیتی ہے۔''اہاہا۔ بالکل شہزادی نہیں، بھنگن لگ رہی ہیں۔ شہزادی نہ
شہزادی کی دُم۔ بڑی اِترا رہی ہیں۔ لوگوں یہ عذرا ہیں۔ عذرا چوٹی۔ میری گڑیا کا پجامہ چرایا
تھا انھوں نے۔'' بس عذرا وہیں تاج واج پھینک کر پسر جاتی یا پروین پر چیل کی طرح
جھپٹ کر اُن کی چوٹی نوچ ڈالتیں۔ پروین کوئی دبنے والی تھیں؟ بس وہی نیولے اور سانپ
کی لڑائی ٹھن جاتی۔ منتظمین اور دوسرے کلاکار اُن کی لپیٹ میں آ کر گودڑ کی طرح اُلجھ
جاتے۔ پھر نوکر اور آیائیں آ جاتیں۔ اِن کا بھی نیچ بچاؤ کرنے میں بھرتا بن جاتا۔اس طرح
جس ڈرامے میں عذرا اور پروین کو لیا جاتا وہ ہمیشہ ٹریجڈی پر ختم ہوتا تھا۔

لہٰذا سکو نے فیصلہ کیا کہ کوئی لڑکی ڈرامے کے آس پاس نہ پھٹکنے دی جائے۔ وہ خود
ہی شہزادی بھی بنیں گے اور شہزادہ بھی اور اگر ضرورت پڑی تو کالا دیو بھی بن جائیں گے مگر

جب اُنھیں تجربے کے طور پر دوپٹا اوڑھایا گیا تو بالکل چمگادڑ کی طرح ہوبق لگنے لگے۔ ان کے بڑے بڑے کان دوپٹے میں سے کھونٹیوں کی طرح کھڑے ہو گئے۔ ان کی صورت دیکھتے ہی بیلو کو ہنسی کا دورہ پڑا تو ڈرامہ کمپنی قریب قریب ٹوٹ گئی۔ سکو برامان گئے اور دوپٹا پھینک کر غمگین بیٹھ گئے۔

بڑے سوچ بچار کے بعد طے ہوا کہ ڈرامے کے درمیان میں شہزادی انگور کھائے گی۔ لہٰذا تینوں شہزادی بننے پر مصر ہونے لگے۔ ظاہر ہے اگر تینوں شہزادیاں بنا دی جاتی تو بادشاہ، کالا دیو اور بہادر سپاہی کون بنتا؟ ویسے چوبدار، مہامنتری اور فوج کی خدمات بھی انھیں تین اداکاروں کو باری باری انجام دینا تھیں۔ پہلے سکو چوبدار بن کر بادشاہ کے آنے کا اعلان کرتے تھے۔ پھر جلدی سے پردے کے پیچھے جا کر بیرے کیپ جس میں صوفی آلہ (خالہ کو آلہ کہتے ہیں) نے چاکلیٹ کی پنّی کے پھول بنا کر لگا دیے تھے۔ پہن کر بادشاہ سلامت بن کر آ جاتے تھے۔ ان کے پیچھے ہنسی روکنے کے لیے ناک دبائے بیلو وزیرِ اعظم بنے آتے تھے پھر مکالمے چلتے تھے۔ اور بیلو "جی حضور" اور "جی شہنشاہ" کے علاوہ سارے مکالمے بھول جاتے تھے۔ بار بار سکو کو دبی زبان سے اُن کے مکالمے یاد دلانے پڑتے تھے۔ دو تین دفعہ "ایس؟ ایس؟" کرنے کے بعد اُنھیں مکالمہ یاد آتا۔

اُدھر ٹیٹو شہزادی کی طرح خراماں خراماں چلنے کی بجائے بھد بھد کرتے آتے اور فوراً بولتے۔

"انگور حاضر کیسے جائیں۔" اُنھیں آتے ہی انگور کی فکر پڑ جاتی۔

"ارے بھئی ابھی نہیں۔" سکو بگڑ جاتے۔

"واہ جناب کیوں نہیں؟" ٹیٹو بگڑتے۔

"او نہہ بھئی پہلے شہزادی اسٹیج پر آتی ہے، شہنشاہ کو سات سلام کرتی ہے۔" اسٹیج ڈائریکٹر بیلو جھلا اُٹھے۔ کتنی دفعہ انھوں نے ٹیٹو کو سمجھایا کہ شہزادی کو بار بار بھول کر یا آٹھ سلام نہیں کرنے چاہئیں۔ سلام کرنے کے بعد شہزادی مکالمہ بولتی ہے۔ پھر انگور مانگتی

نہیں بلکہ کنیّز لاتی ہے تو پہلے انکار کرتی ہے۔ پھر بڑی مشکل سے تھوڑے سے کھاتی ہے۔ جلدی جلدی سب نہیں بھکس لیتی۔

مگر ٹیٹو حیران تھے۔ اُن کی سمجھ میں نہیں آتا تھا کہ شہزادی اتنی گدھی کیسے ہوسکتی ہے کہ انگور کھانے سے جھوٹ موٹ کو بھی انکار کرے۔ ان کا خیال تھا شہزادی اسٹیج پر آتے ہی انگوروں کی فرمائش کرے اور نہایت تیزی سے کھا جائے اور ڈراما ختم ہوجائے بس!

ریہرسل میں انگور تو نہ ملے۔ لہٰذا چنوں اور بسکٹوں سے کام چلایا گیا مگر شہزادی پھر ڈائیلاگ بھول گئی اور آتے ہی بولی، ''انگور حاضر کیے جائے۔''

''نہیں جناب، ابھی سے انگور نہیں ملیں گے۔ ڈائیلاگ تو ختم ہوا نہیں۔'' سکّو بھنّائے۔

''اری واہ، بول تو دیا تھا ڈائیلاگ۔'' ٹیٹو منمنائے۔

''ایں ہیں، کب بولا تھا، جھوٹے۔'' وزیراعظم یعنی بیلو بولے۔

''اونہہ، بھئی ابھی تو بولا تھا۔ نہیں تو پھر بول دیں گے۔ انگور کھانے کے بعد۔''

''ایں ہیں، گدھے بعد میں کیسے بولو گے۔ ڈائیلاگ بولو تب میں ملیں گے انگور۔'' سکّو بادشاہ کی کرسی سے چلائے۔

اتنے پر بحث چل رہی تھی بیلو اُکتا کر بسکٹ چکھنے لگے اور اس سے پہلے کہ وہ سارے بسکٹ چکھ ڈالتے، شہزادی اور شہنشاہ کی نظر وزیراعظم کی اِس حرکتِ نازیبا پر پڑ گئی اور ڈائیلاگ وغیرہ بھول کر دونوں بسکٹوں پر ٹوٹ پڑے اور دم بھر میں بسکٹ ختم ہوگئے۔

اس دن ریہرسل ملتوی کرنا پڑا کیوں کہ ٹیٹو کو ڈرامے کا صرف ایک حصہ دلچسپ معلوم ہوتا تھا۔ یعنی بسکٹوں سے ریہرسل۔ اُن کی تو ساری دلچسپی ختم ہوگئی۔

شہزادی کے کپڑوں کا سوال بھی بہت ٹیڑھا تھا۔ شہنشاہ تو اپنی کارڈرائے کی پتلون اور اچکن پہن کر اوپر سے بی اماں کا ایک لگنا ہوا دوشالہ اوڑھ لیتے تو نہایت شاندار بادشاہ بن جاتے۔ پنّی کا پھول لگا ہوا تاج موجود ہی تھا۔ بیلو، آلہ کی پرانی ساڑھی کا پگڑ باندھ کر وسیم بھائی کی مہندی کی ریشمی اچکن پہن لیتے تھے اور فرسٹ کلاس وزیراعظم بن جاتے

تھے۔ مگر ٹیٹو کے ڈریس کی مصیبت تھی۔ عذرا نے اپنا نازک اطلس کا پاجامہ دینے سے قطعی انکار کر دیا۔ ٹیٹو کی موصل جیسی ٹانگوں کے خیال سے ہی پھریریاں آتی تھیں۔ خوبصورت گوٹے کا غرارہ دو منٹ میں تار تار ہو جائے گا۔ اگر گھوڑے کو غرارہ پہنا دیا جائے تو اس بدنصیب غرارے کی زندگی کتنے منٹ کی رہ جائے گی! لہذا پروین کی ایک نہایت سڑیل سی شلوار ملی جو ٹیٹو کے گھٹنوں سے بھی کچھ اونچی تھی اور اُن کے کھردرے اونٹ جیسے گھٹنے اور بھی بھدے لگنے لگے۔ کمی آپا کی ایک جھلسی ہوئی پرانی شلوار اتنی لمبی تھی کہ اُسے پہن کر بالکل پاموز مرغی لگنے لگے۔ وہ ان کے پیروں سے ڈیڑھ ڈیڑھ بالشت بڑی تھی۔ خیر اس سے ایک فائدہ ہوا کہ ان کے بھدے بوٹ اتارنے کی ضرورت نہ تھی۔ آسانی سے شلوار سے ڈھک گئے۔ ریہرسل والا جالی کا دوپٹا کمی آپا نے دھلنے دے دیا تھا۔ زبیدہ آپا کا ایک دو بالشت کا نائیلان کا دوپٹا خوش قسمتی سے ہاتھ آ گیا۔ بی اماں کی پنڈلیوں میں جب بائیٹے پڑتے تھے تو وہ کس کر اس دوپٹے سے باندھ لیا کرتی تھیں۔ آیوڈیکس کی تھوڑی تھوڑی بدبو آتی تھی تو ایسا کیا اندھیر تھا۔ شلوار میں سے بھی تو سڑے ہوئے چاولوں کا بھبکا نکل رہا تھا۔ کرتے کا سوال بڑی آسانی سے حل ہو گیا۔ کلّو بوا کا گلابی آنکھ کے نشے کا کرتا جس میں نیلی جھالریں لگی تھیں، مل گیا۔ یہ کرتا رائے عامّہ سے مجبور ہو کر انھوں نے بقچیا میں سینت کر رکھ دیا تھا کیونکہ جب وہ یہ کرتا پہن کر اپنی کوٹھری سے طلوع ہوتی تو بی اماّں اور خالہ اماّں کو ہول اُٹھنے لگتا تھا۔ بیچاری کلو بوا کو یہ کرتا از حد لاڈلا تھا۔ ان کے تیسرے میاں نے بڑے چاؤ سے دلّی سے اُن کے لیے بنوا کر بھیجا تھا۔ اُسے پہن کر اپنے خیال میں وہ قطعی دلھن لگنے لگتی تھیں۔

اب ٹکٹ بیچے جانے لگے۔ سب سے پہلے صوفی آلہ کے پاس ڈیپوٹیشن گیا۔ خوب رعب گانٹھا گیا کہ از حد شاندار ڈراما ہونے والا ہے۔ سچ مچ کے انگور ہوں گے وغیرہ وغیرہ۔ ان کے ہاتھ ٹکٹ بھی بیچا گیا اور ڈونیشن بھی لیا گیا۔ اس کے بعد وسیم بھائی کو گھیرا گیا۔ پہلے تو وہ بہت بدکے۔ انھیں تو قاعدے سے پاس ملنا چاہیں مگر سکندر بھابھی نے چار ٹکٹ چار

چار آنے والے خرید لیے۔

بڑے زور شور سے تیاریاں ہونے لگیں۔ چبوترے پر تخت بچھا کر اسٹیج بنایا گیا۔ گھر بھر کی جتنی کرسیاں اور مونڈھے تھے جمع کر کے سامنے سجائے گئے۔ اُن کے پیچھے پلنگ بچھا دیے گئے اور سرِ شام ہی سے پبلک جمع ہونے لگی۔ عذرا اور پروین اب پچھتا رہی تھیں کیونکہ ڈرامے میں حصہ نہیں لیا۔ مزے سے پیسے ملتے اور انگور کھانے کو ملتے سو الگ۔ مگر اب پچھتانے سے کیا ہوتا تھا۔

لیکن جب پیروں سے ڈیڑھ بالشت آگے نکلی ہوئی شلوار اور کلو بوا کا کرتا پہن کر ٹیٹو شہزادی کے روپ میں اپنے ٹیڑھے میڑھے دانتوں کو نکوسے ہوئے جلوہ افروز ہوئے تو صوفی آلہ اور کمی آپا اتنا ہنسیں کہ کرسیوں پر سے نیچے لڑھک گئیں۔ ایسا معلوم ہوتا تھا کہ ٹیٹو صاحب کلو بوا کے بچیا سے سیدھے نکلے چلے آ رہے ہیں! دوپٹا اوڑھنے سے ان کی ناک اور بھی چوکھنٹی لگنے لگی۔ صوفی آلہ نے بڑی مشکل سے ہنسی کا دورہ روکا اور فیصلہ کیا کہ ’’ہمارے ٹکٹ کے دام واپس کرو۔ ہم نہیں دیکھتے اتنا سڑیل ڈراما۔ ٹیٹو قطعی شہزادی نہیں لگ رہے ہیں۔ موٹی قصائینی لگ رہے ہیں۔‘‘

’’موٹی قصائینی سے ٹیٹو کے پٹنگے لگتے تھے۔ جب آتی تھی کم بخت انھیں چھیڑتی تھی۔

’’اے ٹیٹو میاں، ہم سے بیاہ کرو گے۔‘‘ اور ٹیٹو کو پھر سارا گھر اتنا چھیڑتا کہ وہ پکا ارادہ کر لیتے کہ ایک دن وہ موٹی قصائینی کو قتل کر کے خود ہنسی خوشی سولی پر چڑھ جائیں گے۔ پھر کوئی نہ چھیڑے گا۔

مارے غصّے کے ٹیٹو میاں بکھر گئے۔ وہیں کھڑے کھڑے سب کپڑے نوچ کر پھینک دیے اور انتقاماً انگوری کی پلیٹ پر ٹوٹ پڑے۔ کلو اور بیلو کے میک اپ کے ماہر میوا رام بوٹ پالش سے مونچھیں بنا رہے تھے۔ انھوں نے جو انگوروں پر غنیم کو حملہ کرتے دیکھا تو پگڑ اور تاج پھینک پھانک خود بھی دوڑ پڑے اور انگوروں کی حفاظت میں ٹیٹو سے زیادہ

تیزی سے انگور کھا ڈالے۔

حاضرین جو پہلے ہی ڈرامے سے ناخوش تھے اس ٹریجڈی پر بالکل ہی بگڑ گئے اور ٹکٹوں کے پیسوں کی واپسی کے لیے غل مچانے لگے۔ چونکہ زیادہ تر ٹکٹ اُدھار بکے تھے اور باقی پیسوں کے انگور اور ریہرسل کے لیے بسکٹ اور چنے آ چکے تھے۔ لہٰذا پیسے واپس کرنے کا کوئی سوال ہی نہ تھا۔ ڈراما بری طرح فلاپ ہو گیا۔ تو تو میں سے بڑھ کر بات ہاتھا پائی تک پہنچ گئی۔ بیلو نے سکو کو دھکا دیا۔ سکو سمجھے ٹیڈو نے دھکا دیا ہے۔ انھوں نے ان کے ٹیپ جڑ دی۔ ٹیڈو نے گھما کر ایک مکّا سکو کی ناک پر ٹکا دیا۔ بس پھر کیا تھا! تین جوڑی ہاتھ اور پیر ایسے خلط ملط ہو گئے کہ پتا نہیں چلتا تھا کہ کون سا ہاتھ کس کا ہے۔ صوفی آلہ اور میوا رام نے بیچ بچاؤ کرنے کی کوشش میں سارے خالی وار اپنی ناکوں پر وصول کیے۔

اتنے میں گرجتی برستی آلہ میدانِ کارزار میں کود پڑیں اور بغیر پوچھے گچھے لڑتے بھنبھوڑتے انبار کو سنٹی لے کر دھنک کر رکھ دیا۔ آلہ کی عادت ہے یوں ہی اچانک میدان میں پھاند پڑتی ہیں، یہ نہیں پوچھتیں کس کا قصور تھا۔ بس ایک سرے سے سب کو پیٹ دیتی ہیں۔ قصوروار اور بے قصور سب ہی پِٹ جاتے ہیں۔ ظاہر ہے اس میں مجرم کو بھی سزا مل ہی جاتی ہے۔ یہ اور بات ہے کہ بے قصور بھی اتنا ہی یا کچھ زیادہ پِٹ جاتا ہے۔ تو بھئی گیہوں کے ساتھ گھن تو پس ہی جاتا ہے۔

’’آگ لگے اللہ ماری ڈراما کمپنی کو۔‘‘ بی اماں نے اُلٹی میٹم دے دیا کہ اگر پھر کسی فرد نے ڈراما اسٹیج کرنے کی کوشش کی تو وہ اپنا سر پھوڑ کر گھر سے نکل جائیں گی۔ تینوں اُداس پھر تاج اکبر کی سیڑھیوں پر جا کر بیٹھ گئے۔ ساری اسکیم پر ٹیڈو صاحب نے پانی پھیر دیا۔

❖ ❖ ❖

ڈراما کمپنی کی دل شکن ناکامی کے بعد کئی دن تینوں بجھے بجھے سے رہے۔ منّن بھیّا اور کمّی آپا کو اگر صوفی آلہ نہ ڈانٹتیں تو وہ انھیں خودکشی کر لینے پر مجبور کر دیتے۔ چھٹیوں پر نہ جانے کس منحوس کی پرچھائیں پڑ گئی تھی کہ ہر اسکیم پَٹ ہوئی جا رہی تھی۔ عجب مصیبت تھی۔ بیڈ منٹن کھیلو تو گیند سیدھی تاک کر پانی کے مٹکے میں یا بی امّاں کے کتھے کی ٹھیا میں گرتی۔ کرکٹ کھیلو تو ہٹ سیدھا کھڑکی یا دروازے کے شیشے پر جا بیٹھتا۔ آنکھ مچولی کھیلو تو چھپو کہاں۔ کمّی آپا فوراً اپنے پلنگ کے نیچے سے مچھردانی کے بانس مار مار کر نکال دیتی۔ بی امّاں کے کمرے میں جاؤ تو انھیں فوراً ہول چڑھنے لگتا۔ مجیب بھائی کے کمرے میں جانا سراسر موت کو دعوت دینا ہے۔ فوراً پکڑ کر الجبرا اور جومیٹری رٹانے لگیں گے۔ وسیم بھائی کے کمرے میں چھپو تو وہ فوراً چلا چلا کر اعلان کر دیں گے۔

"بھئی ہمارے کمرے میں کوئی نہیں چھپا ہے۔ یہاں کوئی ڈھونڈنے نہ آئے"۔

امیر خان کے باورچی خانے میں پرندہ پر نہیں مار سکتا۔ رہ گئی کلّو بوا کی کوٹھری تو وہاں چھپنا بڑے دل گردے کا کام ہے۔ اول تو گندھک، گلقند اور مختلف مرہموں کا بھبکا ناک میں چڑھ کر چھکے چھڑا دے گا۔ دوسرے مچھروں کے قبیلے کے قبیلے حملہ کر کے چمڑی ادھیڑ دیں گے۔ میوا رام کے کمرے میں جانا بھی درد سر مول لینا ہے۔ یہ بد مذاق شخص ہر وقت شریف آدمیوں کی میلی ناکوں پر نظر رکھتا ہے۔ ویسے بھی چاہے کتنی صاف ہو ناک، احتیاطاً ناک صفا کرنے کی رائے دے دے گا۔ کہو بھئی کسی کی ناک میلی ہے کہ اجلی ہے، آپ کو کیا تکلیف ہوتی ہے۔ کسی کی گردن پر میل کی پپڑیاں ہیں تو آپ کی بلا سے۔ لوگ کہتے

ہیں میوا رام بہت اچھا نوکر ہے۔ اونہہ نوکر! ان تینوں کی جان کو تو وہ دوزخ کے داروغہ کی طرح لگ چکا ہے۔ پیدا ہوتے ہی رعب جمانا شروع کر دیا اور برابر ہر وقت اینٹھا ہے۔ ذرا ذرا سی بات پر نہایت غیر ملازمانہ حرکتیں، گستاخی سے سب کے سامنے ڈانٹنا اور موقع بے موقع چپتیا دینا۔ نہ جانے اماں نے اس ظالم کو اتنی چھوٹ کیوں دے رکھی ہے۔ آخر نوکر پر آقاؤں کا کچھ رعب تو ہونا چاہیے۔ یہ کیا کہ یہاں اُلٹی آقاؤں کی اس جلاد نوکر سے کنّی دبتی ہے۔ اور یہ حق تلفی صرف اس لیے ہوتی ہے کہ یہ تینوں مختار نہیں۔ جو لوگ پیسا کماتے ہیں وہ خود مختار ہوتے ہیں۔ وہ چاہے رات بھر فلش کھیلیں، شکار کے پروگرام بنائیں، اونچے اونچے قہقہے لگائیں، میوا رام دوڑ دوڑ کر چائے اور شربت سے ان کی خاطر تواضع کرتے ہیں اور یہاں جب تیسری سے چوتھی پلیٹ مانگو تو ٹکا سا جواب مل جاتا ہے ”بس بس، کیا ہیضہ کرو گے کم بختو!“ دنیا جانتی ہے کہ ہیضے کے جراثیم آئس کریم میں نہیں بلکہ بھنڈی، لوکی اور ٹنڈوں میں ہوتے ہیں مگر یہ منحوس ترکاریاں زبردستی لگائی جاتی ہیں کہ ان میں نہ جانے کون کون سے وٹامن ہوتے ہیں۔ حالانکہ ان بے ہودہ ترکاریوں کے بجائے ہر شریف وٹامن کو صرف ٹافیوں، گلاب جامنوں اور رس گلوں میں ہی ہونا چاہیے تھا۔

”اپنی روزی کسی طرح خود کمائی جائے۔“ سکو نے سنا تھا کہ خالہ اماں وسیم بھائی کو اس لیے کھریدتی رہتی ہیں کہ وہ اپنی روزی خود نہیں کماتے۔ جو کما کر لاتے ہیں ان کے بڑے لاڈ کیے جاتے ہیں۔

”مگر کیسے؟“ بیلو سے کوئی دو- تین- پانچ کھلوا لے مگر ڈلیا ڈھونے کے کام سے اس کی جان نکلتی ہے۔ بھدیسلا ہے نا!

”جناب، دولت کمانے کے لکھوکھا طریقے ہیں۔“ سکو نے پیارے ماموں کا جملہ دہرایا۔ ”اگر کہیں سے تھوڑا سا گڑ مل جائے تو۔“

”گڑ؟“ بیلو کی آنکھوں میں رونق آ گئی۔ دادی اماں کو گڑ سے اللہ واسطے کا بیر ہے۔ ”بس زیادہ گڑ مت کھاؤ، پیٹ خراب ہو جائے گا۔“

کہو بھلا پیٹ نہ ہو گیا روئی کا پھویا ہو گیا کہ پاؤ ڈیڑھ پاؤ گڑ سے بگڑ بیٹھے گا۔‘‘

’’گڑ چنے کی ٹافی بنائی جائے۔‘‘ سکو نے تشریح کی۔

’’ٹافی بنے گی تو چکھنا تو پڑے گی ہی۔‘‘ ٹیٹو نے تخیل میں ٹافی چکھ کر چٹخارا لیا۔

پھر؟‘‘

’’پھر یہ کہ ٹافی کی چھوٹی چھوٹی پڑیاں باندھ کر بیچی جائیں۔اس سے جو منافع ہو تو اور گڑ خرید ا جائے اور ٹافی بنائی جائے۔‘‘ یہ سکو پکا بنیا ہے۔ کسی دن ٹاٹا اور برلا کا دیوالہ نکال کر چھوڑے گا۔ کیا کیا تنگڑ میں لڑاتا ہے۔

’’پھر جناب ٹافی کی دکان کھولی جائے، ہیں نا۔‘‘ ٹیٹو چہکے۔

’’جی ہاں، دکان سے کیا ہوگا پورا کارخانہ کھولا جائے۔ پھر سارے ہندوستان میں ٹافی بیچی جائے۔‘‘

مگر سوال یہ تھا کہ گڑ کہاں سے ملے۔ بی اماں تالے میں رکھتی ہیں شکر اور گڑ۔

’’بس ایک ترکیب کی جائے۔‘‘ سکو عرف لال بھجکّڑ بولے۔

’’کیا؟‘‘

’’ہر گھر میں جا کر تھوڑا گڑ مانگا جائے۔‘‘

’’اماں یار، جوتے کھلواؤ گے۔ ہماری تو اماں اتنا ماریں گی کہ پلٹس بنا دیں گی۔‘‘

’’جی ہاں، کیوں ماریں گی۔ یوں تھوڑی مانگیں گے کہ کسی کو پتا چلے۔ ٹیٹو جائیں بیگم اماں کے پاس اور کہیں تھوڑا سا گڑ دے دیجیے بی اماں نے مانگا ہے اور بیلو تم جاؤ بی اماں کے پاس کہ بیگم اماں نے گڑ مانگا ہے۔ اس طرح اماں اور آلہ سے دادی اماں اور خالہ اماں سے الگ الگ جا کر گڑ مانگا جائے۔‘‘

’’قیصر خالہ سے بھی۔‘‘ ٹیٹو نے آنکھیں چمکائیں۔

’’ہاں اور افسر آپا اور زرینہ آپا سے بھی۔‘‘

زرینہ آپا بڑی کائیاں ہیں، جاتے ہی کہیں گی، ’’میرا بھیا کیسا پہلے میری چپلی میں

کیل ٹھونک دے۔'' پھر کہیں گی، ''ذرا میری کتابوں پر کاغذ تو چڑھاؤ۔'' جب جاؤ ہزاروں کام بتا دیتی ہیں اور گڑ دینے کے نام پر بولیں گی، نہیں بھائی ہم گڑ کے پیپے میں ہاتھ نہیں ڈالیں گے۔ ہمیں چچا لگتا ہے۔

اتنی مخالفت کے خوف کے باوجود اس کے سوا کوئی چارہ نہیں تھا کہ گڑ مانگا جائے۔ بیلو نے نہایت مسمسی سی صورت بنائی، چلے خالہ امّاں کے پاس۔

''خالہ امّاں! بی امّاں نے کہا ہے ذرا سا گڑ دے دیجیے۔ گڑ کے ٹکڑے پکیں گے۔''

''گڑ؟.....اوئی کیسا گڑ۔'' خالہ امّاں چکرائیں۔

''جی گڑ...گڑ۔'' بیلو اس سے زیادہ گڑ کی تشریح نہ کر سکے۔

''اے لڑکے، دیوانہ ہوا ہے۔ کچھ اور مانگا ہوگا۔ پرسوں ہی تو میں نے سوا چار سیر گڑ اکبر سلطان کو بھیجا ہے۔ ختم بھی ہوگیا۔''

''جی بالکل ختم ہوگیا۔'' بیلو بڑی بھولی آواز میں بولے۔

''اے بوا سکندر زمانی! ذرا سا گڑ دے دو۔'' گڑ تو مل گیا مگر خالہ امّاں نہایت جز بز ہوگئیں۔ ''اے سرتاج زمانی، سنتی ہو، اکبر سلطان کے ہاں سوا چار سیر گڑ چٹکیوں میں اڑ گیا۔''

''نوکروں نے چرایا ہوگا۔'' سکندر زمانی بولیں۔

ادھر جب ٹیٹو بی امّاں سے خالہ امّاں کے لیے گڑ مانگنے گئے تو وہ ازحد چراغ پا ہوئیں۔ ''لو منّی آپا بھی حد کرتی ہیں۔ سنا ہے مارہرے سے وسیم بیس سیر گڑ لائے ہیں۔ ایسا ہی تھا تو بانٹنے کا ہے کو بیٹھ گئی تھیں۔ کلو بوا پھینک آؤ اللہ مار گڑ، ہمیں نہیں چاہیے۔'' بی امّاں بگڑ گئیں۔

''بی امّاں، وہ کہتی ہیں ہمارے گڑ میں چوہیاں نے بچّے دے دیے ہیں، اس لیے تھوڑا سا گڑ دے دیجیے۔'' ٹیٹو نے بات سنبھالی۔

''ہے ہے، اللہ کی پھٹکار چوہیا نامراد کی صورت پہ۔ اے بی اختر سنتی ہو...منّی آپا کے گڑ میں چوہیا نے بچّے دے دیے۔ میرا سارا مشروع کا گٹھنا کھا گئی حرام زادی۔''

”کون بی اماں؟“ بی اختر سیڑھی پر پتی کا کام کرنے میں بالکل بے ہوش ہو جاتی ہیں۔

”اے وہی قطامہ چوہیا۔ میں کہتی ہوں یہ سکھٹی کا بچہ کس کرم کا ہے۔ ڈھائی سیر اناج کھانے کو چوکس، چوہیا مارتے دم نکلتا ہے۔ اے، یہ مونڈی کاٹی بلّی کس مرض کی دوا ہے۔ کیا مجال جو ایک بھی چوہیا مار جائے۔“

”نہیں بی اماں، ہماری مانو چوہے نہیں مارے گی۔ ہمیں گندے لگتے ہیں کمبخت چوہے۔“ کمی آپا بولیں۔

”ہاں ہاں تمہاری بلّی تو نواب زادی ہے۔ چوہے نہیں مارے گی۔ تخت پر بیٹھی گلاب کے پھول سونگھتی رہے گی۔ نفرت ہے مجھے بلّو سے۔“ بی اماں جل گئیں۔

اب ٹیٹو کھڑے کسمسا رہے ہیں۔ بات گڑ سے چوہوں پہ کودی اور چوہوں سے کمی آپا کی نخریلی بلّی پر اور وہاں سے بی اماں کی پٹاری میں لڑھک گئی۔ کاش چوہیا کے بجائے کوئی اور ہی بہانہ کیا ہوتا تو یہ ذرا سی بات تنگٹر نہ بن جاتی۔

گڑ مانگنے کی اسکیم میں کچھ گڑبڑ ہوگئی۔ بھولے سے سکو بھی دوبارہ بی اماں سے گڑ مانگنے آ گئے۔ وہ پہلے ہی گڑ کے ذکر پر چڑھی بیٹھی تھیں۔ اسی وقت امیر خاں سے کہا، لے جا کر منّی آپا کے ہاں پٹخ آؤ گڑ۔ ہمیں نہیں چاہیے۔ منگائے جا رہی ہیں تو بھیجا کیوں تھا۔ آلہ سے جب گڑ مانگا تو وہ ایک دَم بھنّا اُٹھیں۔

”کہہ دو آپا سے خالہ اماں سے منگالیں۔ ہم نہیں دیتے۔“

گڑ کی مہم کچھ زیادہ کامیاب نہیں رہی۔ کہیں سے تو اتنا مختصر گڑ ملا کہ دوسرے ٹھکانے پر پہنچتے پہنچتے ٹیٹو میاں نے راستے ہی میں چکھ ڈالا۔ سکو جن جن اڈوں پر پہنچے کسی نے گڑ کے معاملے میں جوش و خروش نہیں دکھایا۔ بہت ہی تھوڑا سا جمع ہو پایا۔ بیلو نے جس جیب میں گڑ رکھا اس میں اتفاق سے پہلے سے کباڑ خانہ موجود تھا۔ کچھ زنگہیائی ہوئی ٹیڑھی کیلیں، خالی کارتوس، مختلف رنگ اور وزن کے پتھر، چند کینچوے اور نیم مردہ مینڈک کے

بچّے جو اُنھوں نے مچھلی کے شکار کے خیال سے جمع کیے تھے، کچھ خوش رنگ پر۔ یہ سب چیزیں گڑ کے شیرے میں لتھڑ کر اتنی بھیانک ہوگئی تھیں کہ گڑ کی ٹافی کے خیال ہی سے رونگٹے کھڑے ہوگئے۔

خیر جتنا بھی گڑ جمع ہوسکا غنیمت سمجھا گیا۔ اب یہ فکر ہوئی کہ امیر خاں باورچی خانہ چھوڑ کر ذرا کلّو بوا سے باتیں مٹھارنے جائیں تو کچھ ٹافی وغیرہ پکائی جائے۔ چنانچہ جوں ہی امیر خاں ہانڈی اُتار کر ذرا کلّو بوا سے ان کے چوتھے شوہر کی شراب پی کر ٹھکائی کرنے کی عادتِ بد پر تبصرہ کرنے پہنچے، تینوں نے باورچی خانے پر حملہ بول دیا۔ نہ جانے بہت سی پتیلیوں میں کیا کیا کچھ کھد بد ار رہا تھا۔ یوں ہی تجربے کے طور پر دو چار ہانڈیاں چکھ ڈالیں۔ ایک اندھیری سی گہری پتیلی میں نہ جانے کیا اُبل رہا تھا۔ بیلو صاحب کی عینک تو بی اماں کی پٹاری میں ٹانگیں اونچی کیے لیٹی تھی۔ ٹھیک سے سوچھا بھی نہیں۔ جوں ہی ایک چچہ بھر کر سڑپا مارا کھانستے اوکتے نالی کی طرف دوڑے۔ تحقیق کے بعد معلوم ہوا اس نا نجار پتیلی میں میلی صافیاں اور جھاڑن اُبالے جا رہے تھے۔ خیر، کلّی کر کے ذرا سی گڑ کی ڈلی تالو میں چپکائی تب کہیں جا کر جھاڑنوں کا ذائقہ حلق سے نیچے کھسکا۔

کوئی ٹھیک پتیلی خالی نہ تھی۔ اس لیے ایک بڑے سے پتیلے میں ہی پکانے کا ارادہ کیا۔ پیندے میں ذرا سا گڑ پڑتے ہی کھد بد کرنے لگا۔ ادھر تینوں چنے چھیلنے اور ایک دوسرے کو چنے پھانکنے سے روکنے میں ایسے غرق ہوئے کہ بی اماں کی ناک میں جب گڑ جلنے کی بُو پہنچی تو انھوں نے ہانک لگائی، ''اے ہے، امیر کے بچے! یہ باورچی خانے میں کیا تیرا کلیجا جل رہا ہے اور تو بیٹھا کلّو بوا سے چونچلے بگھار رہا ہے۔''

ٹافی سازوں کے آئے حواس گم ہوگئے۔ بیلو نے گرم پتیلا چھوا اور بلبلا کر بھاگے۔ سکو ہڑبڑا کر اپنے کرتے کے دامن سے پتیلا پکڑ کر جو اٹھانے جھکے تو جیب میں بھری ہوئی سپیاں، گھونگے، پیچ کش، ربڑ، پنسل، اٹیچی کی کنجی وغیرہ وغیرہ گڑ میں گر گئیں۔ بڑی مشکل سے امیر خان نے آ کر پتیلا اُتارا۔ زمین پر رکھتے ہی جلا ہوا گڑ مع کباڑ

کے پندے میں سیمنٹ کی طرح جم گیا۔ گڑ کے جلنے سے پرانے پتیلے کا پیندا کچھ ایسا ناکارہ ہوگیا کہ اس پر قلعی نہیں ٹکتی اور جب بی اماں نانا ابّا کے فاتحہ کا پلاؤ بگھارنے بیٹھتی ہیں، ٹافی سازوں کی نئے سرے سے آفت آجاتی ہے۔

تینوں کی گڑ مانگنے کی اسکیم بھی پوشیدہ نہ رہ سکی اور ہفتوں کورٹ مارشل ہوتا رہا۔ بیچارے خاموش سر جھکا کر ملامتیں سنتے ہیں اور غم کھا کر رہ جاتے ہیں۔ اگر کہیں ٹافی کی اسکیم خاطر خواہ بیٹھ جاتی، گڑ کافی ملتا، پتیلا اتنا بڑا نہ ہوتا تو مزہ آجاتا۔ منافع در منافع ہوتا، بینک بیلنس بڑھتا اور آج یوں پھٹکارے سننے کے بجائے ایک نہایت شاندار بنگلے میں تینوں ٹھاٹ سے رہتے۔ پھر اماں یوں جھانوے سے گٹے کیوں چھیلتیں نہ آلہ سود در سود کے سوال رٹاتیں، نہ مجیب بھائی مولیاں بواتے اور نہ میوا رام ہر وقت جیبوں کی تلاشی لینے کی ہمّت کرتے۔ اُف کتنے عیش ہوتے!

اب تو تینوں کو اپنے پورے طور پر اناڑی ہونے کا یقین ہونے لگا۔ چھٹیاں چیونٹی کی چال رینگ رہی تھیں۔ خیر ایک سہارا تھا کہ آموں کی افراط تھی۔ تینوں اپنی مخصوص بیٹھک 'یعنی' تاج اکبر کی سیڑھیوں پر بیٹھے سامنے بالٹی رکھے آم چوس رہے تھے۔ اتنے میں وسیم بھائی بوکھلائے ہوئے تیزی سے آئے اور سیڑھیوں پر پھٹ پھٹ کرتے چڑھ گئے۔ پھر نہ جانے کیا سوچ کر اتر آئے اور لمبے لمبے ڈگ بھرتے گیٹ تک گئے۔ سارس جیسی گردن نیوڑھا کر باہر کسی کو دیکھا اور ایک دم اُچھل کر بھاگے۔ ان کے چہرے پر ہوائیاں اڑ رہی تھیں۔ پسینے کی لمبی لمبی ڈوریاں چہرے پر پھسل رہی تھیں۔ پاجامہ کچھ زیادہ ملگجا ہو رہا تھا۔ غرض یہ کہ پریشانی اور گھبراہٹ کا چلتا پھرتا اشتہار بنے ہوئے تھے۔

’’کیا ہوا وسیم بھائی؟‘‘ انھیں پھر سیڑھیوں پر لیٹتے ہوئے بیلو نے پوچھا۔ وہ ایک دم ٹھٹک کر گرتے گرتے بچے۔

’’دیکھو، کوئی آدمی آئے اور پوچھے وسیم صاحب کہاں ہیں تو کہہ دینا ہرہ مار گئے ہوئے ہیں۔‘‘ انھوں نے کھسیا کر کہا۔

’’کیوں؟‘‘ ٹیٹو نے آم کی گٹھلی زور سے سڑک پر گزرتے ہوئے کتّے کی ٹانگ میں ماری۔ وہ پیں پیں کرتا ہوا جھاڑیوں میں گھس گیا۔

’’کیا بات ہے وسیم بھائی۔‘‘ بیلو کو چھپی چھپی چھپول میں وسیم بھائی کی چلّا کر کہہ دینے کی عادت یاد آ گئی کہ ’’ہمارے کمرے میں کوئی نہیں چھپا ہے۔ یہاں کوئی نہ آئے۔‘‘

’’ہم جھوٹ نہیں بولتے۔‘‘ سکو نے صاف جھوٹ بولا۔

”آپ تو گدھے ہیں۔ معلوم ہے کون تین دن سے میرے پیچھے لگا ہوا ہے۔“ وسیم بھائی نے راز داری سے اُکڑوں بیٹھتے ہوئے کہا۔

”کون؟ سلطانہ ڈاکو؟“ سکو بولے۔

”اس سے بھی زیادہ خطرناک آدمی۔۔۔۔۔۔۔انکم ٹیکس افسر!“

”انکم ٹیکس کیا ہوتا ہے یار بیلو۔“

”کیوں وسیم بھائی، انکم ٹیکس کیا ہوتا ہے۔“

”اماں یار، نہایت بے ہودہ چیز ہوتی ہے۔ اب تمھیں کیا بتائیں۔ جرمانہ ہوتا ہے۔“ وسیم بھائی کراہے۔

”جرمانہ!۔۔۔۔۔اور جو نہ دو تو؟“

”جیل میں سڑو۔“ غم غلط کرنے کے لیے انھوں نے بالٹی میں سے ایک موٹا سا آم پکڑا مگر ابھی پلپلا ہی رہے تھے کہ کوئی آدمی سائیکل پر سوار پھاٹک میں داخل ہوا۔ وسیم بھائی بغیر چک اٹھائے بم کے گولے کی طرح اندر گھس گئے۔ آم سمیت! تینوں نہایت بے اعتباری سے نوارد کو دیکھنے لگے۔

”ظفر منزل کو کون سا راستہ جاتا ہے میاں؟“ سائیکل سوار نے سیڑھیوں پر پیر لٹکا کر پوچھا۔

”کیوں؟ کیا کام ہے؟۔۔۔کیوں پوچھ رہے ہو؟“ سکو بھڑکے۔

”ویسے ہی۔ مجھے کریم صاحب سے ملنا ہے۔“ وہ بولا۔

”جھوٹ بول رہا ہے۔۔۔اصل میں یہ وسیم بھائی کی تاک میں ہے۔“ سکو نے بیلو کے کان میں کہا۔

”کیا تم انکم ٹیکس افسر ہو۔“ ٹیٹو بھونڈے پن سے بولے۔

”نہیں صاحب، میں تو رئیس میاں کا نیا نوکر ہوں۔ بیگم صاحب نے بڑا پتیلا منگوایا ہے۔ کھچڑا پکائیں گی۔“

’’تو تم انکم ٹیکس افسر نہیں ہو؟‘‘ بیلو نے حسرت سے پوچھا۔

’’نہیں تو صاحب، جے انکم ٹیکس کیا ہووے ہے؟‘‘

’’ارے تم کیسے آدمی ہو؟ انکم ٹیکس نہیں جانتے! جرمانہ ہوتا ہے، بیچارے وسیم بھائی پر کر دیا گیا ہے۔‘‘

’’ارے ارے یہ تو بڑی بات ہوئی صاحب! پھر؟‘‘

’’پھر یہ کہ وسیم بھائی اندر چھپ کر بیٹھے ہیں کہ پکڑے نہ جائیں۔‘‘ سکو نے تشریح کی۔

ان تینوں کو خبر ہی نہ ہوئی، باتوں میں ایسے لگے کہ ایک آدمی سائیکل پر آیا اور کھڑا ہو کر ان کی باتیں سننے لگا۔

’’تو صاحب ظفر منزل کدھر ہے‘‘ رئیس میاں کے نئے نوکر نے پوچھا۔

’’اُدھر سیدھے چلے جاؤ سامنے...‘‘ بیلو بتانے لگے۔

’’ارے نہیں نہیں۔ اُدھر بھول کر بھی نہ جانا۔ اُدھر سے تو انکم ٹیکس والا آ جائے گا۔ وسیم بھائی کہہ رہے تھے۔‘‘

بھولا سا نیا نوکر گھبرا گیا۔ ’’مگر صاحب، میں نے تو کچھ کیا نہیں ہے۔ مجھ پر کاہے کو لگا ویں گے ٹیکس؟‘‘

’’کچھ کرنے سے تھوڑی لگتا ہے ٹیکس۔ وسیم بھائی تو بیچارے کبھی کچھ کرتے ہی نہیں۔ پھر بھی ان پر ٹیکس لگ گیا۔‘‘

’’تو میں کیا کروں صاحب؟ یہ بھی کوئی اندھیر ہے۔ کچھ کرو نہ تب بھی ٹھک جاویں جرمانہ۔‘‘

’’وسیم صاحب کہاں ہیں؟‘‘ نئے آدمی نے سائیکل کھڑی کر کے پوچھا۔

’’شی، اتنی زور سے ان کا نام مت لو... وہ انکم ٹیکس والے کی وجہ سے اندر چھپ کر بیٹھے ہیں۔‘‘ ٹیٹو بولے۔ ’’تم نے سڑک پر آتے ہوئے کسی خطرناک شخص کو تو نہیں دیکھا؟‘‘

"نہیں..."، وہ آدمی مسکرایا۔ "تو وسیم صاحب اندر ہیں۔ ذرا بلا دیجیے صاحبزادے۔"

"جاؤ ٹیٹو.... بلا لاؤ۔"

"ارے واہ ہم کیوں جائیں؟" ٹیٹو آموں پر جٹے رہے۔

"بیلو یار، تم ہی بلا لاؤ" سکو نے زور دیا۔

"ارے وسیم بھائی....." بیلو نے مارے سستی کے ہانک لگائی۔ وسیم بھا.آ.آ.ئی..."
وسیم بھائی پہلے سے بھی زیادہ بوکھلائے ہوئے نکلے اور نئے سائیکل سوار کو دیکھ کر ان
کی پنڈلیاں لرزنے لگیں۔

"آداب عرض ہے وسیم صاحب۔ کہیے سب خیریت؟" وہ مسکرایا۔
وسیم بھائی نے کھا جانے والی نظروں سے تینوں کو گھورا مگر کچھ بول نہیں سکے۔
"سکندر زمانی سے کہہ دینا میں انکم ٹیکس کے دفتر جا رہا ہوں۔" انھوں نے رقت
بھری آواز سے کہا۔

"ارے وسیم بھائی..." تینوں ہکّا بکّا دیکھتے رہ گئے اور انکم ٹیکس والا مسکراتا ہوا انھیں
ساتھ لے کر چلا گیا۔

"یار غضب ہو گیا۔ مارے گئے بیچارے وسیم بھائی۔" بیلو نے کہا۔

"کیا گولی سے مارے جائیں گے بیچارے؟" ٹیٹو خوف زدہ ہو کر بولے۔

"اماں ہٹاؤ یار، نرے گاودی ہو تم۔ گولی وولی نہیں ماری جائے گی مگر بیچارے وسیم
بھائی بہت رپٹائے جائیں گے۔" بیلو افسردہ ہو گئے۔

"کیوں؟" ٹیٹو نے احمقوں کی طرح پوچھا۔

"بھئی انکم ٹیکس جو نہیں دیا انھوں نے۔"

"اونہہ بھئی، یہ انکم ٹیکس کیا ہوتا ہے؟ ہماری بالکل سمجھ میں نہیں آتا۔"

"آپ تو گدھے ہیں، ارے انکم ٹیکس کیا ہوتا ہے یہ بھی نہیں جانتے۔" سکو حقارت
سے ہنسے۔ "ذرا آپ کو دیکھیے، اتنے بڑے ڈھنگرے ہو گئے، یہ بھی نہیں معلوم کہ انکم ٹیکس

کیا ہوتا ہے۔''

حالانکہ بیلو کی سمجھ میں بھی نہیں آیا تھا کہ انکم ٹیکس کیا بلا ہے اور انھیں پکا یقین تھا کہ سکو صاحب زبردستی اینٹھ رہے ہیں۔ انھیں بھی کچھ پتا نہیں مگر وہ ان سے اس وقت لڑائی نہیں مول لینا چاہتے تھے۔ کل ہی انھوں نے ایک نئی تصویر بنائی تھی۔ اگر سکو کے مزاج کے خلاف کوئی بات ہو جاتی تو وہ فوراً اس کے خلاف ایک محاذ قائم کر لیتے۔

''آہا جناب کچھ جو اچھی ہو یہ تصویر۔ ایسی تو بکری بھی اپنے کھر سے بنا سکتی ہے۔ وہ اپنے پتلے اونچے کان پھر پھر کر فرماتے اور بیلو کا دل سلگ کر کوئلہ ہو جاتا۔ جی چاہتا تصویر کو کھرچ کر پھینک دیں۔''

''ایس ہیں، آپ کو جیسے معلوم ہے۔'' ٹیٹو کھسیانے ہو گئے۔

''اور کیا جناب، کیا ہم آپ کی طرح پھٹیچر ہیں؟''

''کچھ جو معلوم ہو، سکو صاحب بن رہے ہیں۔'' بیلو جل کر منمنا ہی دیے۔

''معلوم کیسے نہیں۔'' سکو غرّائے۔ ابھی وسیم بھائی نے بتایا جو تھا کہ جرمانہ ہوتا ہے۔ جو کوئی جرمانہ نہیں دیتا سپاہی آ کر اس کی قرقی کر لیتا ہے۔''

''یہ سپاہی تھا جو ابھی وسیم بھائی کو لے گیا؟''

''اور نہیں تو کیا، کدّو تھا۔'' سکو نے منہ چڑایا۔

''جناب وردی کیوں نہیں پہنے تھے؟'' بیلو نے ٹانگ کھینچی۔

''کیوں پہنے وردی؟ خفیہ پولیس کا سپاہی تھا۔'' سکو بولے۔

لفظ خفیہ سن کر ٹیٹو کو ڈھاٹے بندھے ڈاکو کھچا کھچ تلواریں چلاتے نظر آنے لگے۔ خفیہ اور پراَسرار چیزیں نہایت خطرناک ہوتی ہیں۔

''مگر کا اماں پر کیوں نہیں ہوتا جرمانہ۔'' بیلو سکو کے سامنے عموماً زیادہ عقل کی بات کہتے ڈرتے ہیں کہ کہیں وہ اسے اپنی ذاتی ہتک نہ سمجھ لیں۔

''جی ہاں، اماں کے ڈنڈ دیکھے ہیں۔ کوئی کشتی لڑے تو صفا ہار جائے۔'' ٹیٹو نے

اطلاع دی۔''جناب ہماری امّاں اتنی تگڑی ہیں کہ خفیہ پولیس کا آدمی بھی کتراتا ہے اُن سے۔''

''اصل میں عورتوں سے ٹیکس نہیں لیا جاتا۔'' سکو بولے۔ ان کا خیال تھا کہ امّائیں اور دادیاں، نانیاں اتنی غصیل ہوتی ہیں کہ ہر وقت نوکروں کو، بچوں کو، مرغیوں کو، بطخوں کو، مہترانی کو، ہوا کو، آندھی کو ڈانٹتی ہی رہتی ہیں۔ ایک مسلسل ڈانٹ ہے جو کسی نہ کسی کے سر پر برستی ہی رہتی ہے۔ ظاہر ہے کوئی بھی ہوشیار آدمی ان سے اُلجھنا پسند نہیں کرے گا۔

''تو جناب پھر خالہ امّاں کیوں دیتی ہیں ٹیکس؟'' بیلو پیدائشی وکیل ہے۔ بے کار کو ہر بات میں مین میکھ نکالے چلا جاتا ہے۔

''کچھ نہیں۔ سب غلط ہے۔ سکو صاحب آپ کو کچھ جو معلوم ہو۔ آپ بن رہے ہیں۔'' ٹیٹو اُلجھ کر بھنّا اُٹھے۔

''ٹیٹو صاحب، آپ نے زیادہ بدتمیزی کی تو ٹھک جائیں گے، ہاں۔'' سکو نے اپنا رعب خاک میں ملتا دیکھ کر دھمکی دی۔

''ارے واہ! کیوں ٹھک جائیں گے؟ ہم بھی آپ کی شکایت کر دیں گے کہ آپ نے مجیب بھائی کے کتّے کے ڈھیلا مارا تھا۔''

''کہہ کہاں مارا تھا، جھوٹے۔''

''تم خود جھوٹے۔''

اس سے پہلے کہ تینوں گُتھ جاتے اُدھر سے صوفی آلہ بھٹکتی ہوئی آن پہنچیں۔ تینوں نہایت مہذب اور معصوم صورتیں بنا کر بیٹھ گئے۔ صوفی آلہ کو مار پٹائی سے سخت خوف آتا تھا۔ جہاں ذرا دھکم دھکا مذاق میں بھی تینوں نے شروع کی اور انھوں نے رپٹایا اپنے کمرے سے۔ صوفی آلہ کو ناراض کرنے کا مطلب تھا کہ ان تمام چاکلیٹوں اور ٹافیوں سے ہاتھ دھو بیٹھا جائے جو وہ آئے دن بانٹا کرتی تھیں۔ اس معاملے میں تینوں قطعی اناڑی نہیں تھے۔ چنانچہ فوراً پینترا بدل کر بھولی بھولی صورتیں بنا لیں۔

”صوفی آلہ، آپ کو بھی جرمانہ دینا پڑتا ہے۔“

”کیسا جرمانہ؟“ صوفی آلہ چکرائیں۔

”انکم ٹیکس کا۔“

”انکم ٹیکس ...ارے بھئی انکم ٹیکس جرمانہ نہیں ہوتا۔“

”ایں؟ ...مگر صوفی آلہ...“ ٹیٹو ہکلائے۔

”ہے بے وقوف، انکم ٹیکس کہیں جرمانہ ہوتا ہے؟“ سکو چالاکی سے ہنسے۔

”صوفی آلہ، ٹیٹو بالکل گھونچو ہیں۔“

”آں؟ ہم کیوں ہوتے گھونچو، آپ خود ہوں گے۔ جناب ابھی تو کہہ رہے تھے جرمانہ ہوتا ہے، پولیس کا آدمی آتا ہے۔ پکڑ کر لے جاتا ہے۔“ ٹیٹو چنچنائے۔

”ارے واہ، ہم تو کہہ بھی نہیں رہے تھے۔ ٹیٹو صاحب جھوٹ بول رہے ہیں۔ دیکھیے صوفی آلہ پھر ہم انھیں مار دیں گے۔“ ایک دم سکو مدعی بن بیٹھے۔

”ابھی ابھی تو کہہ رہے تھے! ہیں نا بیلو؟“ ٹیٹو نے ناک پھلائی۔

بیلو کو معلوم تھا کہ سکو صفا جھٹلا دیں گے۔ اُن کے خلاف گواہی دینے میں سراسر نقصانات ہیں۔ بات ٹالنے کے لیے وہ لمبی لمبی جمائیاں لینے لگے۔ پھر ایک دم بولے۔

”تو صوفی آلہ، وسیم بھائی انکم ٹیکس والے کو دیکھ کر کیوں سٹپٹا گئے۔“

”وہ ...بھئی کوئی بات ہو گی۔ روپے نہیں ہوں گے۔“ صوفی آلہ کترائیں۔

”اور خفیہ پولیس کا آدمی۔“ ٹیٹو نے پوچھا۔

”اونہہ، کیسا خفیہ پولیس کا آدمی۔“ صوفی آلہ چڑ کر جانے لگیں۔

”تم لوگ اوندھی باتیں کرتے ہو۔“

”اچھی صوفی آلہ۔“ تینوں چمٹ گئے۔

”بھئی ہمیں پڑھنا ہے۔“

”اونہہ، بس ہر وقت پڑھے جاتی ہیں۔“ تینوں کی سمجھ میں قطعی یہ بات نہیں آتی تھی

کہ کسی کو خواہ مخواہ پڑھے جانے کا بھی شوق ہوتا ہوگا۔ امّاں، آلہ یا مجیب بھائی کے خوف سے کوئی شریف آدمی پڑھنے پر مجبور ہوجائے تو وہ اور بات ہے مگر یہ کیا کہ بس خود بخود پڑھنے کا شوق کیے چلے جارہے ہیں۔

''دیکھو بھائی، جیسے مکان میں رہنے کا کرایہ ہوتا ہے ایسے ہی ایک ملک میں رہنے کا کرایہ ہوتا ہے۔''

''ارے واہ، ہم تو نہیں رہیں گے کسی ملک میں۔ بے کار کو کیوں کرایہ دیں۔ ہم تو ہمیشہ تاج اکبر میں رہے چلے جائیں گے۔''

''جی ہاں بڑے تاج اکبر میں رہے چلے جائیں گے۔ نکال دیا جائے گا آپ کو۔ کو ہمیشہ معاملے کو بگاڑ دیتے ہیں۔

''واہ، کیوں نکال دیا جائے گا۔ ہم تو نہیں نکلیں گے۔'' ٹیٹو اکڑے۔

''تاج اکبر میں رہو یا شاہیں وِلا میں یا کوئی مکان لے کر رہو، ملک میں تو رہو گے اور جس ملک میں رہو گے وہاں کی گورنمنٹ کو ٹیکس دینا پڑے گا۔ ہر ایک کو اپنی آمدنی پر ٹیکس دینا پڑتا ہے۔'' صوفی آلہ بولیس۔

تینوں کے چہرے فق ہوگئے۔ یہ اچھی زبردستی ہے۔

''کیا سب سے ٹیکس لیا جاتا ہے؟'' ٹیٹو نے سہم کر پوچھا۔

اگر ان کی عیدی پر ٹیکس لگ گیا تو بھوسا بھر جائے گا۔ ویسے ہی امّاں اور آلہ ساری عیدی قرض لے لیتی ہیں اور مانگو تو ایسے ڈانٹتی ہیں جیسے اپنا زرِ اصل نہیں سود در سود مانگ رہے ہیں۔ واقعی یہ انکم ٹیکس بڑی خطرناک چیز ہے۔ جبھی تو سارے بزرگ پریشان رہتے ہیں۔

''مگر موٹی قصائینی تو بالکل ٹیکس نہیں دیتی حالانکہ وہ تو ملک کی اتنی زیادہ جگہ گھیرے رہتی ہے۔'' بیلو کا فلسفہ چل نکلا۔

''اور نتھا دھوبی بھی ٹیکس نہیں دیتا۔ سارے احاطے میں کپڑے پھیلا دیتا ہے۔

پتنگ اُڑاؤ صفارسّی میں پھنس جائے گی۔ کرکٹ کھیلو گیند سیدھی کلّف کی بالٹی میں جا گرے گی۔ صوفی آلہ پلیز نتھا پر ٹیکس لگوائیے نا۔ ڈاکٹر ماموں سے کہہ کر۔‘‘ ٹیٹو نے التجا کی۔

’’اور صوفی آلہ امیر خاں پر بھی ٹیکس لگنا چاہیے۔ تمام برآمدے میں دھنیا مرچیں سکھانے کو پھیلا دیتے ہیں۔‘‘ سکو نے رائے دی۔

’’اُفوہ، کیا تم لوگ کچر کچر بولے جا رہے ہو۔ بھئی جس کی سالانہ آمدنی تین ہزار سے کم ہو اس پر ٹیکس نہیں لگتا۔ کیا تمھاری عیدی سال بھر میں تین ہزار ہو جاتی ہے؟‘‘ صوفی آلہ نے پوچھا۔

’’تین ہزار! باپ رے باپ......تیس روپے بھی مشکل سے ہوتے ہیں۔‘‘ عشرت ممّا، فرحت ممّا ہوتے یہاں تو شاید تیس چالیس ہو جایا کرتے۔ تینوں اپنی عیدی کو محفوظ پا کر مطمئن ہو گئے۔ بھلا کون اللہ کا بندہ اتنی عیدی دے گا۔ جو ٹیکس لگے اور وسیم بھائی کی طرح بوکھلانا پڑے۔

’’بھئی ہم بھی تین ہزار نہیں کمائیں گے۔‘‘ ٹیٹو نے فیصلہ کیا۔

’’وہ کیوں بھئی؟‘‘

’’ٹیکس جو دینا پڑے گا۔ بھیا ہم تو بس دو ہزار سالانہ کمائیں گے۔ ہیں بیلو؟‘‘ ٹیٹو کی سمجھ میں نہیں آیا کہ لوگ دو ہزار سالانہ سے زیادہ کیوں کماتے ہیں۔ کم کمانے ہی میں فائدے ہیں۔

’’اور اتنے روپوں میں گزر کیسے ہوگی۔‘‘ صوفی آلہ نے پوچھا۔ بچّے مر کے مر جائیں گے، بیوی جوتیاں مار کر گھر سے نکال دے گی۔‘‘

’’آہا جناب مزہ آئے گا۔‘‘ بیلو چھکے ’’موٹی قصائینی کے قبضے دیکھے ہیں۔ پیسہ نہیں کماؤ گے تو مارتے مارتے گلاب جامن بنا دے گی۔‘‘

اُف یہ موٹی قصائینی! غریب ٹیٹو کی جان کو مصیبت ہوئی تھی۔ روز کم بخت کھی ڈکاریں آتی تھیں۔ مجال ہے جو ہیضہ ہو جائے۔ ابھی پرسوں آکرم بخت چڑانے لگی۔

''اے دولھا میاں، لال اوڑھنی اور سونے کے کنگن لوں گی۔'' اگر لوگوں نے روک نہ لیا ہوتا تو ٹیٹو وہیں اسے قتل کر دیتے۔

''ٹیکس ہر ایک فرد کی آمدنی کے مطابق لیا جاتا ہے۔ جیسے جیسے آمدنی بڑھتی ہے ٹیکس بھی بڑھتا ہے۔ اسے سپر ٹیکس کہتے ہیں۔'' صوفی آلہ بولیں۔

''صوفی آلہ، اشعر کے ابّا کہہ رہے تھے اس دن کہ انکم ٹیکس والے کچھ نہیں چھوڑتے، سب کچھ لے جاتے ہیں۔'' بیلو بولے۔ ''کل بیچارہ کہہ رہا تھا انکم ٹیکس والوں نے ناطقہ بند کر رکھا ہے۔ بہت ستا رہے ہیں بیچارے ابّا کو۔''

''اشعر کے ابّا نے پانچ سال سے ٹیکس نہیں دیا ہے۔ آمدنی چھپاتے رہے، اب پکڑے گئے تو سٹپٹا رہے ہیں۔''

''آمدنی کیسے چھپاتے رہے۔''

''جھوٹ موٹ فرضی ناموں سے تجارت کرتے تھے۔''

''کیوں؟'' بیلو نے ناک سکوڑی۔

''تاکہ سپر ٹیکس نہ دینا پڑے۔ اگر وہ اپنی ساری آمدنی اپنے ہی نام سے دِکھاتے تو زیادہ ٹیکس لگتا۔ کئی جھوٹ موٹ کے ناموں سے آمدنی دکھائی تو ٹیکس تقسیم ہو کر کم ہو گیا۔''

''بے حد چالاک ہیں! اب کیا ہوگا۔''

''سارے روپے مع جرمانے کے بھرنا پڑیں گے۔''

''اُن کی کئی کوٹھیاں ہیں، باغات ہیں، مِلوں میں شیئر ہیں، وہ بیچنا پڑیں گے۔''

''اگر کوٹھی بک گئی تو بُرا ہوگا۔'' تینوں فکر مند ہو گئے۔

اشعر کی کوٹھی بے حد شاندار تھی۔ لمبا چوڑا میدان تھا۔ کرکٹ اور فٹ بال کے لیے فرسٹ کلاس جگہ تھی۔ ویسے نیبو، نارنگیاں اور کچے پکے آم توڑنے میں بھی خاصا مزہ آتا تھا۔

''مگر یہ تو بڑی زیادتی ہے۔ نہ دیں ٹیکس تو؟'' بیلو نے پوچھا۔

’’تو صفا جیل میں جائیں گے۔‘‘ کو ہمیشہ بھیانک قسم کی پیشین گوئی کرتے ہیں ۔

ابھی تینوں کوٹھی کے غم میں گھل رہے تھے کہ صوفی آلہ کو کا امّاں نے آواز دی ۔

’’اے بی صوفی، ان احمقوں سے بیٹھی کہاں سر مار رہی ہو! ذرا اِدھر آنا۔‘‘ اور صوفی آلہ بھاگ گئیں۔ ابھی کتنے سوال تینوں کے دماغ میں اُچھل کود مچا رہے تھے۔ آخر انکم ٹیکس والوں کو یہ چھوٹ کیوں ملی ہوئی ہے؟ زبردستی ٹیکس لگا دیتے ہیں۔ کوئی کمائے انھیں مفت میں دے دے۔ پولیس بھی ان کا کچھ نہیں بگاڑ سکتی۔ بھلا یہ حد ہے کہ نہیں کتنے ہزار ٹیکس ہیں! انکم ٹیکس، سیلز ٹیکس، تفریح ٹیکس، نہ کھاؤ نہ پیو نہ ہنسو کھیلو، بس ٹیکس دیے جاؤ۔‘‘

’’بھئی ہم تو سیدھے جا کر نہرو چاچا سے شکایت کر دیں۔ دو منٹ میں انکم ٹیکس والوں کو چیں بلا دیں گے۔‘‘ کو نے فیصلہ کیا۔

’’کیا بہت تگڑے ہیں؟‘‘

’’اور نہیں تو کیا آپ کی طرح پھس پھس ہیں۔‘‘

’’کچھ زیادہ تو تگڑے بھی نہیں۔ دُبلے سے ہیں۔‘‘ بیلو نے چڑ کر کہا۔

’’دُبلے سے کیا ہوتا ہے۔ طاقت تو ہے جناب! کو خود دُبلے ہیں مگر سب کو بھون بھون کر مزہ لیتے ہیں۔ ان کی حرکتیں قطعی دُبلی پتلی نہیں ہوتیں۔

’’مگر یہ تو صفا زیادتی ہے۔‘‘ تھوڑی دیر سوچ کر بیلو نے فیصلہ کیا۔

’’اور کیا زیادتی تو ہے ہی۔‘‘ کو ہمیشہ ٹیٹو اور بیلو کی ہر بات پر فیصلہ کرتے ہیں جیسے وہ تو پہلے ہی یہ بتا چکے تھے۔

’’بیچارے اَشعر کے کتّے کا گھر بھی بک جائے گا۔‘‘ ٹیٹو غمگین ہو گئے۔

’’اور نہیں تو کیا، بس کتّے کا گھر بچ جائے گا؟ کہ لو بھئی اس میں اپنے صاحب کو رکھو۔‘‘ کو نے حسبِ عادت چڑایا۔

’’ہم اُسے اپنے گھر میں رکھ لیں گے۔‘‘

’’جی ہاں بہت رکھا اپنے گھر میں، خالہ امّاں گولی مار دیں گی۔‘‘ ٹیٹو نے ڈرایا۔

حالانکہ بیچاری خالہ امّاں کے پاس سروتے سے زیادہ خطرناک ہتھیار ہی نہ تھا۔

''یاد ہے؟ اُن کی بھینس نے ذرا اَشعر کے ابّا کے پھول چَر لیے تو اُسے کانجی ہاؤس بھجوا دیا تھا۔ جب سے خالہ امّاں اُدھار کھائے بیٹھی ہیں۔ اُن کا بس چلے تو اُنھیں مرغا بنا کر موٹی قصائینی کو پیٹھ پر چڑھا دیں۔''

بیلو نے دل ہی دل میں اس حسین نظارے کا نقشہ کھینچ کر لطف اُٹھایا۔

خالہ امّاں سے سب ہی ڈرتے تھے۔ خصوصاً وسیم بھائی کی تو وہ آتے جاتے ٹانگ کھینچتی تھیں۔ وسیم بھائی آتے جاتے بھی بہت تھے۔ ایک پل ان کی ٹانگوں کو قرار نہ تھا۔ گھڑی باہر تو گھڑی اندر، لمبے لمبے ڈگ بھرتے، شرٹ اپ شرٹ اپ پاجامہ پھٹکارتے دن میں سینکڑوں چکر لگا ڈالتے تھے۔

''مگر یار، یہ کمّی آپّا پر ٹیکس کیوں نہیں لگتا۔ کتنی عیدی اینٹھتی ہیں۔ جب دیکھو قمیصیں بُن رہی ہیں۔''

''خدا قسم ان کی قمیصوں پر ٹیکس لگ جائے تو مزا آ جائے۔''

''اور زبیدہ آپا کی چپلوں پر بھی ٹیکس لگے۔ پلنگ کے نیچے قطار کی قطار لگی ہے۔ لال، پیلی، اودی، ہری، نیلی، چاکلیٹی۔''

''ایں ہیں جناب، چاکلیٹ کی کہاں ہے چپل؟'' ٹیٹو نے سوچا چلو ایک بات پر تو سکّو کی جہالت پکڑی گئی مگر بجائے نادم ہونے کے سکّو صاحب دونوں ٹانگیں ہوا میں لہرا کے ٹھٹھے لگانے لگے۔ بیلو نے فوراً ان کا ساتھ دیا۔

''چاکلیٹ کی نہیں بیوقوف، چاکلیٹی... چاکلیٹ کے رنگ کی۔''

''ارے ہم سمجھے چاکلیٹ کی۔'' ٹیٹو منمنائے۔

''نرے گاؤدی ہو یار۔'' سکّو ہنسے۔

''کیوں یار سکّو، اگر سچ مچ چاکلیٹ کی چپلیں بنا کرتیں تو؟'' بیلو نے خواب اور نظروں سے فضا میں چاکلیٹ کی چپلیں بنا ڈالیں۔

''ہاں، اور موتی چور کے لڈووں کی بھی چپلیں بنا کرتیں۔ مزہ آجاتا۔'' سکو نے چٹخارا لیا۔

''اور سموسوں کی؟''

''جناب قلاقند کی بھی۔''

''بالو شاہی کی بھی تو۔''

''مگر بمبئی کے حلوے کی چپلیں لاجواب ہوں گی۔''

''جناب رس گلوں کی چپلیں بہترین رہیں گی۔''

اور تینوں قسم قسم کی مٹھائیوں اور لذیذ کھانوں کی چپلیں بنا بنا کر ان کے خیالی مزے سے جھوم جھوم کر چٹخارے لینے لگے۔ تینوں کو کھانوں کے ذکر سے بے اختیار بھوک لگ آئی مگر بھلا بے وقت کون کھانے دے گا۔ نہ جانے کس احمق نے دنیا میں اتنی بے ہودہ بے ہودہ چیزیں رائج کر دیں۔ چڑیا دن بھر دانا چگتی ہیں کوئی منع نہیں کرتا۔ بکریاں جب چاہیں مزے سے بول چاپ لیں مگر انسان وقت سے کھائے، وقت سے سوئے، وقت سے جاگے اور پھر اوپر سے انکم ٹیکس دے۔

اُف حد ہے زیادتی کی!

صوفی آلہ بھی حد ہیں۔ پوری بات بتا کر بھی نہیں گئیں۔ آخر یہ انکم ٹیکس کس نے لگانا شروع کیا، کب اور کیوں کیا؟ ابھی صرف ساڑھے گیارہ ہی بجے تھے، پورا ایک گھنٹا تھا کھانے میں۔ آموں سے تو بھوک اور بڑھ گئی۔

اتنے میں منن بھیا کچھ کاغذ میں سے نکال کر کھاتے ہوئے گزرے...تینوں چوکنے ہو کر انھیں گھورنے لگے۔

’’کیا کھا رہے ہو منن بھیا؟‘‘ بیلو نے تیس میل فی گھنٹے کی رفتار سے اُن کے جبڑوں کو سفر کرتے دیکھ کر پوچھا۔ منن بھیا نے ذرا کے ذرا میں رفتار کم کی، ایک موڑ لیا، گیئر بدل کر جبڑوں کا کلچ چھوڑ دیا اور چال دگنی کر دی۔

’’چمڑا!‘‘ منن بھیا نے کاغذ میں لپٹا ہوا چمڑے کا بھورا بھورا چمک دار ٹکڑا نکالا۔ ’’کھاؤ گے؟‘‘

’’آخ تھو۔ ہم تو نہیں کھاتے۔‘‘ ٹیٹو بگڑے۔

’’مت کھاؤ۔‘‘ یہ کہہ کر منن بھیا نے کھٹ سے چمڑے کا ٹکڑا منہ میں ڈال کر چکی چلا دی۔ تینوں کی آنکھیں پھٹی کی پھٹی رہ گئیں۔ آج ہر انسان حد کرنے پر تلا ہوا تھا۔

’’کھا کے تو دیکھو گدھے۔‘‘ منن بھیا نے تینوں کو ایک ایک ٹکڑا دیا۔ ارے واہ! تینوں بھون چکّے رہ گئے۔

’’اور دو منن بھیا۔‘‘ ٹیٹو کھٹے میٹھے چمڑے کا چٹخارا لے کر گیا ئے۔

’’ختم ہو گیا بھئی۔‘‘ منن بھیا نے پتلون کی جیبیں لوٹ دیں۔

”کاں سے آیا تھا۔“

”ہمارے جوتے میں سے نکلا تھا اور کاں سے آتا۔“

”سچ۔“

”اور نہیں تو کیا جھوٹ۔“

”کیا سب جوتوں کا چمڑا میٹھا ہوتا ہے۔“ بیلو نے اپنی نئی چپل کو دیکھ کر چٹخارا لیا۔

”نہیں، بس کسی کسی میں ہوتا ہے۔ اصل میں دودھ دینے والی بکری کا چمڑا بہت میٹھا ہوتا ہے۔“

”اس سے بھی زیادہ۔“

”اور کیا، یہ تو بھیڑ کا چمڑا ہے، اس لیے تھوڑا کھٹا ہے۔ بکری کا بہت عمدہ ہوتا ہے۔“ منّن بھیا بڑی سنجیدگی سے بولے۔

”مگر پتا کیسے چلے کہ کون سا چمڑا میٹھا ہے؟“

”جوتے سونگھو، صاف پتا چل جائے گا۔“ چنانچہ تینوں مختلف قسم کے جوتے، چپلیں اور سینڈلیں نہایت تندہی سے سونگھنے لگے۔

سارے گھر کے نئے پرانے جوتے سونگھ ڈالے مگر کسی میں سے بھی منن بھیا کے جوتے کے چمڑے جیسی مہک نہ آئی۔ صرف وسیم بھائی کے جوتے سے لہسن پیاز کی تھوڑی تھوڑی بدبو آ رہی تھی کیونکہ وہ باورچی خانے کے کوئی ڈیڑھ سو پھیرے لگا چکے تھے۔

روز تینوں منن بھیا سے میٹھے چمڑے کی تلاش کے پروگرام پر بحث مباحثہ کرتے۔ جوتے سونگھنے والی اسکیم بے طرح فیل ہو گئی کیونکہ جوتے سونگھتے دیکھ کر آلہ بہت خفا ہوئیں۔

”ہائے اللہ آپا، نہ جانے کم بختوں کو کیا ہو گیا ہے۔ ہر وقت جوتے سونگھتے ہیں اور پوچھو کہ بھئی کیوں تو جواب ملتا ہے، بھئی ہمیں اچھی لگتی ہے خوشبو۔“ اس پر آپا اتنی چلّائیں کہ ان کا گلا بیٹھ گیا اور انھوں نے الٹی میٹم دے دیا کہ اگر کوئی جوتے کو ہاتھ لگا تا بھی پکڑا گیا تو اُسی جوتے سے اس کی ٹانٹ گنجی کر دی جائے گی مگر اللہ کا کرنا ایسا ہوا کہ منن بھیا کے دل

میں ہی رحم آ گیا اور ایک دِن انھوں نے تینوں کے کان میں چپکے چپکے اطلاع دی کہ اگر چیڑا
کھانا ہو تو تیار ہو جاؤ۔ تینوں لپک کر دوڑے۔
’’بتائیے منن بھیا۔ کہاں ہے؟‘‘
’’وہ دیکھو جو کمی آپا کی نئی جوتی ہے نا۔‘‘
’’وہ راک اینڈ رول والی؟‘‘
’’ہاں ہاں۔‘‘
’’وہ جو بالکل نئی ہے اور وہ بمبئی سے لائی تھیں۔‘‘
’’انہہ۔ ہاں بھی وہی۔ اس میں اندر کی تہہ کا جو چیڑا ہے انتہا سے زیادہ میٹھا ہے۔‘‘
منن بھیا نے چٹاخ سے تالو سے زبان ٹکرائی۔
’’کمی آپا دیں گی تھوڑی‘‘ ٹیٹو نے حسرت سے ٹھنڈی سانس بھری۔ ’’کبھی جو دے
جائیں پکی کنجوس ہیں۔‘‘
’’ایسا کرو بلیڈ سے اوپر کا چیڑا ہوشیاری سے کاٹو۔ اندر کا میٹھا چیڑا نکال کر غذ بھر
کے صفائی سے سی دو۔ پتا بھی نہیں چلے گا۔‘‘ منن بھیا نے ترکیب بتائی۔
منن بھیا تو ٹہل گئے۔ تینوں حسرت سے کمی آپا کی نئی گرگابی دیکھ دیکھ کر ٹھنڈی آہیں
بھرنے لگے۔ واقعی گرگابی نہایت ریشمی اور لذیذ دِکھائی پڑ رہی تھیں۔ تینوں کے جبڑے
دُکھنے لگے اور پانی بھر آیا۔ کتنی ہوشیار ہیں۔ کیا مجال جو اُتار جائیں ذرا بھی۔ تینوں اِردگرد
ایسے منڈلانے لگے جیسے لڈووں کے تھال کے گرد مکّھیاں۔
’’کیوں بھی موقع ملا؟‘‘ منن بھیا پانی پینے کے بہانے سے تینوں کے پاس سے
گزرے۔
’’وہ اُتارتی تو ہیں نہیں گرگابی‘‘ ٹیٹو رو ہانسے ہو گئے۔
’’اچھا، ہم ایک ترکیب کرتے ہیں۔ تم ہوشیار رہنا۔‘‘
منن بھیا سے اسی دن کمی آپا کی اَن بَن ہو گئی تھی۔ کمی آپا نے منن بھیا کی سب سے

لاڈلی قمیص کی جیب پھاڑ ڈالی۔ غصّے میں آ کر من بھیا نے ان کی چوٹی میں سے لمبی سی لٹ کاٹ ڈالی۔ بس غضب ہی تو ہوگیا۔ کمی آپا بالوں کی کٹی ہوئی لٹ کو پیارے بچّے کی لاش کی طرح گود میں رکھے گھنٹوں بھوں بھوں روتی رہیں۔ بس دونوں کی بول چال بند۔

"بھئی کوئی کیرم کھیلتا ہے؟" انھوں نے جیسے دیوار کو دعوت دی۔ کمی آپا نے نہایت بے رُخی سے سوں سے ناک بجائی اور کٹی ہوئی لٹ ٹٹولنے لگیں۔

صوفی آلہ اور زبیدہ آپا تو آ گئیں۔ اب ایک کھلاڑی کی کسر تھی۔ بڑی مشکل سے انھوں نے کمی آپا کو پُھسلایا۔

"بھئی کمی، تم ہمارے ساتھ ہوجاؤ۔ من پاجی کی طرف دیکھنے کی بھی ضرورت نہیں۔" کمی آپا نے گرگابی اُتاری۔" تینوں چوروں کے دل کی کلیاں کھل گئیں مگر کچھ سوچ کر انھوں نے واپس پہن لی۔ بیچاروں کے منہ اُتر گئے۔

"کس قدر کی بدذات ہیں! کمی آپا۔"

مگر تھوڑی دیر بعد اُن کی دعاؤں میں اثر ہونے لگا۔ کمی آپا یوں آری بیٹھی تھیں تو ٹھیک سے نہیں کھیل پا رہی تھیں۔ صوفی آلہ ہارنے جولگیں تو چڑ گئیں۔

"او نہ نہ کمی، یہ کیا بکری کی طرح بیٹھی ہو۔ سیدھی طرح بیٹھ کر کھیلو نہیں تو غارت ہوجاؤ۔"

کمی آپا نے اپنی عزیز از جان گرگابی اُتاری اور پالتی مار کر بیٹھ گئیں۔ من بھیا نے آنکھ ماری۔ لال لال رسیلی گرگابی دیکھ کر تینوں کے منہ میں پانی بھر آیا۔ ٹہلتے ٹہلتے تینوں شکاری پہنچے۔ پہلے ہی حملے میں غُراپ سے گرگابی ٹیٹو صاحب کے نیکر میں۔

نیبو کے جھاڑ کی آڑ میں تینوں نے لزرتے ہوئے ہاتھوں سے بلیڈ سے جوتی کا چمڑا کاٹا۔ پہلے ہی ٹکڑے پر چھین جھپٹ شروع ہوگئی اور فساد ہوتے ہوتے بچا۔ خیر تینوں نے ایک ایک ٹکڑا منہ میں ڈال کر دانت مارے۔ لاحول ولا قوۃ! مارے بدبو کے دماغ سڑ گیا۔ مگر اس سے قبل کہ وہ چمڑا تھوک پاتے کمی آپا نے بھوکی بلّی کی طرح اُن پر حملہ کر

دیا۔ اپنی ڈلاری پیاری گرگابی کی پوسٹ مارٹم کی ہوئی لاش دیکھ کر وہ سیڑھیوں پر پچھاڑ کھا گئیں۔ دھپ جو لگا تو ٹیٹو کو ایک جھٹکے سے چمڑے کا ٹکڑا اگل ہی گئے۔ کھانستے اوکتے تینوں بی امّاں کے دربار میں گھسیٹ کر لائے گئے۔

''اے کلموہو! انگوری کی نئی جوتی کا قیمہ کر ڈالا۔ یہ کیا کر رہے تھے؟''

''کھا رہے تھے،''ٹیٹو خِنخِنائے!

''اوئی! جوتی کھا رہے تھے۔ اے لو اور سنو! اے تم پہ خدا کی سنوار، جوتیاں بھی کھانے لگے۔''بی امّاں غم اور غصّے سے نڈھال ہو کر کسنے میں سے ڈلی نکال کر پھانکنے لگیں۔

''سوّرو! یہ چمڑا کیوں کھا رہے تھے؟'' آلہ نے ایک ایک دھول تقسیم کر کے پوچھا۔

''میٹھا ہوتا ہے...منّ بھیا سے پوچھ لیجیے، انھوں نے کہا تھا۔''صفائی پیش کی گئی۔

''چمڑا؟...میٹھا؟...''منّ بھیا بھولی سی صورت بنا کر بولے کسی کی سمجھ میں نہ آیا کہ اصل معاملہ کیا تھا۔ گھنٹوں تینوں سے جرح کر کے پلیتھن نکال دیا۔

''رو مت کمی۔ میرے پاس ان تینوں کی عیدی کے پیسے رکھے ہیں، تم اس میں سے نئی گرگابی بمبئی سے منگوا لینا۔''بی امّاں نے ڈھارس بندھائی۔ یہ لیجیے عیدی بھی ختم!

کچھ عیدی کا غم، کچھ سارے گھر کی پھٹکار، زندگی سے عاجز آ کر تینوں نہایت بجھے ہوئے خاموش تاج اکبر کی سیڑھیوں پر منہ لٹکا کر بیٹھ گئے۔ منّ بھیا بڑے فکر مند سے آئے۔ بڑے دُکھی ہو کر کہنے لگے۔

''یا رب اب میں کیا کر سکتا ہوں۔ مجھے کیا معلوم تھا۔ میں نے بھی اندازاً کہہ دیا تھا۔ میں نے سونگھی نہیں تھی گرگابی۔''

''تو کیا سونگھنی چاہیے تھی۔''سکو بولے۔

''اور کیا بھئی نہیں تو ویسے ہی کاٹ ڈالنی چاہیے۔ ہیں؟ ارے کیا تم لوگوں نے واقعی بغیر سونگھے کاٹ ڈالی گرگابی؟''

''ہاں!''تینوں نہایت نادم ہو کر بولے۔

"نرے گاؤدی ہو۔ یہ پکوڑا اسی ناک اللہ میاں نے کاہے کو دی ہے۔ انھوں نے ٹیٹو کی پھولی ہوئی ناک دبا کر کہا، اور خوب ڈانٹا۔"گدھے کہیں کے! پہلے ہر جوتے کو نہایت احتیاط سے سونگھنا چاہیے۔"

اس کے بعد تینوں جب کسی کو نیا جوتا پہنے دیکھتے، آنکھوں ہی آنکھوں میں اشارے ہوتے اور بڑی ہوشیاری سے جوتا سونگھ لیتے مگر ہر جوتے میں سڑاند آتی۔ کسی میں سے اُس لذیذ چمڑے کی میٹھی میٹھی مہک نہ آتی جیسا منن بھیا نے دیا تھا۔

اس بات کو بہت عرصہ ہوا۔ ابھی کلو بوا کچھ دن ہوئے دلّی سے آئیں تو پٹاری میں کتھئی رنگ کا چمڑا نکال کر تینوں کو بانٹا۔ ڈرتے ڈرتے تینوں نے چکھا۔

"ارے کلو بوا، یہ چمڑا کہاں ملتا ہے؟"

"اے میں صدقے جاؤں میاں یہ چمڑا تھوڑی ہے۔ یہ تو آم کا پاپڑ ہے۔"

"آم کا پاپڑ!۔"

"ہاں میاں، آم کا رس نکال کر تھالوں میں سکھا لیویں ہیں۔"

تینوں نے خونی نظروں سے منن بھیا کی طرف دیکھا جو نہایت معصوم صورت بنائے آم کا پاپڑ چوس چوس کر چٹخارے بھر رہے تھے۔

"حد ہو گئی یار۔" سکو نے کہا۔

"یعنی قطعی حد ہو گئی!" بیلو نے اُن کی تائید کی۔

اللہ کرے منن بھیا کی شادی شمیم سے کر دیں، امّاں اور وہ اور بھی موٹی ہو جائے۔ ان کا مار کے بھر کس نکال دے۔" ٹیٹو نے کوسا اور تینوں کے منہ میں آم کا پاپڑ چمڑے سے بھی زیادہ بدمزہ ہو گیا۔

ٹیٹو کی جان کو ایک غم کھائے جاتا تھا۔ نہ جانے اللہ میاں نے کیا سوچ کر اُن کی ناک چوکھوٹی تعمیر فرما دی۔ ویسے وہ کافی حسین ہیں مگر ناک نے ان کی لُٹیا ڈبو دی ورنہ وہ ان کا پیغام شہزادی این یعنی ملکہ انگلستان کی بیٹی سے روانہ کروا دیتے۔

کاش کوئی پری وری مل جاتی اور اپنی جادو کی چھڑی لاکر اُن کی چپٹیل ناک سے چھوا دیتے اور رزن سے اُن کی ناک تتلی اور ستواں بن جاتی۔ سنڈریلا کی خاطر پری نے کدو کی فٹن بنادی تھی اور چوہوں کو گھوڑوں میں تبدیل کر دیا تھا۔ کیا کوئی کمبخت پری ان کی ناک کو جو کدو سے قطعی ڈیل ڈول میں کم تھی، جادو کے زور سے کھڑا انہیں کر سکتی تھی۔ یہ پریاں وریاں نہ جانے آج کل کہاں اونگھ کر بیٹھ رہی ہیں۔ اُن کی ناک نہ جانے کیوں روٹھ کر یوں منہ پُھلائے ان کے چہرے پر پھسل پڑی ہے۔ بس چلتا تو کمبخت کو چابک مار کر کھڑا کر دیتے۔

ایک دن وہ اُداس بیٹھے اپنی ناک ٹٹول رہے تھے۔ پروین نے انھیں 'چپٹل' کہہ دیا تھا چونکہ انھوں نے اُس کی گڑیا کو چٹیا سے لٹکا کر اُسے چکر دیے تھے۔

''کیا بات ہے ٹیٹو یار۔ ناک کیوں ٹٹول رہے ہو۔ کیا بیلو نے گھونسا مار دیا؟''

''ارے واہ بڑے آئے بیلو صاحب مارنے والے۔'' ٹیٹو بگڑے۔

''کچھ زیادہ پھولی ہوئی لگ رہی ہے۔''

ٹیٹو ایک دم غمگین ہو گئے۔ کچھ دن سے انھیں شبہ ہو رہا تھا کہ وہ کم بڑھ رہے ہیں مگر اُن کی ناک کھیرے ککڑی کی رفتار سے بڑھ رہی ہے۔

”اماں ایک ترکیب کیوں نہیں کرتے۔ فرسٹ کلاس ہوسکتی ہے ناک۔“

”ایں ہیں، کچھ جو فرسٹ کلاس ہو جائے۔“

”اونہہ مت مانو... ہمارا کیا ہے تمھاری ہی ناک چپٹی رہ جائے گی۔ لاپروائی سے
منن بھیا بولے اور گھٹنا ہلانے لگے۔ بیلو کو اُن کی تجویزوں پر عمل کر کے بڑے تلخ تجربے
ہو چکے تھے مگر ناک کا معاملہ تھا۔ ترکیب سننے میں کیا نقصان ہے۔

”کیسے؟“ انھوں نے بظاہر بے توجہی سے پوچھا۔

”وہ جو کپڑے ٹانگنے کی چٹخنی ہوتی ہے نا؟“

”ہاہاں!“

”بس وہ لو اور رات کو سوتے وقت ناک اُس سے دبا کر سو جاؤ، صبح تلوار کی طرح
تیلی نہ ہو جائے تو میرا ذمہ۔“

”ایں ہیں... کہیں ہوئی نہ ہو۔“ ٹیٹو کو یقین نہ آیا مگر اُمید کی ایک ہلکی سی لہر اُن کا
دل دھڑکا گئی۔

”انہہ گدھے، ہم کوئی مذاق کر رہے ہیں... یہ مجیب بھائی کی ناک ہے نا۔“

”ہاں بہت کتّارا سی ہے“

”تمھاری طرح پھلکی جیسی تھی پہلے۔“

”اچھا۔ تو پھر۔“

”پھر کیا... تمھارا سر۔ چغد ہو تم۔ بس چٹخنی لگا کر شُوا جیسی بنا لی ناک۔ ویسے بھی تم
جانو اور تمھاری ناک۔“

منن بھائی تو شگوفہ چھوڑ کر چل دیے۔ ٹیٹو سوچ میں پڑ گیا۔ آزمانے میں ایسا کون
سا ٹوٹا آ جانے کا خدشہ ہے۔ موقع مناسب دیکھ کر انھوں نے رسّی میں اٹکا ہوا کلپ اُتار کر
نیکر کی جیب میں سٹکا لیا۔ رات کو جب بتیاں بجھ گئیں تو چپکے سے لگایا۔ پہلے تو ایسا معلوم ہوا
کسی نے دانتوں میں لے کر ناک چبا ڈالی۔ آنکھوں میں آنسو اُبل آئے مگر ملکہ انگلستان

کے اکلوتے داماد بن کر بکنگھم پیلس میں راج کرنے کا خیال دل کو ڈھارس دلاتا رہا۔ نیند تو آ گئی مگر رات بھر ڈراؤنے خواب ستاتے رہے۔ کبھی دیکھتے ناک میں ایک اژدہا لٹکا ہوا ہے، کسی صورت نہیں چھوڑتا۔ کبھی دیکھتے اُن کی ناک کھنچ کر ہاتھی کی سونڈ بن گئی اور ایک شیر اُس میں جھول رہا ہے۔ رات کو کراہ کراہ کر کئی بار جاگے پھر دل پر پتھر کی چٹان رکھ کر سو گئے۔ پھر خواب میں دیکھا ناک اتنی بڑھی اتنی بڑھی کہ نیم کے تنے کے برابر ہو گئی۔ اس پر بندر اُتر رہے ہیں، چڑھ رہے ہیں، میناؤں نے گھونسلے بنا لیے ہیں۔ ایک ہدہد اپنی نیلی چونچ سے سوراخ پہ سوراخ کیے جا رہا ہے۔ بہتیرا ہش ہش کر رہے ہیں، پنجے گاڑے بیٹھا ہے۔ ناک ہے کہ ہوا کے جھونکوں میں ایسی جھوم رہی ہے کہ معلوم ہوتا ہے ایک جھکڑ اور آیا تو چرا کر ٹوٹ پڑے گی۔ ناک اتنی لمبی ہو چکی تھی کہ اس کی پھنگی تک ان کی ہش ہش نہ پہنچ سکی۔

صبح جوں ہی اماں فجر کی نماز کو اُٹھیں تو صبح کی دھندلی روشنی میں ٹیٹو کی ناک پر ایک بڑا سا مکوڑا بیٹھا دکھائی دیا۔ پنکھے کی ڈنڈی جوں انھوں نے تاک کر مکوڑے کی ٹانگوں پر ماری تو ٹیٹو بلبلا کر چنگھاڑے۔ اب جو انھوں نے دیکھا تو مکوڑا نہیں چچنی تھی۔ بوکھلا کر چلّائیں، ''اے بی اختر، ذرا دیکھنا ... ٹیٹو کو کیا ہو گیا۔ ہے ہے۔''

چاروں طرف جگ گار ہو گئی۔ سب ٹیٹو کے گرد جمع ہو گئے۔ اب ناک پر جہاں کلپ لگا تھا وہاں دورانِ خون بند ہو کر گہرا سا گڈھا پڑ گیا تھا۔ جتنی ناک باہر رہ گئی تھی وہ آلو بخارے کی طرح ہو کر سوج گئی تھی۔ بڑی مشکل سے کلپ نکالا گیا۔ ٹھنڈے گرم پانی سے ٹکور دی گئی تب کہیں جا کے ناک کا دورانِ خون ٹھیک ہوا، ذرا سوجن اُتری۔ تیل کی مالش کی گئی۔

وہ دن اور آج کا دن ٹیٹو میاں نے ملکہ الزبتھ کی دامادی کی ساری امیدیں بالائے طاق رکھ دیں۔ اگر وہ منن بھیا کی بتائی ہوئی حُسن بڑھانے کی ترکیب پر کچھ گھنٹے اور عمل کر لیتے تو آج قطعی ناک سے ہاتھ دھو بیٹھتے۔

بیلو کو ہمیشہ سے گیمیں مارنے کا شوق ہے۔ ایسی ایسی ٹھوکتا ہے کہ بس کیا بتائیے۔ بیٹھے مزے سے کیرم کھیل رہے ہیں، یا زنا زن ٹرپ چال ہو رہی ہے۔ یا کوئی نہایت دلچسپ کہانی پڑھ رہے ہیں۔ عین اُس وقت جبکہ ہیرو اژدہے کے چنگل میں پھنسا زور مار رہا ہے، بیلو صاحب آن دھمکے۔

''چلو... امّاں بلاتی ہیں۔'' اب نہ جائیں تو کیا عجب جو بلا ہی رہی ہوں۔ امّائیں عموماً ایسے اَنگڑھ موقعوں پر ضرور بلانے کی عادی ہوتی ہیں۔ خیر، امّاں کے پاس گئے۔

''امّاں آپ نے ہمیں بُلایا تھا؟''

''اے دور ہو کلمو ہو میں کا ہے کو بلاتی۔ کون تمھاری صورت کو ترس رہی ہوں کہ چڑھے چلے آتے ہو چھاتی پر۔'' امّاں چڑ کر جواب دیتیں۔ اب آپ ہیں کھسیانے اور بیلو صاحب دانت نکوسے ہنس رہے ہیں۔ جی چاہتا ہے ایک مکّا ایسا جڑیں کہ سارے دانت ٹوٹ کر حلق میں جا پڑیں مگر دانت تو ویسے ہی ٹوٹ کر اوٹنگے بونگے ڈراؤنے نکل رہے ہیں۔ ذرا بیلو کو دیکھا اور چلائے۔

''کا امّاں ..... دیکھو ہمیں مارا''

اور امّاں بنا پوچھے گچھے ڈانٹنے لگیں گی ''ٹھہر تو جا سوّر، خبردار جو تو نے میرے بیلو کو ہاتھ بھی لگایا۔ کھال اُدھیڑ کے رکھ دوں گی۔'' اب انھیں لاکھ سمجھائیے کہ یہ آپ کا لڈو کی شکل کا لال دل کا بہت کالا ہے مگر کون سنتا ہے!

اور یہ تو روزانہ کا اُصول بنا لیا ہے۔ جہاں ابّا کے پیٹ پر بیٹھے اور شکایتوں کا دفتر کُھل گیا۔

فلاں نے منہ چڑایا تھا۔ سکو نے گھونسا دِکھایا تھا۔ عذرا اور پروین نے گلاب کا پھول توڑا تھا۔ ٹیٹو نے مرغی کی دُم کھینچی تھی۔

اب کہو بھلا یہ بھی کوئی بات ہوئی۔ عذرا اور پروین کی گڑیا کا بیاہ تھا۔ ایک دو پھول توڑ لیے تو کون سا اندھیر ہوگیا۔ یا بیچارہ ٹیٹو بیٹھا بور ہو رہا تھا، ایک ذرا کے ذرا مرغی کی دُم کھینچ لی تو کون سے اس کے لال جھڑ گئے۔

مگر ایک دن بیلو پکڑے گئے۔

’’آئس لینڈ میں برف ہی برف ہوتی ہے۔ لوگ برف کے گھروں میں رہتے ہیں۔ وہاں برف کی سڑکیں، برف کے سینما گھر، برف کے اسکول ہوتے ہیں۔ لوگ برف کے ڈیسکوں پر بیٹھ کر برف کی کتابیں پڑھتے ہیں اور ماسٹر صاحب برف کا کوٹ پہنے برف کے بلیک بورڈ پر برف کی چاک سے لکھتے ہیں۔ پھر برف کا چپراسی برف کے گھنٹے کو آئس کریم کی موگری سے ٹن ٹن بجاتا ہے۔ برف کے کتّے سڑک پر بھونکتے ہوئے بھاگتے ہیں اور بچّے برف کے فراک اور پینٹ پہنے برف کی فٹ بال سے کھیلتے ہیں۔ وہاں سب برف کے پیڑ ہوتے ہیں جن میں آئس کریم کی نارنگیاں، کیلے، ناشپاتیاں، امرود، اناناس اور آم ہوتے ہیں۔ وہاں بھیڑیں اور بکریاں چاکلیٹ کی، آئس کریم کی ہوتی ہیں اور برف کی لال لال آگ پر برف کی روٹیاں پکتی ہیں۔

’’ہے بے وقوف! برف کی آگ کیسے جل سکتی ہے؟‘‘ سکو سے زیادہ ضبط نہ ہوسکا۔

’’جلتی ہے… ہمیں معلوم ہے۔‘‘

’’نہیں بیٹے برف کی آگ نہیں جلتی۔‘‘ ابّا نے نہایت عالمانہ انداز میں عینک کے اوپر سے جھانک کر سمجھایا۔

’’نہیں ابّا… جلتی ہے۔‘‘ بیلو نے بگڑ کر کہا۔ ’’لال نہیں، سفید سفید آگ جلتی ہے اور برف کے ریڈیو میں سے اولوں کے گیت نکلتے ہیں۔‘‘ بیلو کی آنکھیں چمکیں۔

ابّا نے اخبار رکھ دیا۔ غور سے پہلے عینک کے نیچے سے پھر اوپر سے جھانک کر بیلو کو

گھوڑا۔

”تم نہایت بے وقوف ہو۔نرے چغد ...اِبّا نے ڈانٹ ڈانٹ کر ثابت کردیا کہ بیلو گپ ٹھوک رہا ہے۔ وہاں برف کے بنے ہوئے جانور نہیں ہوتے۔

”مگر اِبّا کتاب میں لکھا ہے۔ برف کے کتّے“!

”یعنی وہ کتّے جو برف پر گاڑیاں گھسیٹتے ہیں۔“

”اور جناب بالکل آئس کریم کے بیل نہیں ہوتے۔“ ٹیٹو بولے۔

”ہوتے ہیں۔“ بیلو ڈٹ گئے۔ اِبّا قطعی بور ہیں۔ لے کے بیلو کی پوری برف کی دنیا پگھلا دی۔

بیلو کا بہت مذاق اُڑا اور ایک دَم سے اُن کی گپ بازی کی دھوم مچ گئی اور جب گھر کے بزرگوں کے دل میں ایک بات بیٹھ بیٹھ جائے تو وہ سچّی مان ہی لی جاتی ہے۔ اب تو یہ حال ہو گیا کہ بیلو اگر کہتے، ”کا اماّں ہمیں بھوک لگی ہے۔“ تو کوئی نہ یقین کرتا۔

”چل جھوٹے، بدہضمی کرے گا۔ سہ پہر کو منوں ستو بھکسے تھے۔“ حالانکہ غریب بیلو سہ پہر کو نیم کے نیچے بیٹھا چمچے سے چیونٹے حلال کر رہا تھا۔ ستو کب پی لیے گئے اُسے خبر بھی نہ ہوئی۔ جب چیونٹے انتقاماً اُس کے نیکر میں گھس گئے اور اُسے بھنبھوڑ کر رکھ دیا تو بیچارہ کا اماّں سے کوڈھلوں پر چونا لگواتے لگواتے سو گیا تھا۔ کسکو کو یاد بھی ہوتی تو وہ بیلو کی موافقت کی بات صاف پی جاتے۔

غرض بیلو کی دروغ گوئی کی دھاک ایسی بیٹھی کہ اُن کے سارے کارناموں پر پانی پھر گیا۔ ایک دن جب بیلو اپنے کمرے میں سونے کے لیے گئے تو وہاں سے سرپٹ رپٹے ہوئے آئے اور دادی اماّں کی گود میں چڑھ گئے۔

”اے بیلو، سوتے کیوں نہیں۔ جاؤ اپنے کمرے میں۔“ دادی اماّں بولیں۔

”نہیں۔“

”کیوں؟“

"شیر!"

"شیر؟.....اے کیسا شیر؟"

"شیر.... اِتّا بڑا...." جتنے ہاتھ پھیل سکے پھیلا کر بیلو نے ناپ بتائی۔

"کہاں ہے شیر؟" ابّا جان نے غصہ کر کے پوچھا۔

"ہمارے پلنگ کے نیچے۔"

"پھر تم جھوٹ بولے۔" ابّا نے بڑی بڑی آنکھیں نکالیں۔

"سچ...اللہ قسم!"

"جھوٹا.....لپاٹی...." دادی امّاں نے ایک زور کا دھپ جمایا اور اپنی گود سے سڑے ہوئے بینگن کی طرح لڑھکا دیا۔ "چل سیدھی طرح جا کے سواپنے کمرے میں ...چل سو ... چل ... چل۔" آلہ نے للکارا۔

"نہیں...امّاں ...شیر!"

"چو....و...پ! شیر کا بچہ...." ابّا ڈنکارے۔ "جاتا ہے۔" "اب لگاؤں سنّیاں؟" شیر تو شیر اگر اژدہا بھی ہوتا تو ابّا کی ڈانٹ سن کر بیلو ہنستے کھیلتے اس کے منہ میں چلے جاتے

"پُھسّڈی کہیں کا" چاروں طرف وہ لے دے ہوئی کہ بیلو رپٹے کمرے کی طرف .... شیر سے زیادہ خوفناک وہ چپتیں تھیں جو اُن کے سر کے گرد منڈلانے لگیں اور جو شیر اور چیتے سے کم خوفناک نہیں ہوتیں۔ شیر چیتے زندہ نگل جاتے ہیں۔ کان تو اتنی زور سے نہیں اینٹھتے۔

"ہر وقت جھوٹ بولتا ہے۔" امّاں بولیں۔

"کس قدر گیس تراشتا ہے نالائق۔" ابا نے رائے دی۔

"ڈر پوک بنا دیا ہے اماں باوا نے لاڈ کر کے۔ دو کوڑی کا نہیں رہا بچہ۔" دادی امّاں نے طعنہ مارا۔ بڑی دیر تک بیلو کے جھوٹ پر تبصرہ ہوتا رہا۔ پھر لوگ اِدھر اُدھر کی باتوں میں بیلو اور شیر دونوں کو بھول گئے۔ لوگ سونے کا پروگرام بنا ہی رہے تھے کہ میوا رام بوکھلائے ہوئے آئے۔

"مجیب میاں، باہر داروغہ جی کھڑے ہیں۔"

"داروغہ جی؟ اے ہے، یہ کمبخت اس وقت کہاں آن ٹپکا۔" دادی امّاں بڑ بڑائیں۔

"لوگ پیچھا ہی نہیں چھوڑتے۔ جان کو لگ گئے ہیں۔"

"ارے بلاؤ بلاؤ...... آئیے انسپکٹر صاحب ... آئیے ... کیسے تکلیف فرمائی؟" ابّا نے چبوترے پر سے پکارا۔ انسپکٹر صاحب کے ساتھ ایک گھچّے دار مونچھوں والے صاحب بھی تھے۔ جو میوا رام سے بھی زیادہ سٹپٹائے ہوئے تھے۔ دو چار لاٹھی بند کانسٹبل بھی تھے۔ ابّا گھبرائے، کیا گڑ بڑ ہوگئی۔ کالج کے لڑکوں نے کوئی ہنگامہ کھڑا کر دیا۔

"کیا کوئی چوری ووری ہوگئی؟ ... خیریت تو ہے؟" ابّا نے پوچھا۔

"نہیں صاحب چوریاں تو ہوتی ہی رہتی ہیں۔ ویسے سب خیریت ہے۔ یہ سرکس کے مینجر صاحب ہیں؟" انھوں نے گھچّے دار مونچھوں والے کی طرف اشارہ کیا۔

"آداب عرض! آپ سے مل کر بڑی مسرّت ہوئی۔" ابّا جھوٹ بولے۔

"صاحب ... وہ بات یہ ہے کہ سرکس کا ایک نہایت ہی بدمعاش شیر چھوٹ گیا ہے ..."

"شیر؟ ۔ شیر ... یعنی کہ شیر ..." ابّا ہکلائے۔

"جی ہاں قطعی شیر ... نہایت خونخوار اور پاجی ہے۔ کل ٹریپز کو بھنبھوڑ ڈالا ہوتا۔ بال بچے۔ ابھی آپ کے پڑوس سے رئیس صاحب نے فون کیا صاحب کی ایک عدد شیر آپ کے باغ میں گھومتا دیکھا گیا ہے۔

"با ... باغ ... شیر ... بیلو۔" ابّا مونڈھے پر ڈھلک گئے۔

"بیلو سچ ہی کہہ رہا تھا۔" انھوں نے سہم کر بیلو کے کمرے کی طرف دیکھا جس کا ایک دروازہ باغ کی طرف کھلتا تھا۔

"ہائے ... لوگو ... میرا بیلو' امّاں جو کمرے سے سب کچھ سن رہی تھیں پچھاڑ کھا کر ڈنلپ کے نئے گدے پر گریں۔ پھر اُٹھ کر وہ دوڑیں بیلو کے کمرے کی طرف اگر ابّا نے کولیا بھر کر اُنھیں پکڑ نہ لیا ہوتا تو وہ سیدھی شیر کے جبڑوں میں گھس جاتیں۔

"ہائے میرا بچہ ...ارے مجھے تو پہلے ہی معلوم تھا، تم لوگوں پر بھاری ہے بچہ .....
ارے اُس کی جان لے کر ہی چین آیا۔'' حسبِ دستور دادی امّاں نے گھبرائے ہوئے
امّاں اور ابّا کی ٹانگ لی۔''اب تو کلیجے میں ٹھنڈک پڑی۔''

''ہائے! میرا ننھا سا بیلو ۔شیر نے چبا ڈالا اور اس نے منہ سے ڈر کے مارے
آواز بھی تو نہیں نکالی۔'' کا امّاں چپکے چپکے رونے لگیں اور ککو ٹیٹو بھی پھوٹ پھوٹ کر
رونے لگے ۔ ہائے پیارے بیلو، تم سے یہ اُمید نہ تھی کی شیر کا ناشتہ بن جاؤ گے اور ہمیں یوں
اکیلا چھوڑ جاؤ گے۔''

ہائے اللہ، کیا کٹر کٹر چبایا ہوگا۔ بیچارے کو اب تک تو ہضم ہو کر آنتوں میں پہنچ چکا
ہوگا۔'' منن بھائی نے آہ بھری۔

ابّا کا بُرا حال تھا۔ وہ تو خالی ہاتھ ہی گھس کر شیر سے گُتھ جانا چاہتے تھے۔ اُن کا بس
نہ تھا کہ اُس کے حلق میں ہاتھ ڈال کر اپنے لاڈلے بیلو کو نکال لائیں۔ لوگوں نے بڑی
مشکل سے انھیں دلاسا دیا۔ بندوقیں اور لاٹھیاں لے کر سب آہستہ آہستہ بیلو کے کمرے کی
طرف بڑھے۔ اندر جھانکا تو دو بڑی بڑی چنگاریاں بیڈ کے نیچے دھک رہی تھیں ۔
مگر بیلو کا کہیں پتا نہیں تھا!

شیر نے ایک پھونٹرا تک نہ چھوڑا تھا۔

گھر میں کہرام مچ گیا۔ دادی امّاں تو شیر کا کلّہ چیرنے پر تُلی ہوئی تھیں۔ بڑی مشکل
سے اُسے پنجرے میں ڈالا گیا، جو سرکس کے منیجر لائے تھے۔ گولی مارنے میں ایک خطرہ
تھا۔شیر کے منہ کو انسان کا خون لگ چکا تھا۔ اگر زخمی ہو گیا اور پلنگ کے نیچے سے ایک دم
نکل پڑا تو پھر کسی کی خیریت نہیں ۔

''تعجب ہے نہ خون کے نشانات ہیں نہ ہڈیاں۔'' انسپکٹر صاحب بولے۔

''ارے وہ نگوڑا تھا ہی کتنا۔ ہائے میرا پھول بیلو ...مرے دار تو تھا ہی جبھی تو شیر
نے خون کی ایک ایک بوند چاٹ لی۔'' دادی اماں کو غش آنے لگا۔

ایک دم سے کمی آپا کی فلک شگاف چیخ فضا میں گونجی اور وہ لڑکھڑاتی ہوئی آکر چوکی پر گریں۔

’’بی بی......بیلو.....‘‘ جیسے اُنھوں نے بھوت دیکھا ہو۔

’’کہاں کدھر؟‘‘ سب نے اُنھیں ہلا ڈالا۔

’’غو...غو...غسل خانہ...‘‘

امّاں دوڑیں...ابّا نے لپک کر اُنھیں پکڑ لیا۔ بیلو کی کٹی پھٹی لاش دیکھ کر کہیں وہ پاگل نہ ہو جائیں۔

کلیجا تھامے ابّا اور میوا رام روتے بلبلاتے غسل خانے میں پہنچے۔ بیلو کی خون میں لتھڑی لاش وہاں بھی نہ تھی۔ وہ تو گٹری سٹری بنے گھڑے کے پاس اُکڑوں بیٹھے اونگھ رہے تھے۔

’’سور... پاجی... نا معقول ... یہاں بیٹھا ہے گدھا ... اور ہم ناحق پریشان ہو رہے ہیں۔‘‘ ابّا نے ایک رپٹ لگایا اور کان پکڑ کر بیلو کو اُٹھا لیا۔

کہاں ماتم ہو رہا تھا کہاں ایک دم شادیانے بجنے لگے۔ سب نے بیلو کو گلے لگایا۔ اُن کے اتنے لاڈ ہوئے، اتنے صدقے اُتارے گئے۔ ایسا معلوم ہوتا تھا جیسے وہ ابھی ابھی اللہ میاں کے یہاں سے تشریف لا رہے ہیں۔ ککو اور ٹیٹو ایک دم چڑ کر اداس ہو گئے۔ کاش! شیر نے اُنھیں ذرا ہی چاپ لیا ہوتا۔

اس دن سے جو بیلو کے سوراجا کے نہیں۔ ٹھاٹ سے جھوٹ بولتے ہیں۔ دھڑا دھڑ گپیں مارتے ہیں۔ کوئی دَم نہیں مار سکتا۔ کسی میں اتنی ہمت نہیں کہ اُنھیں جھٹلا سکے۔ اب تو اگر وہ کسی دن کہہ دیں کہ اُن کی مٹھی میں مگر مچھ ہے تو بھی اُن کو جھٹلانے کی ہمت نہ پڑے گی۔ کیا عجب جو وہ مٹھی کھول کر مگر مچھ دِکھا دیں تو کوئی اُن کا کیا بگاڑے گا۔

"بھئی، ان ماسٹروں کے خوب ٹھاٹ ہیں۔ مزے سے سائیکلوں پر دندناتے پھر رہے ہیں۔ جسے جب جی چاہا ٹھوک دیا۔ مرغا بنا کر کرسی رکھ دی۔ اور غصہ آیا تو کونے میں منہ دے کر چھٹی کے گھنٹے میں کھڑا کر دیا۔ کوئی جملہ پانچ سو دفعہ لکھنے کو دے دیا۔ نظمیں رٹوا لیں۔"

سکو نے ٹھنڈی سانس بھری۔ آج ان پر کلاس میں بُری بیتتی تھی۔ ان پر روز ہی بُری بیتتی تھی۔ سکو اپنی کلاس کے دادا تھے۔ ہر شرارت اُن کے زیرِ سایہ پروان چڑھتی تھی۔ ناطقہ بند تھا اُستادوں کا۔

"نہ ہوم ورک کرنا۔" ٹیٹو نے رڈّا دھرا۔

"نہ جومیٹری رٹنا۔" سکو کو جومیٹری نے بڑا ستا رکھا تھا۔ دو متوازی خطوں کے بیچ میں بننے والے زاویے برابر ہوتے ہیں۔

"ہوتے ہیں تو ہونے دو، ہم کیا کریں۔" ٹیٹو نے سوچا۔

"یہ ہسٹری بھی کچھ کم بدذات نہیں۔ محمود غزنوی نے سترہ حملے کیے۔ ارے بھئی کیے تو ہم نے اُسے تھوڑی بھڑکایا تھا۔" بیلو نے جرح کی۔

"یار، یہ جغرافیہ بھی فضول ہے۔ گیہوں کہاں پیدا ہوتا ہے۔ چاول کہاں اُگتا ہے۔ دریا کہاں بہتا ہے۔ پہاڑ کتنا اونچا ہے۔ سمندر کتنا گہرا ہے۔ اُنہہ، یہ بھی کوئی ٹمک ہے۔ چاول دال سے باورچی کو دلچسپی ہوگی۔ سمندر کی گہرائی کی فکر کریں ویل مچھلیاں۔ ہمیں کوئی سمندر ناپنے ہیں۔"

تینوں ہوم ورک کر کے بستروں پر لیٹ گئے اور اس دن کے خواب دیکھنے لگے جب بجائے پڑھنے کے وہ اُستاد بن کر دوسروں کو پڑھائیں گے۔

"مزہ آجائے گا۔" سکو نے لڑکوں کو تخیل میں ٹھوکتے ہوئے چٹخارا لیا۔ مزے سے گپیں ماریں گے۔ سینما دیکھیں گے۔ لائبریری اپنے قبضے میں ہوگی۔ کہانیوں کی کتابیں پڑھیں گے۔ کیا حسین زندگی ہوگی!

آنکھ لگی ہی تھی کہ دروازے پر دستک ہوئی۔ ٹیٹو لپکے کیونکہ انھیں ٹکٹ جمع کرنے کا شوق تھا اور ڈاکیے کی آواز وہ خوب پہچانتے تھے۔

"ارے سکو ...تمھارے نام رجسٹرار صاحب کا خط!" ٹیٹو نے لفافہ لا کر دیا۔

"کھولو تو یار، کس کا خط ہے؟" بیلو نے شوق سے کہا۔

خط کھول کر جو پڑھا تو تینوں سنّاٹے میں رہ گئے۔ سکو تو مارے حیرت کے قلا بازی کھا گئے۔ خط میں لکھا تھا۔

"مسٹر سکو،

واضح ہو کہ آپ اسکول ٹیچر کے عہدے پر مقرر کیے جاتے ہیں۔ کل صبح پابندی وقت کا خیال رکھتے ہوئے کلاس میں پہنچ کر پڑھائیے۔ ابھی نوکری عارضی ہے۔ لیاقت دیکھ کر تنخواہ مقرر کی جائے گی اور آپ کو مستقل ماسٹر بنا دیا جائے گا۔

فقط ....

ایک دم سے سکو اُٹھ کر ناچنے لگے۔

"آہا جی !... ماسٹر.....نوکری ....مستقل تنخواہ ....."

مارے رشک کے بیلو اور ٹیٹو پست ہو گئے۔ مزے ہیں اب تو سکو کے۔ نہ ہوم ورک نہ رٹائی۔ نہ آئے دن کی سزائیں۔ رعب جھاڑنے کا موقع الگ۔

سکو اسکول جانے کی تیاری کرنے لگے۔ عید پر جو پتلون بنی تھی وہ ڈٹی۔ منن بھیا کا چھوٹا کوٹ انھیں مل گیا تھا۔ خوب برش سے صاف کر کے پہنا۔ جوتوں پر پالش کر کے

اتنا چمکایا کہ منہ دِکھائی دینے لگا۔

"ہم پہنچا دیں سکو میاں؟" میوا رام نے کہا، کیونکہ وہی تینوں کو روزانہ سائیکل پر اسکول لے جاتے تھے۔

"ہشت!" سکو نے غرور سے گردن اکڑائی۔ اب اُنھیں میوا رام کی قطعی ضرورت نہ تھی۔ آئینے میں دیکھ کر کنگھی کرتے وقت انھیں بڑی تکلیف ہوئی کیونکہ مسٹر تو ہو گئے تھے مگر کان پہلے سے کچھ زیادہ ہی لمبے لگ رہے تھے۔ لڑکے مذاق اُڑائیں گے۔ یہ سوچ کر انھوں نے کس کر کانوں پر رومال باندھ لیا کہ کچھ تو چپٹے ہو جائیں۔

سائیکل پر بیٹھ کر تھوڑی ہی دور گئے ہوں گے کہ اڑ اڑ اڑ ادھم! رات کو آنے جانے والوں کو گرانے کے لیے جو تلی سی تلی پیڑ اور پھاٹک سے باندھی تھی وہ نظر نہ آئی اور سکو صاحب چت ہو گئے۔ جلدی سے ہڑبڑا کر اُٹھے، کسی نے دیکھا تو نہیں، بھد ہو جائے گی ایک دم۔

پھر سوار ہو کر تھوڑی دور اور چلے تھے کہ "سے فش.....،" اُف پنکچر ہو گیا۔ ہت تیری کی! واپس گھر جاؤ تو پابندیِ وقت کیسے ہو، کلاس میں دیر ہو جائے گی۔ مجبوراً سائیکل گھسیٹتے چلے اسکول۔ پسینے پسینے ہو گئے۔ اُف! رومال لانا بھی بھول گئے۔ خیر شکر ہے مسٹروں کو رومال نہ لانے پر ڈانٹ نہیں پڑتی۔ انھوں نے آستین سے پسینا پونچھا۔

اسکول کے میدان میں بچّے بے تحاشا دوڑ رہے تھے اور غل مچا رہے تھے۔

"اہم!" رعب ڈالنے کے لیے ماسٹر سکو کھنکارے مگر کسی نے نوٹس نہ لیا۔ دو لڑکے ایک دوسرے کو دھکّے دیتے آ کے ان کے پیٹ سے لڑ گئے۔

"عنک!" دم نکل گیا سکو کا۔ جی چاہا فوراً سب کو مرغا بنا دیں۔ خیر جی، کلاس میں خبر لی جائے گی سب کی۔

جیسے ہی کلاس کا دروازہ کھول کر سکو اندر داخل ہوئے سر پر ٹائیں سے ایک پانی سے لبریز ڈبّا گرا اور سکو سر سے پیر تک شرابور ہو گئے۔

اپنی کلاس میں کئی بار سکو یہی حرکت اپنے استادوں کے ساتھ کر چکے تھے اور خوب قہقہے لگایا کرتے تھے مگر آج جو ڈبّا سر پر گرا تو مارے غصّے کے بے قابو ہوگئے۔ کلاس میں قیامت برپا تھی۔ کان پڑی آواز نہ سنائی دیتی تھی۔ لڑکے کاؤں کاؤں کیے جا رہے تھے۔

"خاموش ہو جاؤ" انھوں نے لڑکوں کو ڈانٹیں بتائیں۔ میز کو دونوں ہاتھوں سے پیٹا، مسٹر سے کھٹ کھٹ کی۔ لڑکے ذرا سا خاموش ہوتے پھر کھی کھی کرنے لگتے۔ باوجود ضبط کے اُن کی ہنسی بار بار نکل جاتی تھی۔ "بات کیا ہے؟" سکو نے سوچا۔ مڑ کر جو دیکھا تو بلیک بورڈ پر سکو صاحب کی تصویر بنی ہوئی تھی۔ لمبے لمبے گدھے جیسے کان، گول آلو جیسی آنکھوں پر چشمہ۔ نیچے لکھا تھا۔

"تختی پر تختی….ماسٹر جی کی کم بختی۔"

مارے غصّے کے سکو صاحب لرز اُٹھے۔ آنکھوں سے چنگاریاں برسنے لگیں۔

"یہ کس پاجی کی بدمعاشی ہے؟" سکو گرجے مگر اُن کی آواز چیں سے ہوگئی اور لڑکے مارے ہنسی کے لوٹن کبوتر بن گئے۔ ایک لڑکے نے ڈیسک کے نیچے منہ ڈال کر گدھے کی بولی بول دی۔ کلاس میں زور دار قہقہہ پڑا۔ سکو کا جی چاہا اپنا سر پیٹ لیں یا زمین پر لیٹ کر خوب لوٹیں لگا کر مچلیں۔ گھر میں جب وہ کبھی کوئی بات منوانا چاہتے یا انھیں کوئی چھیڑ دیتا تھا تو فوراً مچل جایا کرتے تھے۔

"خاموش خاموش …. پاجیو، نامعقولو …..گدھو…." سکو کا چلاتے چلاتے گلا بیٹھ گیا مگر لڑکے ہنستے رہے، قہقہے لگاتے رہے، سیٹیاں بجاتے رہے۔ کوئی بلی کی بولی بول رہا تھا۔ کوئی کتّے کی طرح بھونکتا۔ کوئی ڈھینچو ڈھینچو کر رہا تھا تو کوئی بھینس کی طرح اڑّا رہا تھا۔ ایک لڑکا اُلّو کی نقل کر رہا تھا۔ دوسرا مرغے کی طرح اذان دے رہا تھا۔ مارے غل کے کان پڑی آواز نہ سنائی دیتی تھی۔ معلوم ہوتا تھا چاروں طرف سے بھوت پریت نکل کر ڈرا رہے ہیں۔ کلاس نہیں چڑیا خانہ ہے۔ بھانت بھانت کا جانور موجود ہے۔ لڑکے اور بے قابو ہوئے۔ دو چار نے چاک کے ٹکڑے اور کاغذ کی گولیاں بنا کر ماریں۔ سکو ناک پکڑ کر بیٹھ

گئے۔ وہ تو خیر ہوئی کہ اتنے میں ہیڈ ماسٹر آ گئے اور بچّے ان کے ڈر سے خاموش ہو گئے ورنہ تھوڑی دیر میں سکو صاحب کا بُھرتا بنا کر رکھ دیتے۔

"آپ کیسے ماسٹر ہیں سکو صاحب؟ آپ بچوں کو خاموش تو کرا نہیں سکتے، بھلا پڑھائیں گے کیا خاک۔" پھر وہ بچوں سے بولے۔

"بچو! تم اسکول پڑھنے کے لیے آتے ہو یا غُل مچانے؟ کتنی مشکل سے تمہیں اسکول میں داخلہ ملتا ہے۔ تمھارے والدین سفارشیں لا لا کر تمہیں اسکول میں بھرتی کراتے ہیں۔ اپنی ضرورتیں روک کر تمھاری فیس دیتے ہیں۔ کتابیں خریدتے ہیں اور تم بجائے پڑھنے کے غل مچاتے ہو۔ ہمارا بھی وقت ضائع کرتے ہو اور اپنے والدین کی گاڑھی کمائی خاک میں ملاتے ہو۔ کیوں؟...... آخر تمہیں اپنا ہی نقصان کر کے کیا فائدہ ملتا ہے۔ ہمارا ملک دوسرے ملکوں کے مقابلے میں تعلیم کے معاملے میں بہت پچھڑا ہوا ہے۔ کتنے بچوں کو یہ تعلیم میسر بھی نہیں جو تمھیں قسمت سے مل رہی ہے۔ کاش! تم بدشوق بچوں کے بجائے ہم اسکول میں اُن بچوں کو پڑھا سکتے جو علم کی نعمت سے محروم ہیں۔ کتنے دُکھ کی بات ہے بچو! تم اپنے والدین، اپنے خاندان اور اپنے ملک کو دھوکا دے رہے ہو۔ پڑھنے کا بہانہ کر کے تم شرارتیں ایجاد کرتے ہو مگر وہی پرانی سڑی ہوئی شرارتیں جن پر آج کل کے بچوں کو تو ہنسی بھی نہ آنا چاہیے، تم دُہرائے جاتے ہو۔ تم اپنے اُستاد کی بے عزّتی کر کے ہنس رہے ہو۔ صرف اس لیے کہ وہ اپنا دماغ پچی کر کے تمہیں علم کی دولت بخش رہا ہے۔ تم اُسے سزا دے رہے ہو۔ اُس کا کھیل بنا رہے ہو۔"

شرم سے بچوں کے سر جھک گئے۔ سب سے نیچا سر خود سکو کا تھا۔ جو بات ہیڈ ماسٹر صاحب نے کہی وہ خود انھیں کیوں نہ سوجھی۔ کل تک سکو خود یہی حرکتیں کر رہے تھے۔ آج وہ نادم تھے۔ خاموشی ہوئی تو کتاب کھولی مگر پہلا ہی سبق سکو کو خود یاد نہ تھا۔ ہاتھ پاؤں پھول گئے، کاش! ابّا سے پوچھ کر پڑھ کر آئے ہوتے۔ اگر غلط سلط پڑھا دیا تو نوکری سے الگ نکال دیے جائیں گے۔ ٹیڈو اور بیلو کے سامنے ناک کٹ جائے گی۔

کو تو سمجھے تھے ماسٹر بن کر پڑھائی سے چھٹی مل جائے گی۔ معلوم ہوا کام صرف چوگنا ہوگیا۔ انھیں چار کلاسوں کے لیے روزانہ چار سبق یاد کرنے ہوں گے۔

کسی نے پھر چاک کا ٹکڑا ناک پر مارا۔ ککو نے گھور کر دیکھا تو سب انجان بن کر بیٹھ گئے۔ جیسے کچھ معلوم ہی نہیں۔ ککو نے صبر سے کام لیا۔ اُن آنسوؤں کو پی گئے جو اُن کی آنکھوں میں اُمڈ رہے تھے۔

سوال حل کرنے کے بعد چاروں طرف سے لڑکے کاپیاں لے کر پل پڑے ایسے کہ سانس لینا مشکل ہوگیا۔ لڑکوں کو تو صرف ایک ایک سوال کرنا پڑا۔ ککو صاحب کو پینتیس لڑکوں کی پینتیس دفعہ ایک ہی سوال کرنا پڑا کیونکہ چند ہی لڑکوں نے ٹھیک سوال کیا تھا۔ اُف! پینتیس لڑکے اور ایک بیچارہ ماسٹر! ککو مر نکل گیا۔

شکر ہے کہ اتنے میں گھنٹا بج گیا اور باقی کاپیاں ککو نے اُٹھا کر بیگ میں ڈالیں کہ گھر سے صحیح کر کے لائیں گے۔ خیال تھا آج ماسٹر بننے کی خوشی میں سنیما جائیں گے مگر سب سنیما ونیما دھرا رہ گیا۔ اتنا کام کرنا ہوگا وہ کون کرے گا۔

دوسرے درجے میں گئے تو وہاں بھی خاصی گت بنی۔ بڑی مشکل سے پندرہ منٹ برباد کرنے کے بعد لڑکے خاموش ہوئے۔ جغرافیہ پڑھانے لگے۔ پڑھا ہوا سبق تھا، بھول بھال چکے تھے۔ چپکے چپکے کتاب میں سے دیکھ دیکھ کر پڑھانے لگے۔ لڑکے بھی چالاک تھے۔ کتاب میں سے دیکھ دیکھ کر جواب دینے لگے۔

’’اے لڑکو! کتاب میں سے دیکھ کر جواب مت دو۔‘‘ ککو نے ڈانٹا۔

’’ماسٹر صاحب! آپ بھی تو کتاب میں سے دیکھ دیکھ کر پڑھا رہے ہیں۔‘‘ لڑکوں نے فوراً جواب دیا اور ککو سٹپٹا گئے۔ اور بڑی مصیبت! اب گھر سے جغرافیہ بھی پڑھ کر آنا پڑے گا۔

اس گھنٹے کے بعد چھٹی تھی۔ ککو جو کلاس سے اُٹھ کر جانے لگے تو کلاس کے لڑکوں نے ایک زوردار قہقہہ لگایا۔ گھبرائے ہوئے غرور سے گردن اکڑائے باہر نکل آئے۔ اب یہ

جدھر جاتے ہیں لوگ ہنس ہنس کر بے حال ہوئے جاتے ہیں۔ لڑکوں کو تو ڈانٹ دیا مگر جب اُستاد بھی انھیں دیکھ کر قہقہے لگانے لگے تو سکو کا خون کھول گیا۔ اور تو اور ہیڈ ماسٹر صاحب بھی گزرے تو وہ بھی مسکرانے لگے۔ سکو چکرائے۔ ''یا خدا! یہ کیا مصیبت ہے''۔ گھبرا کر کان ٹٹولے کہ کہیں اور لمبے تو نہیں ہو گئے۔ کیا ہو گیا کہ ہر ایک ہنسے جا رہا ہے۔

اتنے میں بیلو اور ٹیٹو بھی آن پہنچے۔ انھوں نے بھی بے اختیار قہقہے لگانے شروع کر دیے۔

''فوراً مرغا بن جاؤ نالائق''۔

''ارے واہ بے کار میں مرغا بن جائیں۔ سکو صاحب اینٹھ رہے ہیں۔'' ٹیٹو منمنائے۔

''تو کیوں ہنس رہے ہو؟'' سکو غرائے۔

''اپنا کوٹ اُتارو۔'' بیلو نے رائے دی۔

''واہ جناب کیوں اُتاریں؟'' سکو اکڑے۔

''تمھاری پیٹھ پر کچھ لکھا ہے۔'' ٹیٹو ہنسے۔

کوٹ اُتار کر دیکھا تو سکو رو دیے۔ کسی بدمعاش لڑکے نے لکھا تھا، ''میں گدھا ہوں۔''

انٹرول میں بیلو اور ٹیٹو مزے سے کھڑے مونگ پھلیاں اور بیر کھا رہے تھے۔ سکو کے منہ میں پانی بھر رہا تھا مگر بیچارے نہیں کھا سکتے تھے کیونکہ ماسٹروں کو ایسی بے ہودہ چیزیں نہیں کھانی چاہئیں۔ چند ماسٹر سگریٹ پی رہے تھے۔ سکو نے بھی سگریٹ سلگائی۔ خالی پیٹ میں سگریٹ کے دھوئیں سے آگ لگنے لگی۔ جل کر سگریٹ پھینک دی۔ کس قدر بے ہودہ چیز! اس کے مقابلے میں کھٹے میٹھے بیر اور سوندھی سوندھی مونگ پھلیاں نعمت ہیں مگر جبکہ کوئی ماسٹر بیر نہیں چاپ رہا تھا تو سکو کیسے اتنی غیر ماسٹرانہ حرکت کر سکتے تھے۔ دل پر پتھر رکھے بیٹھے رہے۔

دن نہ جانے کیسے گزرا۔ باقی گھنٹوں میں بھی لڑکوں نے اتنا ستایا اتنا کہ سکو کو چیخنا پڑا کہ گلا بیٹھ گیا، مارتے مارتے ہاتھ شل ہو گئے مگر لڑکے برابر شرارت کیے گئے۔ سکو جو اپنی کلاس کے دادا، سب سے زیادہ شور مچایا کرتے تھے، اُنھیں اپنے اوپر ناز تھا کہ سارے ماسٹران کے نام سے لرزتے تھے، آج خود لڑکوں میں ایسے گھرے ہوئے تھے جیسے خونخوار شکاری کتوں کے بیچ ایک زخمی خرگوش!

اسکول کے بعد سکو بالکل تھک کر چور ہو گئے تھے۔ جی چاہتا تھا گھر جا کر آنکھیں بند کر کے پلنگ پر لمبے لمبے لیٹ جائیں۔ کبھی نہ اُٹھیں مگر ابھی تو اُنھیں ڈیڑھ سو لڑکوں کو گیم کھلانے تھے۔

کھیل کے میدان میں لڑکے بالکل ہی بے قابو ہو گئے۔ سیٹی بجاتے بجاتے تالو چٹخنے لگا مگر لڑکے ذرا کے ذرا خاموش ہوتے پھر کاؤں کاؤں کرنے لگتے۔

ایک دم سے ایک فٹ بال آ کر دھائیں سے سکو کی ناک پر لگی۔ سر جھنا کر رہ گیا، دن میں تارے نظر آنے لگے۔ ایک زور دار قہقہہ بلند ہوا اور سکو چکرا کر وہیں ڈھیر ہو گئے۔ ذرا حواس ٹھکانے ہوئے تو چاروں طرف دیکھا کہ کس نے بال ماری تھی۔ سب لڑکے نہایت معصوم صورتیں بنائے کھڑے تھے۔ جیسے بے چاروں نے بال عمر بھر دیکھی نہ ہو۔

''کس نے پھینکی تھی بال؟'' سکو غرائے۔

''ماس صاحب! ہم نے نہیں پھینکی تھی۔ چوتھی کلاس نے پھینکی تھی۔'' سکو چوتھی جماعت پر جھپٹے۔

''نہیں ماٹ صاحب! ہم تو کرکٹ کی مشق کر رہے ہیں۔ پانچویں نے پھینکی ہوگی۔''

سکو چوتھی سے پانچویں کی طرف لپکے۔ وہ بال سے کھیل ہی نہیں رہے تھے وہ تو کبڈی کھیل رہے تھے۔

غرض اِدھر اُدھر بہت دور بھاگ کی، مجرم کا پتا نہ چلا۔ اب تو سکو کا صبر کا پیمانہ

چھلک گیا۔ سیدھے ہیڈ ماسٹر صاحب کے پاس شکایت لے کر پہنچے کہ کسی نے اُن کی ناک پر گیند ماردی۔ ہیڈ ماسٹر صاحب سکّو کی پکوڑا سی لال ناک دیکھ کر مسکرا دیے۔

”ارے صاحب، بچّے ہیں۔ جانے دیجیے۔“

”جی ہاں بچّے ہیں کہ آسیب۔ صبح سے زندگی دوبھر کر دی ہے اور آپ فرماتے ہیں جانے دیجیے۔ باز آیا میں ایسی نوکری سے۔“ سکو بگڑے۔

”مگر اب تو کچھ نہیں ہو سکتا کیونکہ اب تو ہم نے آپ کو مستقل اُستاد بنا دیا ہے۔ ایک سو پچیس روپے ملیں گے۔ سات گھنٹے پڑھانا ہوگا۔“

”سات گھنٹے روزانہ؟ یعنی مہینے میں دو سو دس گھنٹے۔ یعنی فی گھنٹا آٹھ نو آنے کے حساب سے۔ یعنی کہ نو آنے میں چالیس لڑکوں کو ایک گھنٹا پڑھانا۔ فی لڑکا ایک پیسے سے بھی کم....!“ سکو کو چکر آ گیا۔

”اس کے علاوہ....“ ہیڈ ماسٹر بولے۔

”صاحب ابھی اس کے علاوہ بھی ہے؟“ سکو حیرت سے لرز اُٹھے۔

”جی ہاں کھیل اور ڈرل کی نگرانی بھی کرنی ہوگی۔“

”اُف! میری ناک تو ختم سمجھو۔“

”اس کے علاوہ...“ ہیڈ ماسٹر بولے۔

”یعنی... یعنی ابھی اور بہت سی علاوہ ہیں؟“ سکو کی آواز گلے میں گھٹ گئی۔

”اسکول کا سالانہ جلسہ ہونے والا ہے، اس کا انتظام آپ کو ہی کرنا ہوگا...رجسٹر تو آپ روزانہ بھر ہی لیں گے۔ امتحان آ رہے ہیں۔ پرچے بنا ڈالیے گا۔ کاپیاں دیکھتے دیکھتے کئی دن لگ جائیں گے۔ لائبریری پر بھی ذرا نظر رکھنی ہوگی۔“

”مگر...مگر صاحب... مجھ سے اتنا کام کیسے ہوگا؟“

”ایک سو پچیس روپے تنخواہ جو ملے گی۔“

”مگر...صاحب ایک سو پچیس یعنی فی لڑکا فی گھنٹا ایک پیسے سے بھی کم۔ امّاں کہتی

ہیں نوکر ہو جاؤ گے تو اپنا خرچ خود اُٹھانا پڑے گا۔ مکان کا کرایہ، نوکروں کی تنخواہ، بھنگی، دھوبی۔ اور پھر گیہوں، چاول، دال، ترکاری۔ اتنے لڑکوں کو پڑھانا، اِنھیں پڑھانے کے لیے خود پہلے پڑھ کر سبق تیار کر کے لانا پھر روزانہ سائیکل میں پنکچر...سر پر پانی بھرا ڈبّا، کوٹ پر لکھا ہوا-’میں گدھا ہوں‘ الجبرا... جومیٹری ...جغرافیہ...تاریخ اور ناک پر فٹ بال ...نا بابا، بخشو بی بلّی چوہا لنڈورا ہی بھلا۔ میں مر جاؤں گا صاحب۔‘‘

مگر اب تو کچھ نہیں ہو سکتا۔ ایک بار جب کسی کو ٹیچر بنا دیا جاتا ہے تو جب پنشن ملتی ہے تب ہی رہائی ملتی ہے۔‘‘ ہیڈ ماسٹر نے بتایا۔

’’کب ملے گی پنشن؟‘‘ سکو خوش ہو گئے۔ صاحب مجھے نوکری نہیں چاہیے۔ مجھے صرف پنشن دے دیجیے۔ سکو گڑگڑائے۔

’’معلوم ہوتا ہے کسی نے آپ کی پیٹھ پر سچی بات ہی لکھی تھی۔ پنشن تو تمیں چالیس سال بعد ملے گی آپ کو۔ پہلے نوکری تو کیجیے۔‘‘ ہیڈ ماسٹر مسکرائے۔

’’تمیں ... چالیس ... یا پروردگار، رحم!‘‘ آؤ دیکھا نہ تاؤ سکو ایک زقند میں ہیڈ ماسٹر کے دفتر سے باہر کود گئے۔

’’لینا، پکڑنا، جانے نہ پائے۔‘‘ پیچھے سے لونڈوں نے دھیری لگائی مگر سکو نے ایک تڑک لگائی اور دیوار پھاند گئے۔ لڑکے کہاں چھوڑنے والے تھے۔ وہ بھی لپکے تعاقب میں ۔

مگر سکو ہتھیلی پر سر رکھ کر بھاگ رہے تھے۔ گھورے پر سے الانگتے پھلانگتے وہ ایک گوبر کے ڈھیر پر پھسلے، وہاں سے جو اُچکے تو نالی میں گرے۔ بڑی مشکل سے اُٹھ کر بھاگے تو کیلے کے چھلکوں پر پیر پڑا۔ لڑکے کیلے، مونگ پھلیاں کھا کر میدان میں ہی سب چھلکے ڈال گئے تھے۔ پھر بھی لڑکوں نے پیچھا نہ چھوڑا۔ انھیں پتا چل گیا تھا کہ نئے ماسٹر صاحب بالکل گاؤدی ہیں۔ اُنھیں ایسے احمق ماسٹر بہت پسند تھے۔ چیختے چلّاتے وہ برابر دوڑتے چلے آرہے تھے۔

”نہ جائیے ماٹ صاحب۔“

کُکو نے مڑ کر دیکھا تو لڑکوں کا ایک غول اُن کے پیچھے لپکا چلا آ رہا تھا۔ اُن کے ہاتھوں میں گز گز بھر کی لمبی پینسلیں تھیں۔ نیزوں برابر قلم اور گھڑے برابر دواتیں اور پلنگ برابر کتابیں تھیں۔ کشن کے برابر ربڑ اور کھمبوں سے بھی اونچے پرکار اور رُفیے ان کے پیچھے لمبے لمبے ڈگ مارتے چلے آ رہے تھے۔ کُکو کی خوف کے مارے گھگی بندھ گئی۔ وہ اور تیز بھاگے، دور گھنے جنگل میں جہاں کالے کالے پیڑ بانہیں پھیلائے اُنھیں دبوچنے کو کھڑے تھے۔ ہوا سائیں سائیں پھنکار رہی تھی۔ پتے تالیاں پیٹ رہے تھے۔ پیڑوں پر سے بندر اور لنگور دانت کچکچا کر کہہ رہے تھے،

”ہمیں پڑھاؤ ماسٹر صاحب۔ جومیٹری، الجبرا، تاریخ اور جغرافیہ پڑھاؤ۔“ کُکو نے بندروں سے بہت جان چھڑانا چاہی مگر دو نے اُن کے ہاتھ پکڑے، دو نے پیر اور ایک پیڑ سے دوسرے پیڑ پر چھلانگیں لگاتے، اُڑاتیں اُنھیں وہ اپنے اسکول لے چلے۔

پیڑوں کی بلند چوٹیوں پر سے کُکو نے لرز کر دیکھا۔ نیچے لڑکے پلنگ برابر کتابیں لیے چلا رہے تھے،”آؤ آؤ...ہمیں پڑھاؤ۔“

”نہیں نہیں ہمیں پڑھاؤ۔“ بندروں نے کہا۔

”ہم تمھیں ایک سو پچیس روپے دیں گے۔“ لڑکے چلائے۔

”ہم تمھیں ایک سو پچیس ناریل دیں گے۔ تم ہمیں پڑھاؤ۔“ بندر چیخے۔

”ہمیں مرغا بناؤ۔“ لڑکوں نے کہا۔

”ہمیں بینچ پر کھڑا کر دو ...“ لنگوروں نے فرمائش کی۔ کُکو نے بندروں کی طرف دیکھا۔ پھر لڑکوں کی طرف دیکھا۔ اُن کی سمجھ میں نہ آیا وہ اُن میں سے کس کی نوکری لیں۔ بندر اُنھیں اور بھی اونچا لے گئے۔ کُکو کا سر گھومنے لگا، پیڑ گھومنے لگے، پتے اور ٹہنیاں، زمین اور آسمان سب ایک بڑے سے ہنڈولے کی طرح اوپر نیچے چکر لگانے لگے۔ ساری دُنیا گڈمڈ ہو گئی۔ لڑکوں نے نیچے اور بندروں نے اوپر بلانا شروع کیا۔ پھر لڑکوں نے تا ک

تاک کر روپوں کی تھیلیاں مارنا شروع کیں۔ بندر کب چوُکنے والے تھے۔ انھوں نے ایک سو پچپس ناریل ان کے سر پر مارنے شروع کر دیے۔ نیچے سے روپوں کی مار اور اوپر سے ناریلوں کی بوچھار ... سکو بے دم ہو گئے۔ اور پھر جولنگوروں نے اپنی دُموں کو ان کے جسم کے گرد رسیوں کی طرح لپیٹ کر ایک پیڑ سے دوسرے پیڑ پر لمبی سی چھلانگ لگائی تو وہ نیچ ہی میں ٹوٹ گئی اور سکو کٹی ہوئی پتنگ کی طرح تیرتے بیتاتے، سائیں سائیں پھنکارتی ہوا میں قلا بازیاں کھاتے نیچے گرنے لگے۔ لڑکوں نے جلدی سے ایک کتاب کے چاروں کونے پکڑ کر پھیلا دی اور سکو دھم سے اُس پر آن گرے۔

گرتے ہی اُن کی آنکھ کھل گئی ... وہ اپنے پلنگ پر پڑے تھے اور آلہ اُن کا کندھا ہلا کر کہہ رہی تھیں، "کب تک سوئے گا سکو بیٹے۔ اسکول کا وقت ہو رہا ہے۔"

اس دن جب سکو اسکول گئے تو چُپ چُپ تھے۔ نہ انھوں نے لڑکوں کے کہنیاں ماریں، نہ کسی کے اڑنگا لگایا۔ بیلو، ٹیٹو نے جب ان سے کہا، "آؤ یار، آج ماسٹر کی میز میں مرا ہوا چوہا رکھیں۔" تو سکو ایک دم لرز کر زرد پڑ گئے۔ انھوں نے بڑی سختی سے مخالفت کی۔

"اسکول میں پڑھنے آتے ہو یا اپنا اور ماسٹروں کا وقت ضائع کرنے آتے ہو۔"

اُنھوں نے ایک لمبا لیکچر دے ڈالا۔ مارے حیرت کے بیچاروں کا منہ کھلا کا کھلا رہ گیا۔ کلاس کے دادا یہ کیسی باتیں کہہ رہے تھے!

"ہائے بیچارے سکو کو یہ کیا ہو گیا ہے کہ ہر شرارت کی کاٹ کرنے پر تلے ہوئے ہیں؟"

اب جب بھی کبھی لڑکے کوئی سازش کرتے ہیں تو سکو بڑے زور شور سے انھیں روکتے ہیں۔ اپنے ڈراؤنے خواب کا وہ کبھی کسی سے ذکر نہیں کرتے۔ کہیں سب مذاق نہ اُڑانے لگیں!

"بھئی جسے دیکھو انکم ٹیکس کے خوف سے مرا جا رہا ہے۔ آخر یہ ٹیکس نکالا کس نے؟"

بیلو کو آج وسیم بھائی نے پیٹتے پیٹتے چھوڑا۔ ایک تو بیچارے کا انکم ٹیکس والوں نے ناطقہ بند کر کے حلیہ بگاڑ رکھا ہے، اوپر سے بیلو کے ہاتھ سے بیڈ منٹن کا ریکٹ چھوٹ کر ان کے ٹخنے پر لگا۔ بلبلا ہی کر تو رہ گئے۔

"ضرور دادی اماں نے ایجاد کیا ہوگا۔" بیلو نے فیصلہ کیا۔ وہی ایسی ان گھڑ چیزیں نکالا کرتی ہیں کہ سب کی جان آفت میں آ جائے۔ اور کچھ نہیں تو مرکھنی بھینس ہی دروازے کے پاس باندھ دی جو آتے جاتے سب پر خفا ہو کر سینگ تانتی ہے۔ امّاں سے پوچھنا تو موت کو دعوت دینا ہے۔ فوراً سوالوں کی الٹی بارش شروع کر دیں گی۔

"باتھ روم ہو آئے؟ ناک صاف کی؟ کانوں کے پیچھے صابن مَلا؟ اُوئہ، آخر فائدہ کیا ہوتا ہے اتنی صفائی کرنے سے؟ پھر ناک میلی تو ہو جاتی ہے۔ وہ ویسے ہی آج تو غصّے میں بھری بیٹھی ہیں، ان کی ڈلائی کی گوٹ میں کان آ گئی ہے۔ تخت پر صبح سے بچھائے سب سے جھگڑ رہی ہیں۔ کوئی بچہ دور سے بھی گزرے تو چنگھاڑنے لگتی ہیں، "ٹانگیں تور دوں گی جو کوئی سوّر ادھر آیا تو۔"

کاّاماں اپنی کڑھائی میں جُٹی ہیں، دین دنیا کی فکر نہیں۔ کمی آپا؟ اوّل نمبر کی جاہل اور بد ہیں۔ کبھی سیدھے منہ بات ہی نہیں کرتیں۔ لے دے کر ایک صوفی آلہ کا سہارا رہ گیا ہے۔ ویسے بمبئی سے پارسل بھی ڈاکٹر ممانی نے بھیجا ہے۔ ان کے پاس جانے میں فائدے ہی فائدے ہیں۔

اُن کے پاس گئے تو وہ ٹالنے لگیں۔

’’بھئی، اِنکم ٹیکس کی کہانی بڑی لمبی ہے۔ پھر کسی وقت سنائیں گے۔‘‘ اُنھوں نے ٹالنا چاہا مگر تینوں جان کو آ گئے۔ اب تو امتحانوں کا بہانہ بھی نہیں چلے گا۔ مجبوراً چاکلیٹ کا تازہ ڈبا کھولنا پڑا کیونکہ اِنکم ٹیکس کا پیچیدہ مسئلہ بغیر چاکلیٹوں کے کس طرح سمجھا جا سکتا ہے۔

’’لاکھوں برس ہوئے جب دُنیا جوان تھی ...‘‘ اُنھوں نے کہنا شروع کیا۔ ’’بلکہ یہ کہنا چاہیے جب دُنیا بچہ تھی۔‘‘

’’کیا بہت چھوٹی تھی؟‘‘ ٹیٹو بولے۔

’’نہیں ... جسامت میں تو چھوٹی نہیں تھی۔ انسان موٹروں، ریلوں اور ہوائی جہازوں کی دنیا سے دُور جنگلوں میں جانوروں کی طرح رہتا تھا۔‘‘

’’صوفی آلہ، کیا یہ سچ ہے کہ انسان پہلے بندر تھا؟‘‘ بیلو ٹپکے بیچ میں۔

’’اور کیا۔ ٹیٹو کی ناک سے تم اندازہ لگا سکتے ہو کہ اب بھی بہت سے انسان اپنے آبا و اجداد سے ملتے جلتے ہیں۔‘‘

’’آں ہاں ... اور سکو صاحب کے کان بھی تو بندر جیسے ہیں۔‘‘ ٹیٹو بگڑے۔

’’ہاں اور حرکتوں میں تم تینوں بندروں کے بھی کان کاٹتے ہو۔‘‘ تینوں کو چاکلیٹ دیتے ہوئے بولیں۔ ’’مگر آہستہ آہستہ صدیاں گزرتی گئیں۔ انسان مہذب ہوتا گیا۔ ترقی کرتا گیا۔ پہلے شکار کر کے لاتا تھا۔ سب کھا کر ختم کر دیتا تھا یا پھینک دیتا تھا۔ دوسرے وقت بھوک لگتی تھی تو دوسرا شکار کر لیتا تھا۔ پھر اُسے سمجھ آئی۔ اُس نے زندہ جانور پکڑ کر انھیں پالنا شروع کیا تا کہ بھوک لگے تو بجائے پھر شکار کی تکلیفیں اُٹھانے کے، پلا ہوا جانور مار کر کھا لے۔ ظاہر ہے ایک جانور پورا تو ایک آدمی کھا نہیں سکتا تھا۔ بجائے سڑا کر پھینک دینے کے اُس نے یہ کیا کہ پلا ہوا جانور مار کر اوروں کو بھی بانٹا کہ بھئی آج ہمارا جانور، کل تم اپنا مارنا تو ہمیں دے دینا۔ یوں جانوروں کا گوشت برباد ہونے سے بچ رہا ... جانوروں کی تعداد بڑھتی گئی۔ گلے بن گئے۔ پھر زمانے نے اور ترقی کی۔ انسان اناج کھاتا تھا۔

جیسے کتّے بلّیاں بھی گوشت کے ساتھ تھوڑی سبزی پیٹ صاف کرنے کو کھاتے ہیں۔ اناج کی تلاش میں اُسے جنگلوں میں جانا پڑتا تھا۔اس لیے اُس نے اپنے رہنے کے لیے جو گھر بنائے تھے اُن کے آس پاس ہی اناج بونے لگا۔ جنھیں ہم کھیت کہتے ہیں۔

''بڑا چالاک تھا پٹھا۔'' سکو حیرت سے بولے۔

''ہاں ... پھر صدیاں گزریں ... انسان ترقی کرتا گیا۔آرام کے لیے سڑکیں، تالاب، کنویں اور نہریں بنانے لگا۔ پہلے تو یہ ہوتا کہ جو پہلے آ کر تالاب پر قبضہ کر کے بیٹھ جاتا، وہ دوسروں کو پاس بھی نہیں پھٹکنے دیتا تھا مگر پھر لوگوں نے مل کر ساجھے میں آرام کی چیزیں بنانی شروع کیں۔ لوگ ان آرام کی چیزوں کے آس پاس ہی آ کر بسنے لگے۔ ظاہر ہے ان چیزوں کے بنانے میں انھیں بھی محنت دینا پڑی تھی۔''

''اور جو وہ نہ دیتے تو ...'' بیلو بڑا کاہل ہے کام کے ذکر سے بھی جان چُراتا ہے۔

''واہ جناب، محنت کیسے نہیں کریں گے۔ جو لوگ نہیں کرتے انھیں ان چیزوں کے استعمال کا بھی کوئی حق نہیں۔ فرض کرو کوئی دو دن کے لیے کسی کام سے گاؤں میں آتا ... اب ظاہر ہے اُس پر پانی اور سڑک کے استعمال کا ڈنڈ پڑتا۔ کسی نہ کسی صورت میں اُسے قیمت ادا کرنی پڑتی۔''

''یہ تو ٹھیک بات تھی۔'' سکو قائل ہو گئے۔''مگر انکم ٹیکس۔''

''آتا ہے انکم ٹیکس بھی، چپکے بیٹھ کر سنو ورنہ بھاگو یہاں سے۔''

''یہ سکو بڑ بڑ بولے چلے جاتے ہیں۔''

''آہا ... جیسے آپ تو منہ میں تالا ڈالے بیٹھے ہیں۔'' سکو چڑ گئے۔

''انھیں بکنے دیجیے صوفی آلہ۔ تو پھر ...''

''پھر دنیا اور بڑھی ...اور بڑھی ...''

''پھر؟''

''پھر بڑے بڑے شہر آباد ہوئے ...عبادت خانے بنے ...مکتب اور پاٹھ شالے

بنے...ریلیں اور کارخانے بنے۔''

''موٹر اور ہوائی جہاز بنے...''ٹیٹو بولے

''توپ اور گولے بنے۔''

''اوٴنہہ۔ وہ تو پہلے ہی بن چکے تھے۔''

''ایٹم بم بنا...''

''صوفی آلہ، یہ ایٹم بم کس بے وقوف نے بنایا؟''

''بے وقوف ہو تم جو بے سوچے سمجھے بک دیتے ہو۔ ایٹم کی طاقت معلوم کرنے والے نے ایٹم اس لیے نہیں ڈھونڈا تھا کہ اُسے انسان کو فنا کرنے میں استعمال کیا جائے۔ ایک طاقت دریافت کی تھی جو بڑے بڑے کام منٹوں میں کر سکتی ہے۔''

''جادو کے زور سے۔''ٹیٹو بولے۔

''آپ تو اُلّو ہیں، ٹیٹو صاحب۔''

''جانتے ہو بارود سب سے پہلے کس کام میں استعمال ہوتی تھی؟''

''بم بنانے میں۔''

''بم تو کمبخت بعد میں بننے لگے، پہلے تو آتش بازی میں بھری جاتی تھی۔ انار، پھلجھڑیاں چھڑانے کے لیے مگر لوگوں نے اس کھیل کی چیز کو موت کا فرشتہ بنا دیا۔''

''چہ چہ... یہ تو بُرا ہوا... ایک بم میں کتنی لاکھ پھلجھڑیاں بن سکتی ہیں۔ کیوں صوفی آلہ؟''

''ہاں بھئی...مگر انسان دشمن بم ہی بناتے ہیں۔''

''تو پھر انکم ٹیکس؟''

''اب بھی سمجھ میں نہیں آیا۔ جوں جوں دنیا ترقی کرتی گئی لوگ زیادہ سا سمجھے داری کرتے گئے۔ ساجھے سے ہی بڑی بڑی سڑکیں، نہریں، اسکول اور لائبریریاں بننے لگیں۔''

"اور سنیما ہال۔"

"ہاں سنیما ہال...اور چونکہ چور اُچکے کاہل بھی ہوتے تھے، اُن سے اپنی دولت کو بچانے کے لیے چوکی دار اور پہرے دار بھی ساتھ کے رکھنے پڑے۔ پھر آئے دن جو جھگڑے ٹنٹے ہوتے تھے ان کا فیصلہ کرنے کے لیے جج مقرر ہوئے۔ کورٹ کچہریاں بنیں۔"

"سب ساجھے سے۔"

"اور کیا؟ ہر آدمی اپنا الگ کورٹ بناتا، سڑک بناتا...کارخانے بناتا۔ اُن کی حفاظت بھی خود ہی کرتا...اپنے بچوں کے لیے اسکول بناتا...اپنی اکیلے کی الگ ریل کی پٹریاں بچھاتا تو کتنی گڑبڑ ہوتی..." بیلو بولے۔ ٹیٹو چڑ گئے۔

"ہم تو اپنی الگ ریل گاڑی خریدیں گے۔" وہ بولے۔

"اجی ہاں....مر جاؤ گے پوری ریل خرید و گے تو...اور پھر سارے ملک میں اپنی پٹریاں بھی بچھانا...ہم جناب کو اپنی پٹریوں پر نہیں چلانے دیں گے۔" سکو نے دھمکی دی۔

"اور اپنے سارے ملک میں سڑک بھی الگ بنانا... ہماری سڑک پر چلے تو ٹانگیں توڑ دی جائیں گی۔"

"اؤنہہ، بھئی تم تو لڑنے لگتے ہو۔ ٹھیک تو ہے ٹیٹو...تم کاہے کو سارے ملک میں سڑکیں بناتے پھرو... چندہ دے دو۔ جیسے سب دیتے ہیں۔ ساجھے میں سب چیزیں بن جائیں گی۔"

"اچھا بھئی ہم دے دیں گے چندہ...بس؟"

"بس اس چندے ہی کو انکم ٹیکس کہتے ہیں۔ یہ چندہ جمع کر کے اس سے اسکول بنائے جاتے ہیں، لائبریریاں بنتی ہیں۔"

"واہ صوفی آلہ، تو ہم پھر فیس کیوں دیں؟ اسکول ہمارے چندے سے بنے ہیں تو وہ ہمارے ہیں...پھر...؟"

”اسکول بن جانے کے بعد ان پر کیا اور سالانہ خرچہ نہیں آتا؟ اُستادوں کی تنخواہیں، پورے عملے کا خرچ، پھر عمارتوں کی مرمت، ساری سرکاری عمارتوں کی مرمت، سامان ٹوٹ پھوٹ جاتا ہے اُس کا خرچ۔“

”پرسوں ٹیٹو صاحب نے ایک بینچ توڑ دی لے کے۔“ سکو نے شکایت جڑی۔

”واہ جناب آپ ہی نے تو دھکا دیا تھا۔ لے کے ہمارا نام لے دیا۔“ ٹیٹو منمنائے۔

”خیر وہ جس نے بھی توڑی اُس کی جگہ دوسری خریدنی پڑے گی۔ اس کے علاوہ ملک میں اور کتنے خرچ ہیں۔ ملک کی حفاظت کے لیے فوج رکھنا پڑتی ہے۔ پولیس، کچہریاں، ججوں کی تنخواہیں ... لاکھوں خرچ ہیں۔ یہ سب اسی انکم ٹیکس سے پورے ہوتے ہیں۔“ صوفی آلہ نے بتایا۔

”فیصلوں کے لیے ججوں کی کیا ضرورت ہے۔ خود جو فیصلہ کر لیا کریں لوگ۔“

”ٹیٹو صاحب، آپ تو گدھے ہیں۔ خود ہی لوگ جھگڑا کریں، خود ہی فیصلہ کریں تو خوب بے ایمانی کریں گے۔“ سکو نے ڈانٹا۔

”انسان جب قبیلوں میں رہنے لگے تو آپس کے جھگڑے قبیلوں کے بزرگ اور سمجھ دار لوگ چکا دیا کرتے تھے مگر جوں جوں دنیا ترقی کرتی گئی، کام الجھتے گئے۔ جھگڑے بھی بڑھتے گئے۔ کوئی کسی کی زمین پر قبضہ کر بیٹھتا، کوئی کسی کی گائیں چرا لیتا۔ یہ بزرگ گواہوں کی مدد سے مقدمے سنتے اور فیصلے کرتے۔ ان فیصلوں کو انصاف سے چکانے کے لیے قانون بنائے گئے۔ قانون کو عمل میں لانے کے لیے کچھ مضبوط بھروسے کے آدمی مقرر کیے گئے۔ اب ظاہر ہے کہ جو لوگ فیصلہ کرتے تھے، امن قائم رکھتے تھے یا تعلیم دیتے تھے، اُن کے پاس اتنا وقت نہیں رہتا تھا کہ اپنے کھانے کے لیے اناج بوئیں۔ لہٰذا دوسرے لوگوں نے کہا، ”بھئی تم ہمارے یہ کام سنبھالو، تمھارے خرچ کا ذمہ ہم لیتے ہیں۔ اس طرح سب اپنا کام بانٹ کر کرنے لگے۔ اس سے بہت آسانیاں پیدا ہو گئیں۔ ہر شخص اپنا کام دھیان لگا کر کرنے لگا۔ ذرا سوچو، تمھارے استادوں کو اگر کھیتی کرنا پڑے اور مویشیوں کی دیکھ

بھال وغیرہ کا بار بھی پڑ جائے تو وہ تمہیں پڑھائیں کس وقت ۔‘‘

’’اور جناب، جج صاحب گائے دوہنے لگیں اور وہ ان کے ایک لات رسید کر دے تو ساری کچہری کا پڑا ہو جائے۔‘‘ بیلو نے کہا۔

’’مگر وہ انکم ٹیکس کی بات تو بھول گئیں آپ۔‘‘ سکو نے کہا۔

’’ارے بھئی بس سمجھ لو جو چندہ جمع کیا اُسی کا نام انکم ٹیکس رکھا گیا۔‘‘

’’صوفی آلہ ...‘‘ ٹیٹو بڑے فکر مند ہو کر بولے۔

’’ہاں ۔‘‘

’’یہ جو پکنک کا چندہ لیا جاتا ہے یہ بھی انکم ٹیکس ہوا۔‘‘

’’ہاں بھئی۔ مگر انکم ٹیکس سب سے برابر کا نہیں لیا جاتا۔‘‘

’’کیوں صوفی آلہ؟ یہ تو سخت بے ایمانی ہے۔‘‘

’’جو زیادہ امیر ہیں ان سے زیادہ لیا جاتا ہے، جو بالکل غریب ہیں ان سے کچھ بھی نہیں لیا جاتا۔ جو درمیانہ درجے کے ہیں اُن سے تھوڑا سا لے لیا جاتا ہے۔‘‘

’’مگر یہ تو سراسر زیادتی ہے۔ کیا غریب آدمی سڑک پر نہیں چلتے؟ کیا فوج اُن کی حفاظت نہیں کرتی؟ کچہریاں ان کے فیصلے نہیں کرتیں؟ اُن کے بچے بھی تو اسکولوں میں پڑھتے ہیں۔ قطعی بے ایمانی!‘‘

’’مگر جناب، امیروں کو زیادہ حفاظت کی ضرورت ہوتی ہے اس لیے پولس اُن کا زیادہ کام کرتی ہے۔ غریب تو پیدل چلتے ہیں، سڑک تھوڑی سی گھستی ہے۔ ان کی موٹریں دوڑتی ہیں، زیادہ سڑکیں گھستی ہیں۔‘‘ بیلو نے تشریح کی۔

’’موٹے بھی یہ زیادہ ہوتے ہیں۔ سڑکوں پر زیادہ بوجھ ڈالتے ہیں۔‘‘ سکو نے کہا۔

’’مگر موٹی قصائینی بھی تو موٹی ہے۔‘‘ ٹیٹو نے احتجاج کیا۔

’’موٹے دُبلے سے کچھ نہیں ہوتا۔ انکم ٹیکس جمع کرنے کا بس یہی قانون ہے کہ جس

کی جتنی آمدنی ہوتی ہے اُسی کے مطابق ٹیکس ہوتا ہے۔ تمہیں اُس دن بتایا تو تھا۔ اسی ٹیکس سے دنیا کے کام چلتے ہیں۔''

''مگر ہم تو ٹیکس نہیں دیتے صوفی آلہ۔''

''تم ابھی چھوٹے ہو۔ پڑھ لکھ جاؤ گے تمہیں بھی خرچ اُٹھانے پڑیں گے۔ بال بچوں کا خرچ برداشت کرنا پڑے گا۔ پھر 'چندہ' بھی دینا پڑے گا۔''

''کچھ جو اٹھائیں ہم سوّروں کا خرچہ، پیدا ہوتے ہی ہم سارے بچوں کو' سکو بولے۔ ''اور اپنی تنخواہ کی ساری ٹافیاں منگا کر کھا جایا کریں گے۔''

''تب تو جناب کے دانت بالکل سڑ کر گر جائیں گے۔'' ٹیٹو نے یاد دلایا۔ ''اور آپ صفا مر جائیں گے۔ اور پھر کیا آپ امّاں کو بھی نہیں دیں گے پیسے؟''

''ہاں، بس امّاں کو آدھے پیسے دے دیا کریں گے۔ ہیں صوفی آلہ؟''

''ہاں بھی کیوں نہیں دو گے۔ بات تو جب ہے کہ تم آج ہی سے حساب لگا کر رکھو کہ آج تک امّاں نے تمہارے اوپر کتنے روپے خرچ کیے ہیں۔ بس اتنا ہی مع سود کے دے دینا۔''

''ارے باپ رے مر گئے۔ بہت ہو جائے گا۔'' سکو بڑا کنجوس ہے۔

''امّاں کو واپس دینے کی ضرورت نہیں جو تم پر خرچ ہوا ہے وہ تم اپنے لڑکے پر خرچ کر دینا۔''

''بھئی ہمارے قطعی کوئی بچہ نہ ہوگا...مر جائے گا سوّر...''

''اچھا تو تم اس سوّر کے بچے کو دفن کر آنا اور کوئی بچہ لے کر اُس کے اوپر یہی روپیا صرف کر دینا۔''

''اور واہ...اور جب وہ بڑا ہو جائے گا تو وہ کسی اور پر خرچ کر دے گا...پھر جب کسی اور' بڑا ہوگا تو وہ کسی اور پر خرچ کرے گا....یونہی 'کسی اور' کا سلسلہ چلتا چلا جائے گا۔''

’’ہاں.....والدین کا قرض کسی بھی ملک کے بچوں کی تعلیم پر خرچ کر کے اُتارا جا سکتا ہے۔‘‘

’’ہم تو اماں کو اپنی پوری تنخواہ دے دیں گے۔‘‘ ٹیٹو دریا دلی پر اُتر آئے۔

’’اور موٹی قصائینی کو بھوکا مارو گے۔‘‘ بیلو نے طعنہ دیا۔

’’آں ... دیکھیے صوفی آلہ، پھر ہم انھیں ماریں گے۔‘‘

’’اچھا بھئی، تم لوگ لڑو گے تو ٹھیک نہ ہوگا۔ بس اب تو انکم ٹیکس سمجھ میں آ گیا؟‘‘

’’ہاں صوفی آلہ، پھر تو جو لوگ انکم ٹیکس نہیں دیتے پکے چور ہیں۔‘‘

’’اور کیا وہ لوگ ایسے ہی ہیں کہ چندہ تو نہ دیں اور پکنک پر جا کر مزے سے دوسروں کے پیسوں کا کھانا کھائیں۔ بس میں سیر کریں۔‘‘

’’مفت خورے کہیں کے۔‘‘ بیلو غرائے۔

’’بھئی، ہم تو انکم ٹیکس دیا کریں گے۔‘‘ ٹیٹو نے فیصلہ کیا۔

’’اور کیا جناب آپ بس نہیں دیں گے۔ ہم مار کے وصول کریں گے۔‘‘ سکو دھمکانے لگے۔

’’جی ہاں، آپ کون ہوتے ہیں وصول کرنے والے؟‘‘ ٹیٹو بگڑے۔

’’جناب ہم انکم ٹیکس کے افسر بن جائیں گے آئی سمجھ شریف میں۔ آپ کے اچھوں سے ٹیکس وصول کر لیں گے۔‘‘

’’ہم ... ہم ... خود افسر بن جائیں گے جی ہاں۔‘‘ ٹیٹو جھلا اُٹھے۔

’’اور جیسے ہم تو نہیں بن جائیں گے۔‘‘ بیلو نے اطلاع دی۔

’’ارے بھئی کیا مصیبت ہے۔ تم سب کے سب انکم ٹیکس میں گھس جاؤ گے تو پھر ڈاکٹر انجینئر اور پروفیسر کون بنے گا۔‘‘ صوفی آلہ نے پوچھا۔

’’سکو اور بیلو بنتے ہیں تو بن جائیں۔ اپن تو صفا انکم ٹیکس افسر بن جائیں۔ ٹیکس بھی نہیں دینا پڑے گا۔‘‘

”افوہ ... بھئی کیوں نہیں دینا پڑے گا؟“

”ارے واہ ... جو استاد فیس ہم سے لیتے ہیں اُنھیں تو نہیں دینا پڑتی۔
کافی کوڑ مغز ہو۔ تمھیں کتنی دفعہ سمجھایا کہ جس کی آمدنی ہوتی ہے اُسے ٹیکس دینا پڑتا
ہے۔ وہ چاہے کسی محکمے میں کام کرتا ہو۔“ صوفی آلہ سلگ اُٹھیں۔

”اُستاد انکم ٹیکس دیتے ہیں، پھر فیس کس بات کی دیں گے؟“

”ٹیٹو صاحب نرے گھونچو ہیں۔“

”آپ خود گھونچو ہیں۔“

”آہا جناب، مفت کی پکنک اُڑانے کے منصوبے باندھ رہے تھے۔“

”اچھا، اب ٹہل جاؤ یہاں سے۔ سر گھوم گیا ہمارا۔“

تینوں نہایت اطمینان سے باقی چاکلیٹ جیبوں میں ٹھونس کر باہر نکلے۔ سیڑھیوں پر
منن بھیا ملک الموت کا فرشتہ بنے کھڑے تھے۔

”نکالو سیدھے ہاتھ سے۔“ وہ بولے۔

”کیا؟“ تینوں چکرائے۔

”ٹیکس اور کیا؟“

”ارے واہ ... کیسا ٹیکس۔“

”تمھیں چاکلیٹ ملے ہیں۔ کہو ہاں۔“

”ہاں ... مگر آپ کو کیوں دیں؟ واہ!“

”اچھا مت دو۔ ابھی جا کے صوفی آلہ سے ...“

”کیا کہیں گے آپ صوفی آلہ سے؟“

”کہ جو آپ نے اتنا سر مار کر سمجھایا سب اکارت۔“

”مگر ...“

”ہم اگر مگر نہیں جانتے۔ دیکھو تمھاری چاکلیٹوں کی آمدنی ہوئی ہے۔ کہو ہاں۔“

"ہاں ...مگر ..."

"بس تو تم پر ٹیکس لاگو ہوتا ہے۔ اگر نہیں دو گے تو پھر صوفی آلہ سے مانگنا، جوتے ملیں گے۔" منن بھیا نے ڈرایا۔

تھوڑی دیر تینوں پریشان کھڑے رہے۔ انھیں وسیم بھائی یاد آگئے جو اَنکم ٹیکس افسر سے بچنے کے لیے ڈسٹ بن میں جا کر اوندھے منہ گرے تھے۔ سوچ بچار کے بعد طے ہوا کہ ٹیکس ادا کر دینے ہی میں خیریت نظر آتی ہے۔

مگر جب ٹیکس وصول کر کے منن بھیا ہنستے ہوئے ٹہل گئے تو تینوں کے دلوں میں شبہ نے پھن اُٹھایا۔ ان کی عقل کام نہیں کرتی تھی۔ یہ ٹیکس وصول کیا گیا تھا یا کھلی ہوئی ڈاکہ زنی تھی!

ٹہلتے ٹہلتے تینوں جا کر تاج اکبر کی سیڑھیوں پر بیٹھ گئے۔ آج چھٹی کا آخری دن تھا۔ چھٹیوں سے کچھ جی بھر چکا تھا۔ اُمید کے خلاف کچھ اسکول کھلنے کی ہلکی سی خوشی سی ہو رہی تھی۔ چھٹیوں میں کرنے کے لیے دیا ہوا ہوم ورک ختم ہو چکا تھا۔ تینوں کے نئے پتلون بنے تھے۔ نئے بستے آلہ بمبئی سے لائے تھے۔ نئی برساتیاں تھیں۔ دیکھ کر لڑکوں پر رُعب پڑ جائے گا۔ نیا کورس شروع ہوگا۔ نئے نئے لڑکے داخل ہوں گے۔ مزہ آئے گا اُن کی فاختہ اُڑانے میں۔ چھٹیاں بری نہیں گزریں۔ بھیانک قسم کی شرارتیں کرنے پر بھیانک سزائیں بھی نہیں ملیں۔ دنیا کافی حسین تھی۔ مگر ابھی بہت کام کرنا تھا۔ سب سے پہلے تو بڑے ہونا تھا۔ بڑے ہو کر ڈیم بنانے تھے، ہوائی جہاز اُڑانے تھے، راکٹ بنا کر چاند کی سیر کے لیے پروگرام بنانے تھے۔

اور پھر جیبوں میں خوشبودار چاکلیٹ بھرنے تھے!